資本社會的17個矛盾

全新修訂譯本

大衛．哈維——著　許瑞宋——譯

Seventeen Contradictions and the End of Capitalism

——David Harvey

目次

前言

這一次的資本主義危機

危機是資本主義再造所必要的。人類正是在危機的過程中，正視資本主義不穩定之處，重新設計和塑造相關安排，創造出資本主義的新版本。我們拆毀和廢棄許多舊事物，騰出空間迎接新事物。一度活躍的生產基地淪為工業廢墟，舊工廠遭拆除或改變用途，勞工階級社區經歷仕紳化改造。在某些地方，小農場和自耕地被大型工業化農場或豪華的新工廠取代。產業園區、研發中心、批發倉庫和配銷中心散布各處，周遭是市郊住宅區，由公路網連接起來。主要城市比賽誰的辦公大樓更高更迷人，誰的文化建築更具標誌性；巨型購物中心在市區和市郊皆大量湧現；世界主義是眼下全球的預設方向，大批遊客和商務人士不停地經由機場穿梭各地，有些城市的規模甚至倍增。高爾夫球場和門禁社區（設有門禁的社區）興起於美國，如今也在出現在中國、智利和印度，與周遭貧民自建的簡陋住宅形成鮮明對比；這些貧民區在英語世界稱為slums，在巴西是favelas，在西班牙語地區是

barrios pobres。

不過，危機最驚人之處，主要不在於物質景觀大幅改變，而是在於其他方面的戲劇性變化，包括思想和理解方式、制度和占主導地位的意識型態、政治效忠和政治過程、政治主體性、科技和組織形式、社會關係，以及影響日常生活的文化習俗和品味。危機徹底動搖我們的世界觀，包括我們對自身在世界中的地位之看法。我們是這個正在形成的新世界永不停息的參與者和居住者，無論是被迫還是自願，都必須適應事物的新狀態；在此同時，我們也經由我們所做的事，以及我們的思考和行為方式，對這個世界的混亂特質產生某種程度的影響。

身處危機當中，是很難看到出路的。危機並非單一事件：雖然它們有明顯的觸發因素，它們所代表的結構轉變需要多年時間才能完成。始於一九二九年股市崩盤的漫長危機，要到一九五〇年代才終於解決，而期間世界經歷一九三〇年代的大蕭條，以及一九四〇年代的世界大戰。一九六〇年代末浮現的危機（其標誌為一九六〇年代末的國際貨幣市場動盪，以及一九六八年許多城市〔從巴黎和芝加哥到墨西哥城和曼谷〕出現的街頭事件），同樣要到一九八〇年代中期才終於解決，期間布雷頓森林國際貨幣體制（一九四四年建立）於一九七〇年代初瓦解，勞工運動使一九七〇年代紛擾不斷，新自由主義政治在美國雷根、英國柴契爾夫人、德國科爾、智利皮諾契特和中國鄧小平治下興起，並鞏固下來。

事後回顧，因為有後見之明，我們不難看到，在危機全面爆發之前，大量的問題徵兆已經浮現。例如美國一九二〇年代貨幣財富和所得不平等嚴重加劇，房市出現資產泡沫並於一九二〇〇八年破滅，便預示一九二九年的崩盤。事實上，我們在力求擺脫危機的過程中，往往埋下未來危機的種子。例如始於一九八〇年代的全球金融化趨勢（特徵是債務日增、金融法規日趨寬鬆），原本是想藉由促進跨地域流動，解決資本與勞工的衝突，最後卻導致投資銀行雷曼兄弟於二〇〇八年九月十五日破產。

雷曼破產觸發金融體系崩潰，各環節如骨牌般倒下。到我撰寫本文時，這件事已經過去逾五年。如果歷史經驗值得參考，我們實在不應期望，現在就能清楚看到復活的資本主義將是怎樣一種情況（如果資本主義能復活的話）。但是，對於資本體制哪裡出錯的診斷，目前理應有多種相互競爭的說法，而且糾正問題的建議也理應大量湧現。令人驚訝的是，新思維或新政策非常少。世界大致分裂為兩大陣營：其中一方延續（歐洲和美國的情況）以至深化新自由主義、供給面和貨幣主義手段，強調緊縮措施是對症良藥；另一方則是重新採用仰賴債務融資的、某版本的凱因斯需求面擴張方案（中國的情況），而方案通常摻了水，忽略凱因斯強調的一件事：惠及低下階層的所得再分配，是其方案的一個關鍵要素。無論當局採用這兩種政策的哪一種，結果都是對富豪有利；這些富豪在各國以至全球均構成政治勢力日強的財閥階層，梅鐸（Rupert Murdoch）便是一名具全球影響力的財閥。全球各地的有錢人全都愈來愈富有。全球最有錢的一百名富豪（來自中國、俄羅斯、印度、墨西哥、印尼，以及傳統的財富集中地北美和歐洲）光是在二〇一二年，財富便增加兩千四百億美元——據國際扶貧組織樂施會（Oxfam）估計，這筆新增財富足以立即終結世界的貧窮問題。相對之下，大眾的景況最多也只是免於惡化，較普遍的情況是加速衰退，甚至是災難性地惡化（例如希臘和西班牙）。

近年的情況在體制上的一個重大差異，看來是呈現在中央銀行的角色上：美國聯邦準備理事會在全球層面發揮領導作用，甚至扮演支配性的角色。不過，自從中央銀行出現以來（英國的央行創立於一六九四年），央行的作用向來是保護銀行業者，必要時替銀行紓困，而不是照顧大眾的福祉。若以統計數據為標準，美國在二〇〇九年夏天便已經擺脫危機，而幾乎所有地方的股市，後來也都收復本次危機造成的跌幅；這一切與聯準會的政策息息相關。這是否預示著全球資本體制將受世界主要央行官員的獨裁統治，而這些官員的首要任務是保護銀行業者和財閥的權勢？若是如此，目前各國經濟停滯不前、全球大眾的生活水準每況愈下的問題，看來沒有什麼希望解決。

對於利用科技解決當前經濟問題的可能，人們也有很多議論。雖然新科技配合某些組織形式，向來對我們擺脫危機大有助益，它從不曾發揮決定性的作用。目前許多人寄厚望於「基於知識的」資本主義，而生物醫學、基因工程和人工智慧是當中的焦點。但是創新向來有利有弊。畢竟在一九八〇年代，我們便因為自動化技術的應用而經歷「去工業化」，最後像沃爾瑪（Walmart）等公司（雇用大量沒有參加工會的低薪勞工）取代通用汽車等公司（於一九六〇年代雇用大量高薪且參加工會的勞工），成為美國民間部門最大的雇主。如果當前的創新潮有方向可言，那便是勞工就業機會減少，而資本從智慧財產權榨取的租值則愈來愈重要。但如果人人都試圖靠收租過活，沒有人投資在製造上，則資本主義無疑將走向一種完全不同的危機。

資本主義精英和他們在知識、學術界的追隨者，目前似乎既無法根本揮別他們的過去，也無法針對令人不滿的危機（經濟停滯或成長低迷、失業率居高不下，國家某些權力落入債權人手中），提出可行的出路。但做不到這些事的並非只有他們。傳統左派力量（政黨和工會）顯然完全無法有力地抵抗資本的力量。右派三十年來的意識型態和政治攻擊，嚴重打擊傳統左派力量，而民主社會主義也已喪失信譽。一九八九年之後，既存共產體制的恥辱性崩潰和「馬克思主義之死」，令情況變得更糟。目前殘餘的基進左派力量，基本上是在所有體制和有組織的反對管道之外運作；他們寄希望於小規模的行動和在地行動主義，期望它們最終能構成某種令人滿意的總體選擇。這種左派怪異地呼應自由至上主義者（甚至是新自由主義者）的反國家主義（anti-statism）觀念，他們在思想上主要受傅柯（Michel Foucault）等思想家啟發；這些思想家在後結構主義的旗幟下重新組合後現代碎片，而這種後結構主義偏好認同政治（identity politics）並規避階級分析，其多數內容極度費解。自治論者、無政府主義者和地方主義者的觀點和行動到處可見，而且相當明顯。但是，因為這種左派尋求在不掌權的情況下改變世界，日益鞏固的財閥資本家階級隨心所欲主宰世界的能力，因此仍然不受挑戰。這個新統治階級獲得擁有保安和監視力量的政府協助，後者非常樂於動用警力，以反恐之名鎮壓所有形式的異議。

我正是在這樣的背景下撰寫這本書。我的做法有點非傳統：我遵循馬克思的方法，但未必接受他建議的方案；我擔心讀者可能因此無法欣然接受本書的論點。但是，如果想擺脫眼下經濟思想、政策和政治貧乏停滯的困境，我們顯然需要一些不一樣的研究方法和思想觀念。畢竟資本主義的經濟引擎顯然遇到重大難題：它劈啪劈啪地蹣跚前行，彷彿隨時可能停下來，甚至無預警地爆炸。我們期望人人都能過豐盛的生活，但在通往這種生活的路上，每個轉折點都滿是危險警告標誌。資本主義陷入如此重大的困境，卻似乎沒有人對它如何陷入這種境地有連貫的認識，遑論明白其原因。不過，情況向來如此。如馬克思所言，全球危機一直是「資產階級經濟所有矛盾的真正集中和強制調整」。[1]闡明這些矛盾應可大幅揭露嚴重困擾我們的經濟問題。這件事無疑值得我們努力去做。

應用這種特別的思考模式來認識資本主義的政治經濟，可能產生某些結果和政治後果；概述這些結果看來也是該做的事。乍看之下，這些結果似乎不大可能發生，遑論切實可行或在政治上受歡迎。但是，無論替代方案顯得多麼不合宜，開始討論它們是必要的；如果情況要求我們執行這種方案，我們更是要把握機會。這樣我們便是打開了一扇窗，因此擁有以前不曾想過、不曾利用的多種可能選擇。我們需要一個開放的全球論壇，藉此思考資本在何處、可能流向何處，以及我們該為此做些什麼。我希望這本小書能對相關討論有一些貢獻。

紐約市　二〇一四年一月

❶ Karl Marx, *Theories of Surplus Value*, Part 2, London, Lawrence and Wishart, 1969, p.540.

緒論

關於矛盾

我們必須有一種方法可以細察或透視當前情況，藉此看到潛藏在現況中的某種未來。否則人們的渴望將是徒勞的……

——伊格頓（Terry Eagleton），《散步在華爾街的馬克思》（*Why Marx Was Right*）

在全球市場的危機中，資產階級生產方式的矛盾和對立顯著地暴露出來。大災難中爆出許多相互衝突的元素，但資產階級生產方式的辯護士不去研究它們的本質；即使面對一再發生的週期性危機，他們仍滿足於根本否認有大災難，同時堅稱只要以標準方式進行生產，危機根本不可能發生。

——馬克思，《剩餘價值理論》（*Theories of Surplus Value*）第二部

在英文裡，矛盾（contradiction）這概念有兩種基本用法。最常見、最明顯的用法源自亞里斯多德邏輯

學：兩句陳述完全不一致，以致兩者不可能同時為真，是為矛盾。「所有黑鸝都是黑色的」和「所有黑鸝都是白色的」便彼此矛盾：如果其中一句為真，另一句便不可能是真的。

「矛盾」的另一種用法，是指兩股看似對立的力量同時出現於某種情況、實體、過程或事件中。例如我們多數人必須兼顧工作和家庭生活，兩者的不同要求不時令我們覺得緊張。這種矛盾在女性身上尤其明顯，我們因此總是看到有人建議女性如何較好地平衡事業目標和家庭責任。這種緊張情況在我們的生活中無處不在。我們通常每天都在處理這種問題，以免自己承受太大的壓力，或是因為緊張而精疲力盡。我們甚至希望藉由把矛盾內化，消除這種緊張。例如我們可能把工作和家庭生活安排在相同的空間，而且在時間上不加以區隔，希望藉此消除兩者間的矛盾。但這種做法未必有用，例如你對著電腦螢幕趕工時，你的孩子可能在廚房裡玩火；類似情況將迫使你承認這種做法不可行（正因如此，在時間和空間上清楚區隔工作和個人生活，往往比較方便）。

有組織的生產和重複過日常生活，經常對我們產生相互矛盾的要求，因此造成的緊張情況向來存在。但是，這種緊張往往是潛伏而非明顯的，我們處理日常事務時，因此往往不會注意到它們。此外，對立的力量並非總是水火不相容：它們的定義可能是寬鬆的，彼此可能有某種程度的重疊。例如工作和生活之間的界線便經常變得模糊（這是我常碰到的問題）。內外之分有賴清楚的界限，但這種界限有時並不存在；同樣道理，在許多情況下，我們很難辨識出明確的對立關係。

不過，在某些情況下，矛盾會變得比較明顯。矛盾有時會變得尖銳，對立的欲望造成的壓力可能令我們覺得無法忍受。例如在事業目標與家庭生活的對立中，本來可以控制的緊張情況，可能因為外在環境的變化而變成一種危機：工作的要求可能改變（工作時間和地點改變），家裡的情況也可能出現重大變化（例如有人忽然生重病，又或者在孩子放學後負責照顧他們的婆婆因為退休而搬走）。人的內心感受也可能改變：有些人可能會經歷某種頓悟，然後認定「這種生活不是人過的」，因此辭去自己深感厭惡的工作。我們也可能因為信奉新的道德或宗教原則，覺得必須改變生活方式。不同的群體（例如男性和女性）或不同的個人，對類似的矛盾可能有截然不同的感受和反應。界定矛盾和感受矛盾的力量，受強而有力的主觀因素影響。某個人覺得無法處理的情況，另一個人可能完全不覺得有什麼特別。雖然具體的原因和情況可能各有不同，但潛在的矛盾可能驟然加劇，產生猛烈的危機。不過，問題一旦解決，矛盾也可以驟然平息（但危機極少不留下某種印記，有時也會留下創傷）。精靈一如以往地被暫時關進瓶子裡，而這通常是靠根本調整矛盾根源的對立力量達致。

矛盾絕非一無是處，而我當然也無意暗示矛盾必然是不好的。矛盾可以成為源源不絕的力量來源，促成個人和社會的轉變，大幅改善我們的生活。我們並非總是屈服於矛盾，或在矛盾中迷失自我。我們可以創造性地利用矛盾。擺脫矛盾的方法之一是創新。我們可以因應新環境調整自己的觀念和做法，並因為這種經驗成為更好、更寬容的人。關係已經變疏離的伴侶聚在一起，共同處理工作與家庭衝突造成的危機，可能重新發現彼此的優點，也可能與鄰里締結相互支持關懷的持久新關係，因此找到解決問題的方法。這種調整適應可能是個人的，也可能發生在總體經濟的層面。例如英國在十八世紀初便面對一種矛盾的處境。英國需要土地生產生質燃料（尤其是木炭）和糧食；當時這兩種需求可以靠國際貿易滿足的比例相當有限，而隨著它們對土地的競爭日益激烈，英國資本主義的發展有停滯之虞。這問題的解決方法是開採地下煤礦以滿足能源需求，這樣土地便可以只用來種植糧食。後來隨著化石燃料變得普及，蒸汽機的發明促成資本體制徹底改變。矛盾往往可以成為「發明之母」。但請注意這當中很重要的一件事：訴諸化石燃料解決當年的一個矛盾，但數百年之後，它促成另一個矛盾：仰賴化石燃料使我們面臨氣候變遷的危機。矛盾有個令人厭惡的特性：我們很難徹底解決問題，往往只能把矛盾轉移到其他地方。請記住這一點，因為我們接下來將多次提到這問題。

資本的矛盾經常促成創新，當中很多創新改善了人類日常生活的品質。矛盾若演變成資本的危機，便會出現「創造性破壞」。創造和破壞哪些東西，極少是事先決定的；創造出來的都是壞的，遭破壞的都是好的，也是極其罕見的事。此外，矛盾也極少得以徹底解決。危機是蛻變的時刻：資本往往會經歷自我再造的過程，轉變為另一些東西。這種「另一些東西」對人類可能是好事，也可能是壞事，但它們會穩定資本的再生產。不過，如果資本的再生產因為根本的矛盾而受到威脅，危機也將是危險的時刻。

在本書中，我採用矛盾的辯證概念，而非亞里斯多德的邏輯概念。[1]我無意藉此暗示亞里斯多德的定義是錯的。這兩種定義看似互相矛盾，但其實各自獨立又彼此相容，只是它們適用的情況截然不同。我發現，矛盾的辯證概念包含許多可能，而且一點也不難處理。

但是，我必須先談談或許是最重要的一個矛盾：我們所在的這個世界裡，事實與表象之間的矛盾。

馬克思曾提出著名的忠告：我們的任務應該是改變世界，而不是了解世界。但是，在看過他的文集之後，我必須說，馬克思花了極多時間在大英博物館的圖書館，致力了解世界。我認為這是出於一個非常簡單的原因，而最能概括該原因的一個詞是「物神崇拜」（fetishism，亦譯拜物教）。馬克思利用該詞來談發生在我們周遭事實上的各種偽裝、掩飾和扭曲。他寫道：「如果所有事物就像表面看來那樣，我們將不需要科學。」我們必須看透表象，才能有合理且一致的行動。如果我們的行動是因應誤導人的表面訊號，結果往往是災難性的。例如科學家早就告訴我們，雖然太陽看似繞著地球轉，但事實並非如此（不過，美國最近一項調查顯示，可能高達二〇%的美國人仍然相信太陽繞著地球轉！）。醫生也認識到，症狀與根本的病因大不相同。最好的醫生基於他們對表象與事實的差異之認識，鍛鍊出優良的醫學診斷技藝。我曾遇到胸部劇痛的問題，深信是心臟問題造成的，但經診斷原來是頸部神經受壓迫的結果，接受一些物理治療便痊癒了。馬克思也希望能穿透表象，真正了解資本的流通和積累。他認為有一些

❶ Bertell Ollman, *The Dance of the Dialectic: Steps in Marx's Method*, Champagne, IL, University of Illinois Press, 2003.

表象掩飾了基本事實。我們是否同意馬克思的具體判斷，暫時不重要（雖然忽略他的發現無疑是愚蠢的）。目前重要的是，我們承認自己可能經常看到徵兆而非根本原因，同時承認我們必須穿透經常令人困惑的混亂表象，揭開事實的真相。

我來舉一些例子。我存一百元到銀行帳戶裡，利率為三%，每年複利，二十年後帳戶餘額增加至一八〇．六一元。金錢似乎有複利成長的神奇力量。我什麼都沒做，但帳戶裡的錢增加了。金錢似乎有自行下金蛋的神奇力量。但是，增加的錢（利息）到底是從哪裡來的呢？

我們周邊受崇拜的物神，並非只有金錢。超市便充斥著物神崇拜的符號和偽裝。一磅生菜的價格，只是半磅番茄的一半。但是，生菜和番茄產自何方？由誰生產出來？誰把它們運到超市？為什麼番茄比生菜貴那麼多？此外，誰有權在商品上貼上像$、€或£等神祕符號？誰有權替商品標價，例如每磅一美元或每公斤兩英鎊？商品神奇地貼著價格標籤，出現在超市裡；顧客可以根據自己的財力，決定買多少東西來滿足自己的欲望和需求。我們對這一切習以為常，但並未注意到自己對很多事情一無所知，包括多數商品來自何方、如何生產出來、由誰在什麼情況下生產出來，為什麼各種商品的價格成那樣的比例，以及我們使用的貨幣到底是怎麼一回事（尤其是在我們得知聯準會像變戲法那樣，剛創造出額外的一兆美元時！）。

要弄清資本的具體矛盾，我們必須正視的矛盾中最普遍的一種，顯然是物神崇拜造成事實與表象之間的矛盾。受崇拜的物神並非只是一種瘋狂的信念，也並非只是一種幻覺或鏡像（雖然它們有時看起來是這樣）。金錢確實可以用來購買商品，我們確實也可以終生只關心自己有多少錢，以及這些錢可以在超市裡買到多少東西。我在銀行帳戶裡的錢也確實會增加。但如果我們問人「錢是什麼」，對方通常會困惑地無言以對。我們周遭到處都是偽裝和假象。當然，我們偶爾也會因為看到一些事實而震驚不已，例如孟加拉某工廠大樓倒塌而死去的上千名工人，原來是在製造我們穿著的衣服。但是，我們通常對那些生產商品、支持我們日常生活的人一無所知。

我們不需要對世界的運作方式有多少認識，也可以很好地生活在滿是表面訊號、符號和表象的物神世界裡（一如我們可以對發電這件事一無所知，就能開燈享受光明）。只有在戲劇性的事情發生時（例如超市的貨架空無一物、超市的商品價格漲至瘋狂的水準、我們口袋裡的現金忽然變得沒有價值，又或者開燈但燈不亮），我們往往才會去思考較大較廣的問題：在超市的門口和卸貨區之外，發生哪些可能嚴重影響日常生活和生計的事？這些事情是如何發生的？原因何在？

在本書中，我將致力穿透物神崇拜的迷障，辨明侵擾資本主義經濟引擎的各種矛盾力量。我這麼做，是因為我認為解釋當前情況的各種說法，多數是極其誤導的：它們只是在複製物神崇拜，完全無助於驅除造成誤解的迷霧。

不過，我在此處清楚區分資本主義與資本。本書的分析以資本而非資本主義為焦點。那麼，這種區分意味著什麼？我講的資本主義，是指一種社會形構（social formation）；在這種社會形構中，社會生活的物質、社會和知識基礎之供給和塑造，受資本的流通和積累過程支配。

資本主義充斥著無數矛盾，但當中許多矛盾與資本積累並無直接關係。這些矛盾超越資本主義社會形構的特殊性。例如古希臘和羅馬、古代中國、內蒙古或盧安達社會的一些矛盾，是性別關係如父權制造成的。種族區分也是這樣，所謂種族區分，是指族群中某個子群組主張他們相對於族群中其他人，具有生物學上的優越性（種族因此並非以表型〔phenotype〕界定：在十九世紀中葉的法國，勞工和小農階級被公開且普遍地視為生物學上的次等人類；左拉的許多小說記錄了這種觀點）。種族化（racialisation）和性別歧視有非常悠久的歷史，而資本主義的歷史無疑是極度種族化和性別化的歷史。那麼問題是：為什麼我在研究資本的矛盾時，不把種族和性別的矛盾（以及許多其他矛盾，例如國族主義、族群和宗教方面的矛盾）納入研究基礎中？

這問題的簡短答案是：那些矛盾雖然在資本主義中無所不在，它們並非構成資本主義經濟引擎的資本流通和積累方式所特有的。這並不表示它們對資本的積累毫無影響，也不表示資本的積累並不同樣影響（「汙染」可能是較好的說法）或利用它們。例如資本主義顯然曾在不同的年代和地方把種族化推向極端，包括恐怖的種族滅絕和大屠殺。當代資本主義無疑利用了性別歧視和暴力，以及有色人種經常遭遇的非人化待遇來壯大自身。種族化與資本積累的交會和互動既顯而易見，又十分有力。但是，細察這一切雖然可以辨明資本主義經濟引擎一種明顯的能量來源，但對我了解該引擎的具體運作方式毫無幫助。

上述問題較完整的答案，則涉及我的研究目的，以及我選擇的研究方法。生物學家為了研究某個生態系統的動態（和矛盾！），可能必須將該系統隔離出來，就像它和周遭的世界並無關係似的。同樣道理，我為了研究資本的流通和積累，試著把它與所有其他事物區隔開來，視它為一個「封閉系統」，以求辨明它的主要內部矛盾。簡而言之，我利用抽象的力量建立一個模型，反映資本主義經濟引擎的運作方式。我利用這個模型探究資本主義為何不時發生危機、這些危機如何發生，以及長期而言，是否有某些矛盾將產生致命的作用，終結我們現在所認識的資本主義。

生物學家會爽快地承認，來自外部的力量和干擾（颶風、全球暖化、海平面上升、空氣中有害的汙染物，或是水源汙染）經常壓倒他區隔出來研究的生態系統之「正常」動態。同樣道理，我也會爽快地承認，戰爭、國族主義、地緣政治衝突、各種災難，以及大量的種族主義和性別、性傾向、宗教和族群仇恨與歧視，莫不影響資本主義的動態。遠在資本內部潛在的危險矛盾產生致命作用之前，一場核子浩劫便足以毀滅一切。

因此，我並不是說資本主義體制下發生的一切，都是資本的矛盾促成的。但是，我確實希望辨明造成近年危機的資本內部矛盾；這些矛盾造成危機之餘，還似乎告訴我們：如果不摧毀世界各地數以百萬計的人之生活和生計，世界將沒有明確的出路。

且容我用另一個比喻來解釋我的方法。一艘航行於海洋上的巨大遊輪，是一個特別的、複雜的實體場所，裡面有各種不同的活動、社會關係和互動。在遊輪航行的過程中，屬於不同階級、性別、族群和人種的人會有各種互動，有時是友善的，有時則是激烈對立的。遊輪的員工（包括船長及其下屬）以分階層的方式組織起來，當中某些階層（例如客艙服務員）可能與上司不和，也可能與苛求的服務對象不和。我們可以努力去詳細描述遊輪甲板上和客艙裡發生的事，以及這些事發生的原因。不同等級的客艙之間可能發生革命。富豪可能只留在頂層客艙，與其他乘客不相往來；他們可能不停地玩撲克牌（他們的財富將因此出現某種程度的再分配），對下層客艙發生的一切不聞不問。但是，我無意深入探索這一切。這艘遊輪的深處有一副（經濟）引擎，它日夜不停地運轉，為遊輪提供能量，使它有動力跨越重洋。遊輪上發生的一切，都有賴該引擎持續運轉。如果這副引擎發生故障或爆炸，遊輪將無法正常運作。

這副引擎近來無疑發出了一些雜音，彷彿在抱怨身體不適。它顯得格外脆弱。在本書中，我將致力釐清此中原因。如果該引擎確實故障，遊輪因此在海裡失去動力，我們全都將面臨大麻煩。我們將必須修好引擎，或是換上採用不同設計的引擎。若是後者，我們將必須思考如何重新設計引擎，包括採用什麼規格。在此情況下，我們最好能知道舊引擎哪些地方運作良好、哪些地方有問題，以便我們能保留舊引擎的優點，同時避免複製它的缺陷。

不過，資本主義的矛盾在某些關鍵點確實會影響資本的經濟引擎，而且可能擾亂其運作。如果引擎因為外部事件而嚴重受損（例如因為核子戰爭、導致所有貿易中斷的全球傳染病大流行、上層發生的革命導致下層的工程師受攻擊，或是船長疏忽以致輪船觸礁），則資本引擎顯然是因為內部矛盾以外的原因而停止運轉。在本書中，我將適時指出資本積累的引擎在哪些重要關頭特別容易受外部力量衝擊。但我將不會具體討論其後果，因為如我一開始便強調，本書的目的是區隔和分析資本的內部矛盾，而不是探討整體的資本主義矛盾。

在某些圈子中，替這種研究貼上「資本中心」（capitalo-centric）的標籤、對它們嗤之以鼻是一種時髦的行為。我不但覺得這種研究毫無問題（當然，研究衍生的解釋說法不能基於過度推論，也不能搞錯方向），還認為我們必須完成精細和深刻得多的「資本中心」研究，以促進對資本積累近年遇到的問題之認識。如果不是這樣，我們怎能解釋一些揮之不去的當代問題，包括大量人口失業、歐洲和日本的經濟發展漸走下坡，以及中國、印度和其他「金磚」國家不穩定的經濟發展？如果不了解這些現象背後的矛盾，我們將茫無頭緒。資本積累的經濟引擎與當前的緊要關頭有何關係？把相關解釋和理論斥為無價值的「資本中心」論，無疑是短視的，甚至是危險和荒謬的。如果沒有這種研究，我們很可能將無法正確理解周遭發生的事。錯誤的理解幾乎一定會導致錯誤的政治運作，結果很可能是加深而非緩和資本積累的危機，以及由此產生的社會苦難。在我看來，當代資本主義世界幾乎都有這樣的嚴重問題：錯誤的理論產生錯誤的政策，經濟困難因此加重，社會的混亂和苦難因此惡化。對正在形成、據說是「反資本主義」的運動來說，這種研究甚至更重要：有志者不但要清楚知道自己確切反對些什麼，還必須清楚有力地說明反資本主義運動在當前時代為什麼是有道理的，以及為什麼多數人類若想在未來的艱難歲月中過像樣的生活，這種運動是如此的必要。

因此，本書希望說明資本而非資本主義的矛盾。我希望幫助大家認識資本主義的經濟引擎如何運作，為什麼它有時會運轉不順和熄火，甚至有時走到崩潰的邊緣。我也希望說明我們為什麼應該換掉這副經濟引擎，以及應該換上怎樣的新引擎。

第一部

根本矛盾

我要談的前七個矛盾是資本的根本矛盾，因為如果沒有它們，資本根本無法運作。此外，因為這些矛盾彼此密切相關，我們不可能只大幅改變或消除其中一個，而不同時大幅改變或消除其他矛盾。例如在房屋使用價值的供給中，交換價值具有主導作用；如果要改變這種情況，我們將必須改變貨幣的形式和作用，同時修改（甚至是廢除）我們都非常熟悉的私有產權制度。尋找一個反資本主義的替代方案，因而似乎是非常艱鉅的任務。許多方面必須同時改變。某一方面的困難，常常因為其他方面的強大阻力而受到抑制，資本主義因此得以避免爆發總危機。但是，各種矛盾之間的聯繫有時會變得非常有害。一種矛盾加劇，其他矛盾也可能受「感染」。這種感染如果蔓延且加劇（二〇〇七至〇九年便顯然出現這種情況），總危機便會爆發。這對資本是危險的，有系統的反資本主義鬥爭將因此得到可利用的機會。這正是為什麼分析造成這種總危機的矛盾如此重要。如果反對運動（尤其是反資本主義運動）的參與者知道資本的各種矛盾展現出來時的大致情況，他們將有較好的條件去利用在危機形成和解決的過程中，矛盾轉移和深化（地域和領域兩方面）的方式，而不是對此感到意外和受到阻礙。如果危機是資本重構出新型態的過渡和混亂階段，則危機也是尋求改造世界的社會運動可以提出深刻的問題，並據此行動的階段。

矛盾1

使用價值與交換價值

沒有什麼比這更簡單了：我帶著一些錢，走進一家超市，拿錢交換一些食物。我不能吃錢，但可以吃食物。因此，食物對我的幫助，是錢無法直接做到的。食物很快便被我吃掉了，而我交給超市的鈔票和硬幣則繼續流通。超市收到的錢，有一部分是以薪資的形式付給收銀員，而收銀員會用這些錢購買食物。另外一些錢則成為超市的盈利，歸東主所有，而東主會把這些錢花在各種用途上。有些錢流向各種中間人，最後有些會落在食物的直接生產者手上，而他們也全都會花錢。貨幣便是這樣不斷流轉。在資本主義社會裡，每天都有數以百萬計的這種交易發生。食物、衣物和手機等商品不斷生產出來，然後被人用掉，貨幣則持續在人（或機構）的口袋之間流轉。世界上多數人目前的日常生活，正是這麼一回事。

在資本主義社會裡，我們購買的所有商品都各有其使用價值和交換價值。這兩種價值之間的差異是顯著的。因為它們往往不一致，這構成一種矛盾，而這種矛盾有時會造成危機。使用價值變化無窮（即使同一件商品也是），交換價值（在正常情況下）則是一致的，性質上也沒有不同（一美元就是一美元，永遠都是一美元；即使你拿到的是歐元，也能知道它可以兌換多少美元）。

我們且以房屋為例，想想它的使用價值和交換價值。房屋的使用價值相當多元：它為我們提供一個遮風蔽雨的地方，讓我們建立家庭和感情生活；它是我們每天生活、生兒育女的場所（我們在房子裡煮食、做愛、吵架和撫養小孩）；在不穩定的世界裡，房子保護我們的隱私和安全。房屋也可以成為某些人彰顯自身地位和社會歸屬感的工具，成為財富和權勢的象徵、個人和社會歷史記憶的符號，以及彰顯建築成就的標誌；它也可以只是一個旅遊景點，供遊客讚嘆建築之優美，例如萊特（Frank Lloyd Wright）設計的落水山莊（Falling Water）。房屋也可以成為胸懷大志的創新者之工場，例如矽谷的起源可以追溯至那座著名的車庫。我可以在地下室偷偷開一間血汗工廠，或是用它來收留遭迫害的移民，又或者把它當作買賣性奴隸的基地。我還可以舉出房屋的許多不同用途。總之房屋的可能用途非常多樣，似乎無窮無盡，而且各種用途往往十分獨特。

但房屋的交換價值又如何？在當代世界裡，我們一般必須購買或租下房子，才能享有使用房子的特權。我們必須為此付出金錢。問題是：為取得房子的使用權，我們必須付出多少交換價值？這個「多少」的問題，如何影響我們掌握自己想要和需要的房屋用途之能力？這問題聽起來很簡單，但答案其實相當複雜。

曾有一段時間，邊遠地區的拓荒者幾乎不必付出金錢，便能蓋好自己的房子：土地是免費的，勞力是自己付出的（鄰里間也可能互相幫忙：你今天幫我蓋好屋頂，我下週幫你完成地基工程），許多物料（木材、泥磚等等）是取自周遭。涉及金錢的交易僅限於購買斧頭、鋸子、釘子、鐵鎚、刀子和馬具等等。在開發中國家許多城市的貧民區，窮人仍然會用這種方式建造自己的房子。巴西的貧民區便是這樣蓋起來的。世界銀行自一九七〇年代起提倡「自力建屋」（self-help housing），正式確認這種建屋方式適合世界許多地方的低收入階層。這種房屋供給方式涉及的交換價值相當有限。

房屋也可以「訂造」：你有土地，雇用建築師、承包商和營建商，替你根據某種設計蓋一間房子。房子的交換價值取決於原料和勞力的成本，以及建屋相關服務的收費。交換價值並無主導地位，但可能限制創造使用價值的可能性（例如屋主的錢不夠建一座車庫，又或者某幢豪華府邸因為資金耗盡而少了一整個側廳）。在先進的資本主義社會，許多人以這種方式增加房屋的使用價值（例如橫向擴建房子，又或者加蓋一層）。

不過，在先進資本主義世界的多數地方，房屋是一種投機商品，建出來在市場上銷售，任何人負擔得起和有需要都可以購買。這種房屋供給在資本主義社會早就顯而易見。英國巴斯、布里斯托和倫敦等地著名的喬治式聯排屋，便是以這種方式興建於十八世紀末。後來這種投機建屋方式也出現在其他地方，在紐約市蓋出廉價公寓，在費城、里爾和里茲等工業城市建出勞工階層居住的排屋，而美國典型的市郊社區也採用這種建屋方式。房子的交換價值除了取決於基本的建造成本（勞力和物料的成本）外，還取決於另外兩項成本：投機建商希望賺取的利潤（他們承擔最初的必要資本支出，並支付相關貸款的利息），以及購買土地或向地主租地的成本。也就是說，交換價值等於實際建造成本加上利潤、貸款利息和資本化的地租（地價）。建商的目的是取得交換價值而非使用價值，替其他人創造使用價值是達成這目的的手段。因為這種活動本質上是投機的，真正重要的是房子的潛在交換價值。不過，建商並非必賺不賠。他們顯然會精心策畫一切，尤其是房屋之銷售，盡可能避免虧損。但是，風險總是有的。在這種模式下，交換價值主導了房屋供給。

有鑒於許多人對房屋使用價值的需求未能得到滿足，各種社會力量（包括強烈希望把員工留在工作場所附近的雇主，例如吉百利〔Cadbury〕，以及基進和烏托邦思想的信奉者，例如歐文〔Robert Owen〕、傅立葉主義者和皮博迪〔George Peabody〕）和一些國家的地方與中央政府不時發起一些建屋計畫，借助公帑、慈善或家長式資金，以最低的成本滿足低下階層的房屋需求。如果大家普遍接受人人有權享有「體面的住家和合宜的居住環境」（如美國一九四九年的《住宅法》前言所稱），則使用價值考量顯然將再度成為房屋供給問題的焦點。這種政治立場對歐洲社會民主時代的房屋政策有重大影響，北美和一些開發中地區也受到某些程度的影響。多年來，政府涉入房屋供給的程度顯然有起伏，政府對社會住宅的興趣也是這樣。但是，因為資助平價房屋的負擔考驗政府的財力（財政收入萎縮時尤其如此），交換價值考量經常再度悄悄地排擠使用價值考量。

房屋建造中使用價值與交換價值之間的緊張狀況，有多種方法可以控管。但是，這種體制向來也有失控的階段，此時便會產生危機，例如二〇〇七至〇九年，美國、愛爾蘭和西班牙的房市便經歷這種狀況。此次危機並非史無前例。之前的類似例子包括一九八六年起的美國存貸危機，一九九二年斯堪的納維亞的房市崩盤，以及一九九〇年的日本土地市場崩盤（終結了日本一九八〇年代的經濟榮景）。[1]

在主導多數資本主義地區的私營市場體系中，房屋供給還有額外的問題必須處理。首先，房屋是一種「高單價商品」，要使用很多年，不像食物那樣馬上被用掉。個人可能沒有足夠的錢一次付款買下房子。如果我的錢不夠買房，還有兩個基本選擇。我可以向房東租房，房東可能專門購入投機建商建造的房子，靠收租維生。我也可以借錢買房，可能是向親友借錢，也可能找金融機構辦理房屋抵押貸款。如果是辦房貸，我除了必須支付房子的全額交換價值外，償還房貸期間還必須每月支付貸款利息。還清房貸之後（可能需要三十年），我便完全擁有房子。在此情況下，房屋也成了一種儲蓄工具，我可以隨時拿這項資產的價值套取現金（至少我每月償還房貸，因而取得的部分價值是可以套現的）。房屋的價值會有一些被維修保養的費用消耗掉，例如牆面每隔一段時間必須重新上漆，屋頂損壞必須修繕。但是，我仍然可以期望隨著自己逐漸還清房貸，我掌握的房屋淨值將增加。

❶ 概況可參考David Harvey, *Rebel Cities: From the Right to the City to the Urban Revolution*, London, Verso, 2013。

但是，利用房貸購屋是一種非常特別的交易。利率五％、本金十萬美元的房貸分三十年償還，總還款額約為十九萬五千美元。也就是說，房貸戶為了取得最初價值十萬美元的資產，必須多付九萬五千美元。這樣的交易看來很沒道理。我為什麼願意這麼做呢？答案當然是我需要這房子的使用價值（我需要一個居住的地方），而我為此付出九萬五千美元，直到我完全取得房子的所有權。這就像我在三十年間花九萬五千美元租房，差別在於我最終可以取得整間房子的交換價值。這房子實際上成了一種儲蓄工具，替我儲存它的交換價值。

但是，房屋的交換價值不是固定的。它會隨著時間推移而波動，受各種社會狀況和力量影響。首先，它會受周遭房屋的交換價值影響。如果附近的房屋全都日趨破敗，又或者社區裡遷入愈來愈多「不對勁」的人，則我的房子很可能將貶值，即使我把它維持在一流的狀態也無法倖免。相反的，社區環境「改善」，例如社區仕紳化，則可以提升我房子的價值，即使我並未投入任何資源。房市深受經濟學家所稱的「外部性」影響。屋主經常採取個別和集體行動，力求控制這些外部因素。不信的話，你可以提議在某個「體面的」社區建一所安置出獄者的中途之家，看看會發生什麼事！你將見識到大量的鄰避（ＮＩＭＢＹ，不得在我家後院）政治運作：社區居民積極排斥他們不歡迎的人和活動，社區組織幾乎純粹以維護和提升區內房屋價值為使命（例如社區內若有好學校，對住宅價值大有幫助）。為了保護自身儲蓄的價值，人們會有積極行動。不過，屋主有時也會損失他們利用房屋保存的儲蓄，例如政府或建商為了重新發展某個社區，可能會購入該區相當數量的房子，然後任由那些房子的狀況惡化，進而嚴重損害區內其他房屋的市場價值。

如果我想投資改善屋況，我可能會希望審慎行事，僅做那些顯然可以提升房子交換價值的事。市場上有很多提供相關建議的參考書（建一間配置最先進設備的廚房可替房子增值，在天花板上裝鏡子，或是在後院建一座鳥園，則是沒有用的）。

在全球許多地方，住宅所有權對愈來愈多人而言已經變得十分重要。維護和提升房屋資產價值，已經成為愈來愈多人的重要政治目標和重要政治議題，因為消費者可以得到的房屋交換價值，一如建商所能賺到的交換價值那麼重要。

但是，最近三十年左右，房屋已經成為一種投機標的。我以三十萬美元買進一間房子，三年後它的市值升至四十萬美元。我可以把握機會做房貸再融資，把房子增值的那十萬美元換成現金，隨自己高興使用。交換價值不斷上升，使得房子成為熱門的投機標的。房屋成為一種方便利用的金牛（cash cow）或個人提款機，總合需求因此增強，市場上的房屋需求也日益高漲。在《大賣空》（*The Big Short*）一書中，路易士（Michael Lewis）闡述了二〇〇八年金融市場崩盤之前發生的房屋投機潮。路易士有位重要消息來源雇用了一名保姆，她和她的姐妹一度在紐約市皇后區擁有六間房子。「她們買進第一間房子之後，房價大漲，放款機構建議她們做房貸再融資，拿走二十五萬美元的現金，而她們用這筆錢買了第二間房子。」第二間房子的市值也大漲，她們於是重施故技，繼續買房。「最後，市場持續下跌時，她們手上有五間房子，而且完全沒有能力償還房貸。」❷

房市的資產價值投機變得熾熱。但是，這種投機總是有某程度的「龐茲騙局」（Ponzi scheme）元素。我借錢買房，然後房價上漲了。房屋市值不斷上漲吸引更多人買房。他們借入更多錢購買「好東西」（當放款機構資金非常充裕時，這是輕而易舉的事）。房價進一步上漲，因此吸引更多人和機構參與房屋投機。結果造成一場「房地產泡沫」，而泡沫最終必然破滅。這種資產價值泡沫如何形成、為何形成，泡沫會有多大，以及泡沫破滅之後會發生什麼事，取決於多種狀況和力量的具體情況。基於歷史經驗（例如美國房市便曾於一九二八、一九七三、一九八七和二〇〇八年崩盤），目前我們必須接受的是，這種投機狂熱和資產泡沫是資本主義歷史重要的組成部分。隨著中國向資本主義模式靠攏，該國房市也愈來愈容易出現投機熱潮和資產泡沫。我們稍後將再探討此中原因。

在美國最近這次房市崩盤中，約四百萬人因為房貸止贖（借款人因為違約而失去贖回房屋的權利）而失去住家。這些人因為追求房屋的交換價值，結果喪失房屋的使用價值。數不清的人仍處於房貸「溺水」的狀態：他們在房價高峰期買房，因為房價隨後大跌，他們欠金融機構的房貸比房子的市值還高。這些屋主必須承受巨大的損失，才能擺脫房屋所有權並遷居他方。在房市榮景的高峰期，房價太高了，許多人必須承受他們最終證實無力償還的債務，否則無法獲得房屋的使用價值。房市崩盤之後，這些人可能被迫抱著一些房屋使用價值而無法脫身，由此造成的財務負擔令他們的景況特別淒慘。簡而言之，因為不顧後果地追求交換價值，許多人喪失取得並持續擁有房屋使用價值的能力。

類似問題也已經發生在租屋市場。在紐約市，約六〇%的人口為租屋族；私募股權基金在房市高峰期買進許多出租的住宅大樓，希望藉由提高租金大賺一筆（即使它們面對有力的法規管制）。這些基金刻意壓低這些房子的現行使用價值，藉此替它們的再投資計畫辯解，但它們自己在金融市場崩盤中破產，留下房客住在使用價值變差但租金反而變貴的房子裡，而且這些房子因為原本的主人破產而遭金融機構沒收，誰該負起屋主的責任往往並不清楚（如果你住在這種大樓裡，發現暖氣爐壞了，你可能真的不知道該找誰處理問題）。近一〇%的出租房屋遇到這種問題。因為有人不顧後果地追求交換價值極大化，一大部分人可以享有的房屋使用價值受損了。當然，更慘的是，房市崩盤引發一場全球危機，結果全球經濟至今仍然很難康復。

我們可以得出以下結論：資本主義下的房屋供給，已經從追求使用價值為主，變成以追求交換價值為主。因為這種怪異的轉變，房屋的使用價值日趨變質，首先是變成一種儲蓄手段，其次是變成一種投機工具，而利用這種投機工具的除了消費者，還有建商、金融業者和所有可受惠於房市榮景的人，包括房屋仲介、房貸放款人員、律師和保險經紀人等等。為大眾提供足夠的房屋使用價值（傳統消費意義上的使用價值），愈來愈受制於不斷深化的交換價值考量。我們致力為愈來愈大比例的人口提供足夠和可負擔的房屋，結果卻是一場災難。

這一切是發生在這樣的背景下：有關國家在提供足夠的使用價值、滿足人民基本需求這件

❷ Michael Lewis, *The Big Short: Inside the Doomsday Machine*, New York, Norton, 2010, p.34.

事上應發揮怎樣的作用，輿論和公共政策近數十年來經歷巨大的變化。自一九七〇年代以來，一種「新自由主義共識」興起（或許也可以說是由相關勢力強加在民眾身上），導致國家在許多領域減少承擔供給責任，包括房屋、醫療、教育、交通運輸和公用事業（水、能源以至基礎設施）。這種做法是為了把這些領域開放給私營部門，促進其資本積累，另外也是出於交換價值的考量。房屋這領域發生的一切，莫不受這種轉變影響。這種私有化趨勢為何出現，不是我們現在要回答的問題。我認為目前必須記下來的一個重點，是拜上述轉變所賜，在資本主義世界多數地區（並非全部），國家涉入房屋供給的情況近四十年來根本改變了，而這對我們管控使用價值與交換價值矛盾的方式別具意義。

我選擇以房屋為例，顯然是因為這是個理想的例子，非常適合用來說明一件事：市場上一項商品的使用價值與交換價值之間的簡單差異，可以演變成一種對立關係，進而加劇為一種絕對的矛盾，甚至造成一場危機（在房屋這例子中，危機並非僅限於房市，還擴及整個金融和經濟體系）。理論上，情勢不是非如此發展不可（抑或這是必然的發展？這是我們最終必須回答的關鍵問題）。但不可否認的事實是：約從二〇〇〇年起，美國、愛爾蘭、西班牙、英國（某種程度上）和世界上許多地方確實出現這樣的情勢演變，最終釀成二〇〇八年的總體經濟危機（一場我們迄今仍未解決的危機）。同樣不可否認的是：這是一場交換價值層面的危機，而它導致愈來愈多人無法得到足夠的房屋使用價值，以及體面的生活水準。

隨著交換價值考量日益支配社會生活的使用價值層面，同樣的狀況也發生在醫療和教育

（尤其是高等教育）領域。從學校到幾乎所有媒體，我們一再聽到這種說法：取得使用價值最便宜、最好、最有效率的方法，是釋放企業家渴求利潤的經濟本能，讓他們在市場體系中盡展所長。因為這個原因，許多類型的使用價值本來由國家免費提供，但現在已經私有化和商品化——在全球許多地方，房屋、教育、醫療和公用事業全都朝這方向發展。世界銀行堅稱，這應該是全球的標準做法。但是，這體系只是對企業家（他們多數賺得厚利）和有錢人有利：它懲罰幾乎所有其他人，而且可能是嚴厲的懲罰，例如在房屋的例子中，美國便有四百萬至六百萬人因為房貸止贖而失去住家（西班牙和許多其他國家也有無數人遭遇這種慘況）。我們面臨這樣的政治抉擇：選擇一個把有錢人服侍得很好的商品化體制，或是一個完全不仰賴市場居中調解、致力替所有人生產使用價價，並以民主方式供應這些價值的體制。

我們且以比較抽象的理論方式來思考這項矛盾的本質。在所有以精細分工和廣泛交易網絡為特徵的複雜社會秩序中，個人、組織（例如企業）和社會團體之間的使用價值交換顯然非常重要。以物易物在這種情況下效用有限，因為「欲求和需求必須雙重一致」：你必須有一樣我想要的商品，我必須有一樣你想要的商品，簡單的易物交易才能發生。我們可以建立易物鏈，但它們是有限且累贅的。因此，替市場上所有商品建立某種獨立的價值測量標準（單一的價值度量）不但是有益的，還是必要的。如此一來，我便可以賣出我的商品，換取某種普遍的價值儲存工具，然後用它向其他人購買我想要或需要的任何東西。這種價值儲存工具當然便是貨幣。由此就講到資本的第二個矛盾。貨幣到底是什麼？

矛盾 2

勞動的社會價值與它的貨幣表現形式

交換價值要求我們採用某種標準，測量各種商品間的相對價值。這種測量標準便是貨幣。那麼，我們日常生活中不假思索地一再使用的這種「貨幣」是什麼呢？我們沒有足夠的貨幣時會擔心，會想方設法（有時甚至會動用不正當或非法的手段）取得更多金錢；在此同時，我們發現自己常常為了在自身財力範圍內，盡可能過自己喜歡的生活而煞費周章。貨幣有時彷彿就是商品世界裡至高無上的神：我們全都必須向它跪拜，順從它的命令，在它的權力祭壇前膜拜。

我們非常清楚貨幣的資本主義型態有哪些基本的技術功能。它是一種流通工具或媒介（貨幣解決嚴重限制直接易物交易的「需求不相符」問題，因此大大促進交易）。它為市場上所有商品的經濟價值提供單一的度量標準，此外也是一種儲存價值的工具。但是，貨幣代表什麼，而它的社會與政治功能和意義又是如何劇增，以至於社會和經濟世界的運轉，似乎是仰賴人們追求貨幣的欲望作為動力？

首先，貨幣是一種索取工具，我可以用它取得其他人的社會勞動成果；所謂社會勞動，是指為了生產在市場上提供給其他人的商品和服務，而付出勞力（社會勞動產生「商品」，我在後院種番茄供自己食用，則只是產生「產品」）。因為貨幣可以儲存價值，貨幣的索取權不必馬上行使，但最終必須在某個時候行使，否則貨幣便是沒有實踐它的使命和功能。

在一個複雜的社會裡（例如資本已經建構出來的社會），我們生活所需的所有使用價值，全都非常仰賴其他人的勞動。這當中的許多使用價值，我們認為可以得到它們是理所當然的。我們按一個開關便能得到電力，打開瓦斯爐便有火，窗戶當然可開也可關，鞋子和衣服自然是合身的，早上總是會有咖啡或茶，麵包、巴士、汽車、鉛筆、鋼筆、筆記簿和書籍全都是我們可以使用的；此外社會上也有牙醫、醫師、脊骨神經醫師和髮型師，以及生產知識和規則的教師、研究員、律師和官員，而這一切全都是付錢就能買到！但這些商品和服務都直接和間接地吸收人類的勞動，例如生產鋼鐵需要人類投入勞力，生產釘子需要鋼鐵，而蓋房子需要釘子。我們多數人都在某種程度上直接或間接參與為其他人提供商品和服務的活動。

貨幣所代表的東西，正是靠這種活動、這種勞動的社會價值支撐。「價值」是世界各地無數人的勞動之間建立的一種社會關係。因為是一種社會關係，這種價值是非物質和看不見的（一如本書作者與各位讀者的關係）。但是，一如較廣泛的道德和倫理價值，這種非物質價值對各種社會實踐有客觀的影響。以社會勞動而言，「價值」解釋了為什麼鞋子比襯衫貴、房子比汽車貴和葡萄酒比水貴。這種商品之間的價值差異，與商品使用價值的性質毫無關係（以下簡單事實除外：所有商品都必須對某些地方的某些人有用），與商品生產過程涉及的社會勞動則息息相關。

因為是非物質和看不見的，價值需要某種物質表現形式。這種物質表現形式便是貨幣。貨幣賦予非物質的社會價值一種實體形式，也是這種價值的一種象徵和表現。但是，一如所有的表現形式（例如地圖），貨幣這種表現形式與它試圖表現的社會事實有不一致的地方。貨幣在某些方面很好地反映了社會勞動的相對價值，但也忽略甚至是扭曲了另一些方面（一如地圖準確地呈現我們周遭世界的某些特徵，但在另一些方面卻可能誤導人）。貨幣與它表現的價值之差異，構成資本的第二個根本矛盾。

首先我們可以說：貨幣與構成價值的社會勞動是分不開的，但兩者也是不同的。貨幣把社會勞動（價值）的非物質性隱藏在它的物質型態後面。我們很容易誤把表現形式當成它想表現的事實，而因為表現形式某種程度上總是會歪曲事實，我們最終便相信一些不真實的東西，而且會據此採取行動。同樣的，我們在任何商品中都無法看到社會勞動，表現社會勞動的貨幣因此令我們特別無法看見社會勞動的本質。我們稍後就會看到一些例子。價值與它的表現形式分不開，這一點很重要。這項特質源自以下的簡單事實：如果沒有貨幣和它促進的商品交易，價值將無法以非物質社會關係的形式存在。換句話說，如果沒有物質表現形式（貨幣）和交易這種社會實踐的協助，價值將無法形成。貨幣與價值是辯證和共同演化的關係（它們一起出現），兩者間不是一種因果關係。

但是，這種關係也可能誤導人，因為社會價值與其表現形式之間的「差距」，充滿潛在的矛盾，具體情況視貨幣的形式而定。商品貨幣（例如黃金和白銀）的基礎是某種實體商品，有明確的物理特質。另一方面，法定貨幣（國家發行的）、代用的硬幣和紙幣（民間機構發行）和近代的電子貨幣則只是一種象徵或符號。「記帳貨幣」（money of account）的運用，則是讓我們不必每次買賣均支付貨幣，改為每隔一段時間結算，僅支付所欠的淨額。公司之間如果有買有賣，多次交易之後，兩家公司之間必須結算的帳戶餘額，通常遠低於買賣總金額，因為買和賣的帳款會相互抵銷。採用記帳貨幣時，實際支付的是買賣帳款抵銷之後的餘額。例如銀行之間便會有支票清算作業（這種作業如今已經電子化，以前則是在結算所手工完成〔在紐約是每天結算五次〕：每家銀行派出自己的信差，把支票交到付款銀行的窗口）。每次結算時，銀行之間必須支付的帳款淨額可能接近零，即使期間已經有大量交易發生。這是因為A銀行有支票帳款必須支付給B銀行，但B銀行也可能有支票款項必須支付給A銀行，兩者因此會互相抵銷。記帳貨幣因此大幅降低了我們需要的「實際」貨幣金額。這種貨幣也支撐用來促進生產和消費的大量信用工具和貸款（例如在房屋市場，開發商借錢建造投機型房屋，消費者則利用房屋抵押貸款購屋）。信用貨幣本身便構成一個非常複雜的世界（有些理論家認為信用貨幣與其他貨幣完全不同）。

這一切衍生出貨幣一種奇特和看似重複（tautological）的用途。理應用來測量價值的貨幣，本身變成一種商品，也就是貨幣資本（money capital）。貨幣資本的使用價值，在於它可以用來產生更多價值（利潤或剩餘價值）。其交換價值則是利息，利息實際上賦予測量價值的貨幣一種價值（非常重複的一件事！）。貨幣作為一種度量標準如此特別和古怪，正是因為這一點。其他度量標準，例如吋和公斤，本身是不能買賣的（我們可以買一公斤洋芋，但不可以買單純的一公斤），但貨幣資本本身卻是可以買賣的（我可以購買一百美元某段時間的使用權）。

要替價值創造一種物質表現形式，最簡單的做法是選擇一種商品來表現所有其他商品的價值。因為種種原因，貴金屬（尤其是黃金和白銀）成了歷史上最適合發揮這種功能的商品。人類選擇貴金屬的原因很重要。首先，這些金屬相對稀有，累積供給量相當穩定。我無法隨時在自家後院挖出一些黃金或白銀來。貴金屬的供給是相對缺乏彈性的，因此得以維持它們相對於所有其他商品的價值（雖然產量激增，例如加州淘金熱使得黃金產量一時大增，確實會造成一些問題）。世界上大部分黃金已經開採出來。第二，貴金屬不會氧化或壞掉（如果我們選擇樹莓或洋芋作為商品貨幣，則會有這種問題）。這意味著它們可以在市場交易的整段時間裡維持自身的物理特性，而且更重要的是，它們可以相對安全地發揮長期的價值儲存功能。第三，這些金屬的物理特性是已知的，其品質可以準確地檢驗，因此其度量可以輕易校準，不像某些商品貨幣那麼麻煩——例如俄羅斯的貨幣體系於一九九〇年代曾崩潰，市場交易淪為一種多邊易物系統（multilateral bartering system），伏特加酒一度成為一種商品貨幣（但消費者的伏特加品味可能大有差異）。[1]我們利用所謂自然世界裡這些元素的物理和物質特性，穩定和表現社會勞動價值的非物質性。

但是，商品貨幣日常用來買賣低價商品，是非常不便的。因此，在世界各地的市場，硬幣、代幣、紙幣以至電子貨幣變得遠比商品貨幣實用。想像一下，如果我們在街上買一杯咖啡，必須以確切重量的金或銀埋單，那會是怎樣的光景！因此，雖然商品貨幣或許提供了表現社會勞動的堅實物質基礎（英國的紙幣仍然承諾「支付持有人」，儘管這些紙幣早就無法拿來向政府兌換黃金或白銀），它們很快便遭靈活和易管理得多的貨幣形式取代。但這造成另一件怪事。我們最初需要貨幣，是為了賦予非物質的社會勞動一種物質形式，結果我們卻以符號和一些表現形式來代表貨幣，最後還以電腦化帳戶裡的數字代表貨幣。

貨幣商品可以用數字代表時，貨幣體系便出現一種嚴重且可能誤導人的矛盾。黃金和白銀相對稀有，而且供給大致固定；但是，如果數字可以代表貨幣，則貨幣的數量可以隨意增加，完全不受技術因素限制。我們因此可以在當前年代看到美國聯準會藉由量化寬鬆這種手法，像變戲法那樣為經濟體注入數兆美元。除了受制於國家的政策和法規外，貨幣量要怎麼增加似乎完全不受限制。全球在一九七〇年代完全廢棄貨幣的金屬基礎之後，我們確實進入貨幣或許可以無限創造和累積的世界。此外，記帳貨幣和更重要的信用貨幣（始於簡單的借據使用）興起後，貨幣之創造便大量落在個人和銀行手上，不再完全由國家機關操控。這促使國家機器介入

❶ 這個非常有趣的故事出現在以下著作中：Paul Seabright (ed.), *The Vanishing Rouble: Barter Networks and Non-Monetary Transactions in Post-Soviet Societies*, London, Cambridge University Press, 2000。

貨幣體系並施加管制，而國家往往是拚命地希望控制貨幣體系。歷史上曾出現一些驚人和傳奇的通貨膨脹故事，例如一九二〇年代德國威瑪共和時期的惡性通膨；這種現象突顯國家在以下這件事上的關鍵角色：維持人們對國家發行的貨幣之信心，使人們持續相信貨幣的品質和意義。我們討論資本的第三個根本矛盾時，將再談這一點。

這些怪事之所以出現，部分原因在於貨幣的三種基本功能要有效發揮，需要相當不同的條件配合。商品貨幣是儲存價值的好工具，但促進商品流通的功能卻不是很好。硬幣和紙幣是很好的支付手段或媒介，但用來長期儲存價值卻不是很安全。國家發行、強制流通的法定貨幣（強制是因為國家規定人民以這種貨幣繳稅），則可能受當局的政策狂想衝擊（例如政府可瘋狂印鈔，促成嚴重通膨，造成實質減債的效果）。貨幣的各項功能彼此間不完全一致，但也不是互不相關。如果貨幣連短暫儲存價值的功能都沒有，則它也將喪失流通媒介的作用。另一方面，如果我們只在乎貨幣的流通媒介作用，則偽鈔也能發揮銀幣這種「真」貨幣的功能。這正是為什麼黃金和白銀（很好的價值度量和儲存工具）須以票據、紙幣和信用貨幣等形式代表，才能維持商品的暢順流通。結果貨幣形式的基礎，便是社會勞動的表現形式的表現形式！這可說是一種雙重物神：有如一套雙重面具，遮掩了社會勞動（替其他人所做的勞動）的社會性。

在貨幣的幫助下，市場上的商品可以貼上價格標籤，代表賣方的要價。視供給和需求的情況而定，這個要價未必會成為實際成交價。但是，這種標價作業帶來另一組矛盾。個別交易的實際成交價，取決於特定時間和地點的特定供需情況。這種個別成交價與價值的普遍性沒有直接的對應關係。只有在競爭和完美運作的市場，我們才能期望市場上的個別成交價向代表價值普遍性的平均價靠攏。但請注意，正是因為價格可以偏離價值，價格才可以上下波動，因而比較堅實地代表價值的可能水準。但是，市場運作過程會產生許多阻礙價格向價值靠攏的機會和誘惑。所有資本家都渴望避免競爭，以壟斷價銷售產品。企業因此致力塑造品牌，而且在銷售作業中大量使用商標；Nike正是靠這種做法，得以向消費者索取壟斷價，使其產品永遠偏離運動鞋生產的統一價值標準。價格與價值這種數量上的偏差造成一個問題。資本家必然是對價格而非價值做出反應，因為他們在市場中只看到價格，而且沒有辨明價值的直接方法。價格偏離價值時，資本家便必須對誤導人的價值表現形式，而非根本的價值做出反應。

此外，沒有什麼可以阻止我替所有東西貼上價格標籤，無論那些東西是否為社會勞動的產品。我可以替一塊土地標價，向使用它的人收取租金。我也可以像華府K街的那些政治說客，合法地花錢購買在國會中的影響力，甚至無視應有的規範，把良心、榮譽和名譽賣給出價最高的人。市場價格與社會價值不但有數量上的偏差，也有素質上的差異。我可以靠販賣婦女、毒品或祕密銷售軍火發財（這是當代資本體制中利潤最豐厚的其中三種生意）。更糟的是（如果有可能的話！），我可以在貨幣不是資本的情況下，利用貨幣賺取更多貨幣，彷彿它們就是資本。貨幣訊號偏離社會勞動的應有邏輯。我可以創造出大量虛擬資本（fictitious capital）——我把這些貨幣資本借給別人去做一些完全不能創造價值的事，但這可以帶給我豐厚的貨幣報酬（我可以收到很好的利息）。國家為了打仗而發行公債，總是仰賴虛擬資本的流通而獲得融資：人們借錢給國家，國家以稅款支付利息，即使國家不但沒有創造任何價值，還因為打仗而摧毀價值。

這裡因此還有一個矛盾。貨幣理應表現創造性勞動的社會價值，但它卻出現虛擬資本這種形式；虛擬資本的流通藉由從種種非生產活動（不會產生價值的活動）中榨取財富，最終填滿金融業者和債券持有人的荷包。如果你不相信我剛才說的話，你只須看看最近的房市歷史，便能明白我的確切意思。圍繞著房產價值的投機活動不是一種生產活動，但是在二〇〇七／〇八年之前的頗長時間裡，大量虛擬資本湧入房市，因為這種投機活動的報酬相當高。信貸寬鬆促使房價上漲，房屋快速週轉，則造就大量機會從房產交易中賺取豐厚的佣金和服務費。把許多房屋抵押貸款（虛擬資本的一種形式）打包成債務擔保證券（ＣＤＯ），則創造出一種可以賣到世界各地的債務工具（一種虛擬程度更高的資本）。金融業者把這些虛擬資本工具賣給世界各地不疑有他的投資人；這些金融商品獲得信用評等機構很高的評等，彷彿就是「與房產一樣安全」的投資，但許多此類商品最終證實一文不值。這是虛擬資本失控的情況。我們至今仍在為這種離譜的事付出代價。

因此，貨幣形式衍生的矛盾是多重的。如前所述，表現形式發揮其表現功能之餘，也會造成歪曲。我們拿黃金或白銀代表社會價值，是以生產這些貴金屬時的獨特情況，作為所有商品內含價值的一般度量。我們實際上是拿一種獨特的使用價值（黃金這種金屬），用它代表普遍的交換價值。最重要的是，我們以某種方式代表本質上屬於社會的東西，結果令它變成一種可以被私人占用的社會權力。最後這個矛盾對資本的矛盾有深遠影響，在某些方面甚至可能造成毀滅性結果。

首先，貨幣使社會權力可為私人占有和獨家利用，此一事實令貨幣成為人類種種有害行為的核心因素——對金錢勢力的欲望和貪婪，無可避免地成為資本主義政治體的核心特徵。所有拜物行為和信念均以此為中心。貨幣成為一種社會權力，渴求貨幣本身成了一種目的，而這扭曲了單純促進交易所需的貨幣之簡潔供需關係。這嚴重干擾資本主義市場據稱擁有的理性特質。

貪婪是人類的天性嗎？這無疑是個可爭論的問題（例如馬克思便不認為是這樣）。但是，可確定的是，貨幣形式興起，以及貨幣可以被私人占有的事實，已為種種人類劣行（那些絕不正直或高貴的行為）激增開拓出一個空間。在前資本主義社會的著名饋贈（potlatch）制度中，人們會藉由一些儀式拋棄累積的財物。但在資本主義社會裡，人們不但容許財富和權勢的積累，還歡迎這種積累，視為值得欽羨的事。這促使英國經濟學家凱因斯在一九三〇年的〈我們孫輩的經濟前景〉（Economic Possibilities for our Grandchildren）中，寫下他的期盼：

> 累積財富如果不再具有很高的社會重要性，道德規範將大大改變。屆時我們將得以廢棄已經折磨我們兩百年的假道德原則；因為這些假道德原則，我們把一些最令人厭惡的人性特質奉為最高美德。我們將膽敢正確地評估求財動機的價值。許多人因為希望擁有錢財而熱愛金錢（這與因為希望以錢財為工具，享受人生和解決生活中的現實問題而熱愛金錢是不同的），我們將認清這種習性的本質：這是一種有點可憎的病態，是那種我們會帶著恐懼交給精神病專家處理的、半罪惡

半病態的習性。許多社會習俗和經濟慣例影響財富和經濟獎懲之分配，即使它們本身非常可憎和不公義，但因為它們對促進資本的積累非常有用，我們現在不惜代價維護它們，但一旦迎來上述的巨變，將終於可以自由地摒棄它們。❷

那麼，針對這一切，我們應該有怎樣的批判反應？因為投機型虛擬資本的流通無可避免地導致崩盤，造成整個資本主義社會的巨大損失（當中最脆弱的群體承受的打擊更加慘痛），毫無保留地攻擊過度的投機活動和促進投機的貨幣形式（主要是虛擬的貨幣形式），因此必須成為政治鬥爭的焦點。因為這些投機形式促使社會不平等程度嚴重惡化，而且支持一種畸形的財富和權力分配，導致新興的寡頭階層（惡名昭彰的頂層一%——實際上是更惡名昭彰的頂層〇．一%）如今實際上近乎壟斷全球的財富和權力，這種情況也為攸關人類大眾未來福祉的階級鬥爭畫下明顯的界線。

但這不過是比較明顯的冰山一角。值得重申的是，貨幣與價值分不開，一如交換價值與貨幣分不開。三者之間的關係非常密切。如果交換價值變弱，而且最終完全失去對社會中使用價值的生產和分配的引導作用，我們將不再需要貨幣，而且與貨幣的用途（作為資本）和占有（作為社會權力的完美來源）有關的所有貪財病態也將消失。建立一種沒有交換價值，因此也就沒有貨幣的社會秩序，是必須清楚說明的烏托邦目標。但中期而言，我們必須設計一些可以促進交易，但禁止私人累積社會財富和權力的準貨幣形式。這在理論上是可行的。凱因斯在他富影響力的著作《就業、利息和貨幣通論》中，便引述「得不到應有重視的奇人先知葛塞爾（Silvio Gesell）」的說法：葛塞爾很久之前便提議，我們應該創造一種不使用將會氧化的準貨幣形式。商品（使用價值）會變壞，貨幣形式（交換價值）不會變壞，兩者之間的根本不平等必須糾正。葛塞爾寫道：「貨幣必須會像報紙那樣過期、洋芋那樣腐壞、乙醚那樣揮發，才能通過檢驗，成為買賣報紙、洋芋、乙醚和鐵器的工具。」[3]如今因為有電子貨幣，這種構想已經可以用以前不可能做到的方式實現。我們可以輕易地把「氧化時間表」寫進管理貨幣帳戶的電腦程式裡，使貨幣不用超過某段時間便自動銷毀（就像飛行哩程過期不用便報銷一樣）。這切斷了貨幣三種基本功能（流通工具、度量標準，以及更重要的價值儲存工具——因此是累積私人財富和權力的首要工具）之間的關係。

如果推動這種變革，經濟其他方面顯然必須廣泛調整。貨幣如果會氧化，我們將不可能儲存貨幣以備未來之需。例如退休投資基金將會消失。這似乎很可怕，但事實不然。首先，退休投資基金本來就不可靠，很容易變得一文不值（潛在原因包括基金未獲挹注足夠的資金、基金

[2] John Maynard Keynes, *Essays in Persuasion*, New York, Classic House Books, 2009, p.199.

[3] Silvio Gesell, (1916); http:www.archive.org/details/TheNaturalEconomicOrder, p.121. 有關葛塞爾構想的進一步討論，可參考John Maynard Keynes, *The General Theory of Employment, Interest, and Money*, New York, Harcourt Brace, 1964, p.363及Charles Eisenstein, *Sacred Economics: Money, Gift and Society in the Age of Transition*, Berkeley, CA, Evolver Editions, 2011。

管理不當、股市崩盤，以及通貨膨脹）。正如許多領退休金的人如今發現，基於貨幣的退休基金並不可靠，其價值取決於許多條件。另一方面，社會保險（Social Security）則是一種退休金權利制度，理論上不仰賴儲存貨幣以備未來之需，而是由今天的勞工供養已退休的勞工。以這種方式安排未來的收入，遠優於儲蓄並期望獲得不錯的投資報酬。如果人人都得到某水準的最低所得保障（或某水準的最低使用價值保障，而各種使用價值採用某種集體管理方式），則我們將完全不須利用某種貨幣形式，靠私人儲蓄獲得未來的經濟保障。

我們因此必須把焦點放在真正重要的事情上，也就是藉由社會勞動持續創造使用價值，同時杜絕交換價值對使用價值生產活動的主導作用。例如馬克思便認為貨幣體系內的改革，本身不足以保證瓦解資本的權勢，而相信貨幣形式的小修小補可以帶動革命性變化是不切實際的。我認為他這看法是正確的。不過，我認為他的分析也表明一件事：資本的替代物要發展出來，需要以下的必要但非充分條件：交易的組織方式必須徹底重新安排，貨幣對社會生活以至我們的世界觀和道德觀（如凱因斯指出）的主宰力量必須根本消除。想像一種沒有貨幣的經濟體，有助我們了解資本主義替代體制的可能模樣。考慮到電子貨幣以至貨幣替代物的潛力，沒有貨幣的經濟體可能已經不再那麼遙不可及。像比特幣（Bitcoin）這樣的新形式網路貨幣興起，顯示資本本身正在創造新的貨幣形式。因此，對左派來說，圍繞著這個終極目標表達自身的政治抱負和政治思想，是適時和明智的做法。

如果我們考慮眼前一個特別危險的問題，上述的另類貨幣政治便顯得更加必要和迫切。貨幣的當代形式已經達到一種雙重物神的狀態：非物質的社會勞動採用一種有形的表現形式（例如黃金或白銀），而這種有形表現形式如今由貨幣以一種抽象形式（純粹是電腦螢幕上的一些數字）代表。既然貨幣現在只是一些數字，它的潛在數量便是無限的。這令以下錯覺得以流行：貨幣資本的無限和無止境成長不但是可能的，還是值得追求的。但是，我們即使只是隨便看一下社會勞動發展和價值增加需要的條件，便知道無止境的複合成長是不可能的。本書稍後將談到，這正是資本最危險三個矛盾其中之一（追求無止境的複合成長）的根本問題。

貨幣背後如果有某種實體商品支持，則無論這種關係多麼微弱，貨幣都將受這種實體商品的可得數量和相對稀缺性約束；物質上的限制將使我們無法無限創造貨幣。一九七〇年代初，世界的貨幣供給放棄貨幣的金屬基礎，創造出大量的新潛在矛盾。任何人只要獲得授權，都可以無限印鈔。貨幣供給掌握在人類建立的機構如中央銀行手上，而這些機構是容易犯錯的。這產生通膨高漲的危險。一九七〇年代末通膨上揚（尤其是美國）一段短時間之後，世界主要央行的官員在美國聯準會總裁沃爾克（Paul Volcker）領導下，全都向不惜代價抑制通膨的單一政策目標靠攏，因此也就放棄央行對促成充分就業的責任；這種發展完全不是出於偶然。歐洲國家建立歐洲央行來處理歐元事務時，對該行的唯一要求是控制通膨。這種安排因為歐洲幾個國家受主權債危機衝擊，二〇一二年之後產生災難性結果；這證明一件事：資本為了約束自身造成的離譜現象而設立的機構，有長期無能的問題，也未能了解資本如今必定會採用的貨幣形式之內含矛盾。因此，二〇〇七／〇八年爆發的危機由金融危機揭開序幕，是毫不意外的事。

矛盾3

私人財產與資本主義國家

商品不會自己出現在市場上。個別行動者（買家和賣家）在市場相聚交易，也就是以商品交換貨幣，或是以貨幣交換商品。交易要能完成，買家和賣家對他們手上的商品和貨幣必須擁有專屬的處置權和占用權。交換價值和貨幣共同假定個體對商品和貨幣擁有私有產權。

為免誤會，我想先說明個別占用與私有財產的差別。所有活著的人使用物品時，都是占用了它們。我吃東西時占用了食物，騎腳踏車時占用了車子，寫這段文字時占用了電腦。我可以使用的許多東西，當我正在用它們時，沒有任何人可以用它們。但是，有些東西是即使我正在用，也不妨礙其他人使用。例如我收看某電視節目，並不妨礙其他人同時收看。此外，還有一些我們稱為「公共財」的東西，是大眾共有和共用的，雖然其使用通常是有限制的。我們都使用街道，但一條街可以容納多少人是有限制的，而且根據習俗和法規，有些事是不容許在街上做的（例如你不可以在紐約的街道上排便）。但是，就許多東西而言，使用者獨占了他正在用的東西。這種排他的占用不等於私有產權。

如果一件東西是我的私有財產，則無論是否有人正在使用它，我都享有對它的排他性所有權。究其本質，商品交易假定一件事：我拿出來賣的商品，我自己並不想要或需要。事實上，所謂商品，就是生產出來給別人用的東西。私有產權賦予物主出售（轉讓）自己擁有的東西之權利。由此便產生「用益物權」（與使用有關的權利）與排他性永久所有權的差異。這種差異往往成了紛擾的根源，尤其是在殖民史上。例如許多地方的原住民是基於用益物權使用土地（從事游耕的族群便是這樣），殖民強權則往往以排他性所有權奪走資源，導致大量衝突。逐水草而居的游牧族群，或不時搬遷以利用肥沃土地的游耕族群，忽然發現因為有人在土地上設置柵欄和帶刺鐵絲網，自己無法再自由遷徙。他們經常發現自己無法再使用他們向來認為人人可用的一些土地，因為這些土地如今已經被某些人永久擁有，即使這些人可能任由土地閒置。北美原住民因此經歷巨大的苦難。在當代非洲，當地人傳統上的集體資源權利正被胡亂轉變為一種排他的私有產權制度；這種轉變由許多人認為形同詐欺的一些協議造成，例如傳統上受託持有土地的村長，可能藉由這種協議，把土地賣給外國人。許多人認為這構成資本和外國人的大規模「土地掠奪」，而他們的目的是控制非洲的土地和資源。

私有產權假定財產與物主之間有一種社會聯繫（social bond）；物主是法律上的個體，對其擁有的東西有處置權。拜巧妙的法律推理所賜，所有權如今不再僅限於像你我這樣的自然人享有：公司和其他在法律上具有法人地位的機構，也可以享有財產所有權（即使一如許多人喜歡指出，公司如果犯罪，不能像自然人那樣接受監禁的懲罰）。這種社會聯繫的存在，獲得幾乎所有資產階級憲法承認，而它也把個體私有產權的理想及個體人權和「人的權利」概念，以及這些個體權利的學說和法律保障聯繫起來。個體人權與私有財產之間的社會聯繫，位居幾乎所有政府契約論的核心。

私有產權理論上可以永久持有：產權不會因為物主不使用財產而過期或消失，還可以藉由繼承代代相傳。私有產權與不會氧化的貨幣形式因此有一種內在關聯。只有後者可以永存。但是，貨幣發展出紙幣和法定貨幣的形式，而它們的價值是會貶損的（例如因為通貨膨脹而損失購買力）；這種發展損害了貨幣形式的永久性和穩定性，與私有財產之間起初穩固的關聯。此外，根據無主物（res nullius）原則（最著名的擁護者是洛克〔John Locke〕），土地必須能夠產生價值（也就是涉及利用社會勞動去生產商品），土地的私有產權才是正當的。原住民未能善用土地產生價值（和剩餘價值），不但成為英國人大規模剝奪愛爾蘭人土地權利的理由，也成為「富生產力」的殖民者消滅「欠缺生產力」的原住民族群，以及剝奪其土地的理由（尤其是在美洲殖民史上和當前非洲多數地方）。在發達的資本主義社會，上述原則的當代版本是國家對私人土地的徵用權：法律容許國家徵用私人土地，改善土地之使用。因此，土地和貨幣私有產權的永久性都是有條件的。

私有產權制度之實行，有賴國家權力和法律制度（通常會搭配貨幣形式的徵稅安排）去界定與私有產權和法人權利相關的契約義務，為此制定法律條文並執行法規。大量證據顯示，遠在私有產權制度占主導地位之前，國家的強制力便發揮重要作用，開拓出資本可以興盛發展的空間。這種情況出現在歐洲從封建制度轉向資本體制的過程中，而中國在一九八〇年之後在其南部設立經濟特區從事資本主義活動，也有類似情況。不過，在用益物權與私有產權之間，還有大量的公有產權或慣有權利，而它們往往僅限於特定的政體（例如某個鄉村社群或範圍較廣的一整個文化體）。這些權利未必是人人可享，但它們確實假定政體成員之間採用分享合作的治理形式。用益物權遭消滅，加上臭名昭著的圈占公有資源現象，已經造就國家權力支持的個體化私有產權制度之主導地位，令這種制度成為交換關係和交易的基礎。這種形式符合資本流通和積累的需要。

但是，事物要成為私有財產，必須有清楚的界限，而且必須是可命名和可辨識的（以土地而言，這有賴測製地籍圖和建立土地註冊機關）。不是所有事物都符合這些條件。我們幾乎無法想像把空氣和大氣層分割為可以買賣的一份份私有財產。但是，值得注意的是，資本為了建立所有權，近乎無孔不入：資本把個體化私有產權制度延伸至生物過程的核心，以及社會和自然世界的許多其他層面。例如有關事物自然過程的知識之所有權，人類目前便正展開激烈的角力。眼下智慧財產權這領域便充斥著爭議和衝突。知識應該對所有人公開，還是由私人擁有？

個體化私有產權制度，是支持資本運作的一種基礎條件。它是資本運作的一種必要條件和建構：如果沒有這種法律基礎架構，交換價值和貨幣均無法以現行方式運作。但是，私有產權制度受各種矛盾困擾，而且一如貨幣，矛盾是多重而非單一的。之所以如此，部分原因在於使用價值與交換價值的矛盾，以及貨幣與它代表的社會勞動之矛盾，波及個體化私有產權制度。

首先，最明顯的一種矛盾，是以下三者之間的矛盾：個體私有產權的「自由」行使；國家強制監理權力之集體行使（這種權力負責界定私有產權和賦予這些權利法律形式）；以及將它們密切聯繫起來的社會紐帶。隨著交換關係激增、貨幣形式興起和資本主義國家的演化，個體的法律定義出現，個人主義文化也興起。但是，除了最激進的自由至上主義者，以及最極端的無政府主義者，所有人都會同意，我們必須有某種形式的國家權力，才能維護個體化財產權和法律架構，像海耶克（Friedrich Hayek）等理論家所講的那樣，確保最大的非強制性個體自由。但是，這種權利制度是必須執行的，而我們正是在這時候召喚國家，鎮壓和規管違反私有產權制度的行為，因為國家壟斷武力和暴力的合法使用權。資本主義國家必須利用它取得的暴力手段壟斷權，保護和維持市場自由運作彰顯的個體化私有產權制度。我們利用集中的國家權力去保護權利分散的私有財產體制。但是，我們把人的地位和法律上的個體定義延伸至勢力強大的公司和機構，這顯然敗壞了資產階級的烏托邦夢想（基於以民主方式分散的所有權，建立人人享有個人自由的完美世界）。

市場交易這領域中的許多問題，促使國家發揮遠超過「守夜人」角色的功能，也就是政府遠非只是負責守護私有財產和個體權利。首先，集體和公共財（例如公路、港口和碼頭、供水和汙水處理設施，教育和醫療服務）之供給，是國家必須處理的問題。物質和社會基礎設施範圍廣泛，而且是必需品；國家必須直接創造這些公共財，又或者是委託和監督其他機構供應這些公共財。此外，國家也必須建立國家機器，以便管理和保衛它必須保護的機構（國家因此必須建立軍隊和警力，並藉由徵稅為這些活動籌措資金）。

最重要的是，國家必須找到方法統治和管理多元且往往倔強暴躁的族群。許多資本主義國家結果藉由民主程序和治理性（governmentality）機制爭取民意支持，而非訴諸逼迫和武力。這導致一些人認為民主化與資本積累有某種內在聯繫，但我認為這觀點是錯誤的。不過，某些資產階級民主形式已證實是資本體制中比較有效和高效的治理形式，則是無可否認的事。但這種結果未必是因為資本勢力崛起，主導社會形構（social formation）的經濟引擎；其動力源自較廣泛的政治力量，以及人類長期以來的這種努力：找到一些集體治理形式，有效地克服國家專制權力的潛在任意性，與大眾對個人自由的渴望之間的緊張關係。

市場失靈也是國家必須處理的普遍問題。市場失靈源自所謂的外部效應（指市場因為某些原因，未能反映某些真實成本）。最明顯的一種外部效應是汙染，也就是企業和個人因為做某些事，損害空氣、水和土地的品質，但不必為此付出代價。在此之外，還有其他形式的正面和負面外部效應，而它們往往導致我們呼籲採取集體而非個人行動——例如房屋的交換價值便容易受外部效應影響，因為社區中一棟房子日久失修或維持良好狀態，對附近房子的價值會有影響（或正或負）。國家處理這種問題的一種干預形式，是建立土地用途規畫制度。

多數人承認，國家或其他形式的集體行動，如果是為了控制和規管產生強烈負面外部效應的活動，則這些行動是正當的。在所有此類情況中，國家必然得侵犯個人自由和私有產權，阻撓這種權利之行使。使用價值與交換價值的矛盾外溢，深刻影響集中的國家權力與分散的個體私有產權自由行使之關係。有意思的問題只有兩個：國家必須涉入多深？國家對個體權利的侵犯，可以在多大程度上訴諸強制力，而非仰賴建立共識（不幸的是，建立共識涉及培養國族主義）？無論如何，國家要發揮這些功能，必須壟斷合法暴力的使用權。

這種合法暴力壟斷權也彰顯在以下現象上：無論是在前資本主義時代還是資本主義時代，國家一直都是傑出的戰爭製造機器，時常捲入世界舞台上的地緣政治對抗和地緣經濟策略設計。在新興和不斷演化的國際全球體系框架之中，資本主義國家追求外交、貿易和經濟方面的優勢和結盟關係，以求保障自身的財富和權力（比較準確的說法是：國家領袖和至少部分國民的財富、地位和權力），而它們的做法是增強產權持有人在其所在地不斷累積財富的能力。在這過程中，戰爭（其經典定義為另類外交手段）成為地緣政治和地緣經濟定位的關鍵手段；在這當中，在國家領土範圍內積累財富、競爭力和影響力成了一個特別的目標。

但是，國家必須有足夠的經濟資源，才有能力打仗和從事上述運作。自十五世紀起，國家製造戰爭的活動貨幣化（monetisation），成為建設經濟史家所稱的「財政軍事國家」的根基。這種國家的核心，在於建構我所稱的「國家金融連結體」（state-finance nexus）。以英國而言，這件事最明確的標誌，是國家機器與倫敦商業資本家的結盟關係。後者藉由擔保國家債務，實際上替國家製造戰爭的能力提供資金，換取國家授予獨家特許權，藉由一六九四年成立英格蘭銀行，壟斷和管理貨幣體系。這是世界上第一家中央銀行（譯註：世界上第一家央行，其實是一六六八年開始運作的瑞典央行）。它隨後成為其他資本主義國家跟隨的模範。

這突顯國家與貨幣的關鍵關係。我認為葛塞爾說得對：

> 貨幣需要國家；如果沒有國家，貨幣不可能存在。事實上，國家有它的基礎，或許可說是從採用貨幣開始。貨幣是國家最自然最有力的黏合劑……貨幣是必要的，國家對貨幣的控管也是必要的，國家因此享有控制貨幣的無限權力。面對這種無限的權力，貨幣的金屬表層有如面對大風的穀糠。貨幣使用的材料，對保護貨幣免遭國家濫權損害的作用微不足道，情況一如記錄國家憲法的羊皮紙，無法保護憲法免遭濫權者隨意損害。只有國家本身，也就是掌權者（獨裁者或民意代表）的意志，可以保護貨幣免遭笨蛋、騙子和投機者損害——前提是掌權者能夠有意義地運用他們的權力。不幸的是，迄今為止，他們從不曾掌握這種能力。❶

但是，葛塞爾意外地表示：「紙幣比金屬貨幣安全。」這正是因為「紙幣受將人民融入國家的所有利益和理想保障；國家本身沉淪，該國的紙幣才會跟著沉淪。」我們通常認為國家的特點在於它壟斷合法暴力的使用權，如今國家又肩負一項關鍵職責：國家必須壟斷管理貨幣的

❶ Silvio Gesell, *The Natural Economic Order* (1916); http:www.archive.org/details/TheNaturalEconomicOrder, p.81.

權力。

以上說法有兩點必須說明。首先，國家的這種貨幣壟斷權影響廣泛，而非僅限於一個國家。全球貨幣體系本質上是分階級的。自一九四五年以來，美元便是全球貨幣體系的準備貨幣，而且只有美國有權創造美元這種貨幣。其他國家的貨幣權受到限制，因為國際債務往往以美元計價，必須以美元償還。這些國家不能藉由印鈔把本國的債務貨幣化，如果它們這麼做，它們的本幣兌美元將馬上貶值。國際貿易或許可以使用其他貨幣，例如英鎊（以前曾經是全球準備貨幣）、歐元、日圓，以及人民幣（或許有一天）。但迄今為止，這些貨幣並未威脅到美元的地位，而偶爾有人提議以市場一籃子貨幣代替美元（這是凱因斯一九四四年在布雷頓森林會議的原本提議），也一直遭美國斷然拒絕。美國因為控制全球準備貨幣而得到可觀的好處。美國的帝國權力如果不是直接行使，便是藉由美元外交間接行使。美國在世界體系中的霸權，主要是靠以下事實維持：美國控制世界準備貨幣，有能力藉由印鈔支付國家的支出，例如該國過度的軍事支出。面對這種情況，個別國家可能會放棄貨幣自主權，例如厄瓜多便是以美元作為本國貨幣。歐元面世時，歐元區國家便把它們對本國貨幣的壟斷權交給一組超國家機構（以歐洲央行為主）；這些機構由德國和法國主導（後者的影響力不如前者）。

必須說明的第二點，是國家的貨幣壟斷權是可以轉包出去的：國家授予中央銀行特權，使央行名義上不受直接的民主或國家政治控管，藉此把貨幣壟斷權轉包給商業和銀行業資本家。一些國家實際上正是這麼做，英格蘭銀行、美國聯準會和歐洲央行便是這樣成立起來的央行。

這些有力的機構位居國家與民營銀行之間的一種曖昧空間。它們與國家的財政部形成國家金融連結體，長期以來是調節和促進資本運作的「中樞神經系統」。國家金融連結體具有封建制度機構的所有特徵，因為其運作往往神神祕祕，不為人所見，比較像梵蒂岡或克里姆林宮，而不像是一家公開透明的機構。只有在艱難時期，國家金融連結體才會以人臉示人，例如二〇〇八年九月雷曼兄弟破產之後，美國行政部門和國會似乎因為恐懼而陷入癱瘓狀態，財政部長鮑爾森和聯準會主席柏南克便聯手出現在電視上，主導國家的政策。「金融體系和國家金融連結體失靈時（例如一九二九和二〇〇八年的情況），所有人都認識到，資本和資本主義面臨存亡危機。為了拯救資本和資本主義，人們研究一切可能，檢視所有折衷方案。」❷

但是，資本主義國家與私有產權的關係，並非總是和諧的。為了抵制絕對主義和專制的國家形式（它們可能對資本運作的某些要求〔例如資本自由流動〕抱持不合理的敵意，又或者不接受這些要求），國家奉行某種民主形式，但也因此容易受各種民粹思想影響。國家政權有時會落在有組織的勞工和左派政黨手上，此時當權者便可能利用國家權力，抑制資本體現在私有產權上的勢力。若真是如此，資本在經濟的許多領域（例如勞動市場、勞動過程和所得分配）將不再能夠自由運作。資本將被迫在一個限制其自由、真正的管制叢林裡運作。因此，國家與私有產權的矛盾不時加劇，變成一種絕對的矛盾，令公部門與私部門對立，國家與市場對立。

❷ David Harvey, *The Enigma of Capital*, London, Profile Books, 2010, pp.55–7.

激烈的意識型態和政治鬥爭可能圍繞著這個矛盾爆發出來。

不過，我想說清楚一件事：我無意在這裡撰寫有關資本主義國家的通論。我只是希望大家注意：國家的某些方面和功能必須以某種方式運作，以支持資本的再生產。因為國家有徵稅權，而且容易受各種政治勢力和利益影響，政治運作有時可能令國家權力轉向追求某些經濟目標，令私營部門的創業活動和利益居於下風。在社會民主政治控制時期（二戰之後英國和一些歐洲國家經歷的那種時期）和各種中央治理（dirigiste governmentality）形式（例如戴高樂掌權時的法國、李光耀統治下的新加坡，以及包括中國的許多東亞國家）下，國家可以創造出一些從事經濟活動的機構，採用相應的組織形式，由它們控制經濟制高點或引導投資決策。各種層面（總體經濟、城市、區域和地方）的政府規畫成為焦點所在，有時與民間和企業的活動競爭，但更常見的是互相合作。一大部分的資本積累因此經由國家進行，未必是追求利潤極大化，可能是追求某些社會或地緣政治目標。即使在最熱心奉行私有化和新自由主義原則的國家，軍事工業複合體仍然與經濟其他部分分開，成為民間承包商自由獲取厚利的樂園。

在政治光譜的另一端，自由至上主義者認為國家財務的安排方式，顯然與個體自主和自由有深刻的矛盾。這種安排把國家對貨幣和信貸的壟斷控管權，交給一些非民選和不民主的機構，由央行官員負責領導。評論人葛雷科（Thomas Greco）因此表示：

貨幣、銀行和金融業運作政治化（如今盛行於全球各地），已使得權力和財富可以集中在少數人手上——這情況對社會、文化、經濟、民主政府和環境極其有害。中央政府擅自賦予自己近乎無限的支出權，使當局得以輸送財富給他們偏袒的人、投入大規模戰爭，以及推翻民主體制和違背大眾的意願。享有特權的民營銀行已經壟斷所有人的信貸，使少數人得以剝削多數人，手段包括在發放貸款時偏袒特定人士、放高利貸（偽裝成正常貸款）、收取日益高昂的手續費，以及獎勵替銀行業者利益服務的政客。❸

自由至上主義者的前述想法絕非不合理，他們認為自十七世紀以來，這種情況摧毀實現真正資產階級民主（以個體自由極大化為特點）的希望。此外，這種制度迫使人們追求複合成長，導致「環境遭破壞，社會結構遭分裂，權力和財富更加集中；它導致經濟和政治不穩定，呈現在周而復始的蕭條和通膨、國內和國際衝突，以及社會混亂（social dislocation）等現象上。」❹因為這個原因，美國政治光譜上的左派和右派，均傾向敵視像聯準會和國際貨幣基金組織（IMF）這樣的機構。

一邊是私人利益和個體自由，另一邊是國家權力，兩者間的矛盾近年出現顯著的變化：相

❸ Thomas Greco, *The End of Money and the Future of Civilization*, White River Junction, VT, Chelsea Green Publishing, 2009.

❹ 同上。

對勢力決定性地向不民主、獨裁和專制的國家機器中樞轉移，而這些權力中心受社會控制愈來愈集中和軍事化的趨勢支撐。這並不表示擁有財產的個別人士的去中心權力遭瓦解，甚至不表示這些權力受到威脅。事實上，隨著資本受到日益周全的保護，不受所有形式的社會反抗（例如勞工或環保人士的抗爭）威脅，這些權力反而增強了。分權往往是維持中央控管的理想策略。中國近年有意識地應用這原則，結果非常有效。最能彰顯這一點的，是國家在商品市場的貨幣權力組織方式。

因為我在之前經常以房市及其危機為例，我在這裡簡單談談本章的矛盾在房市的表現。私有產權支持人們自置居所，而資本主義國家以各種手段（從積極提供補助到宣傳自置居所的夢想），有系統地促使愈來愈多人擁有房屋。這一方面是為了確保房市持續成長（作為一個活躍和有利可圖的資本積累領域），另一方面是執行一項關鍵的意識型態功能，鞏固大眾和民粹派對藉由交換價值機制提供使用價值這種策略的支持（換句話說，也就是鞏固人們對資本主義方式的支持）。美國政府出於政治和經濟原因，積極支持美國人自置居所，結果這種做法成為導致次級房貸危機的因素之一。次貸危機擊垮一些主要的私營投資機構，同時使半公營的機構如房利美和房地美瀕臨破產，必須靠臨時的國有化方案拯救。

那麼，有關國家與私人財產的矛盾，我們應該採用怎樣的政治策略？目前左派和右派似乎都有很多人傾向支持一種簡單的主張：致力恢復平衡和加強個體自由。但這是不夠的，原因包括相對勢力已戲劇性地向專制的國家權力轉移，以及人們已經不大相信國家可以成為仁慈的行為者。如果國家回到純粹的「守夜人」角色，原本已經大致不受規管的資本，必將有更大的力量為所欲為，不受任何社會或長期因素限制。

唯一可行的其他政治策略，是設法解除私有和個體利益與國家權力和利益的現行矛盾，並以其他東西取而代之。正是在這脈絡下，目前左派對重新建立和重奪「公有資源」（the commons）的關注，是非常有意義的。把私有產權吸收到一個集體管理公有資源的完整計畫中，以及瓦解獨裁專制的國家權力，建立民主的集體管理組織，成了僅有的值得追求的長期目標。

這些目標適用於貨幣和信貸。若想扭轉走向獨裁和貨幣專制的趨勢，我們必須奪回貨幣和信貸，使它們成為一種以民主方式管理的公有資源。為了增強集體自主和自由並令其民主化，切斷貨幣創造活動與國家機器的關係是必要的。因為資本主義國家權力的部分基礎，在於壟斷合法暴力使用權和貨幣事務管理權，打破後一種壟斷最終必將瓦解（而非「摧毀」）資本主義國家的權力。國家掌控貨幣資源的權力一旦遭剝奪，國家訴諸軍事化暴力對付抗爭民眾的能力也將喪失。這構想或許顯得很不切實際，但類似的理念已經因為以下事實而部分實現：在希臘、義大利和西班牙等國家，債權人的權力正被用來決定國家對其國民的政策。如果我們以人民力量取代債權人的權力，這種非常明顯的趨勢也可以輕易扭轉。

如前所述，國家權力影響廣泛，而非僅限於一個國家。因此，我們必須藉由這種政治運作，瓦解所有支持美元帝國主義、維護美國的全球金融霸權的國際貨幣組織（例如ＩＭＦ）。

因為ＩＭＦ的介入（通常是聯合其他國際權力機構，例如在希臘的案例中，是聯合歐洲央行和歐盟執委會），希臘人和許多其他國家的人民的日常生活，目前正遭受這種國際懲戒機器摧毀。我們也必須瓦解這種懲戒機器，以集體管理公共財富的方法和機構替代。相對於現行做法，這種方案可能顯得抽象和過度理想化。但是，另類政治構想抱有這種願景和長期志向，是極其重要的。我們正面臨難解的矛盾，一方是冷酷和不受管制的私有財產，另一方是日趨專制和軍事化的警察國家權力（這種權力致力支援資本，而非促進人民的福祉）；如果不想文明遭此矛盾扼殺，我們就要研擬基進的解決方案，無論方案是傾向革命還是改良。

矛盾4

私人占有與公共財富

社會勞動創造出來的公共財富，有無數種使用價值，例如從刀叉到清理過的土地、整座城市、我們乘坐的飛機、駕駛的汽車、吃的食物、住的房子，以及穿的衣服。私人占有和累積這種公共財富（以及凝結其中的社會勞動），則有兩種大不一樣的方式。首先是如今我們視為違法的各種活動，例如搶劫、偷竊、詐騙、貪汙、高利貸、掠奪、暴力和強迫，加上市場上各種可疑和不光彩的做法，例如壟斷、操縱、囤積、操縱價格，以及龐茲騙局等等。個體累積財富的第二種方式，是在自由運作的市場，從事非強迫的合法交易。資本流通和積累的理論家往往排除第一種活動，視之為資本主義市場「正常」和正當運作之外的贅生物。他們建立資本流通和積累模型時，假定只有第二種私人占有和累積社會財富的方式是正當和相關的。

這個經濟學教科書宣揚的假設很好用，但也嚴重誤導人。我認為是時候推翻這個假設，承認占有社會勞動及其產品的兩種方式，有一種共生關係。我講這句話，一方面是基於一個簡單的實證理由：如果想了解資本世界，不能忽略在世界貿易中有重要角色的販毒集團、軍火商人，以及各種黑幫和其他犯罪組織。數年前美國房市崩盤，我們可以輕易看到當中的種種掠奪行徑（銀行業一些有系統的違法行為近年也遭揭發，例如偽造銀行投資組合的資產評價、洗錢、龐茲型融資，以及操縱利率等等）；我們不可能視之為意外出現的贅生物，然後迴避討論它們。

但是，在上述的明顯實證理由以外，我們還有有力的理論根據去相信一件事：基於剝奪（dispossession）的經濟運作，是資本的核心根基。在社會勞動生產時直接剝奪它產生的價值，不過是種種剝奪的其中一種（雖然是重要的一種）；這些剝奪行為支持私人（法律意義上的人，也就是包括公司）占有大部分公共財富，累積起大量私人財產。

例如銀行業人士原則上不關心銀行的盈利，以及他們過分的獎金是怎麼來的：銀行放款給壓榨租戶的房東，或是向顧客收取離譜高價的商人、欺騙顧客的信用卡和電話公司、非法沒收房貸戶房屋的房貸公司，或殘酷剝削工人的製造商，銀行業人士通常是不在乎的。左派理論家受馬克思政治經濟學啟發，往往認為在種種占有公共財富的形式中，製造商剝削工人在某種意義上比其他形式來得根本。但是，我們從資本歷來的演化中看到，資本有巨大的彈性，能以無數種其他方式把公共財富據為己有。工人在工作場所訴諸階級鬥爭，因此爭取到的工資增幅，很容易被房東、信用卡公司、各種商人和國務局奪走。銀行業人士甚至設計出自己的騙局，藉此獲取暴利，而即使被逮到，承受損失的主要是銀行（也就是股東），而非做這些壞事的銀行業人士（這些人因此坐牢，僅曾發生在冰島）。

在私人占有公共財富這過程的核心，我們可以看到本書稍早講過的，貨幣代表和象徵社會勞動（價值）產生的矛盾。貨幣（而非它代表的社會價值）本質上可以為私人所占有，這意味著只要貨幣保持良好的價值儲存和測量功能，私人可以無限地累積貨幣。因為貨幣是儲存社會權力的一種工具，貨幣累積和集中在一群個體手上，對個人貪欲的社會建構，和某程度上一致的資本家階級權力之形成至關緊要。

前資本主義社會因為認識到這種情況對社會的危害，致力設置各種障礙，阻止私人不顧後果地占有和利用公共財富，同時抵制萬物商品化和貨幣化的趨勢。這些社會非常清楚地認識到，貨幣化會消滅形成社群的其他方式，結果便像馬克思所講的：「貨幣成為社群。」[1]我們至今仍在承受這種轉變的後果。那些較古老的社會最終輸掉它們的抗爭，但我們不應因此不去設法抑制私人占有公共財富，因為私人不顧環境或社會後果地占有公共財富和瘋狂投資，如今仍然造成巨大的危險，甚至威脅到資本再生產需要的條件。

這一切可說是不言而喻。不過，貨幣體系的運作之中，還有一些更惡毒的東西，它們使剝奪式積累（accumulation by dispossession）的政治和實踐成為資本的標誌。檢視貨幣的運作方式時，我們看到價值與價格的差別如何造成一種分歧：一邊是社會勞動的現實，另一邊是替萬物

❶ Karl Marx, *Grundrisse*, Harmondsworth, Penguin, 1973, p. 223.

標價的能力（無論東西是否為社會勞動的產品，我們都可以替它捏造出一個價格）。荒地和良心都可以賣錢！因此，價值與價格的分歧不但是數量上的（任何供需失衡的情況，均可能令價格隨即上漲或下跌），還是性質上的（連非物質的特徵如榮譽、忠貞和忠誠，都可以標上一個價格）。隨著資本在其發展史上擴大自身的範圍和深度，這種分歧已經變成一種巨大的鴻溝。

在所有作家當中，對這種現象的本質和它「對社會的危險」了解最透徹的，可能是信奉社會主義的博蘭尼（Karl Polanyi）。他是匈牙利裔經濟史家和人類學家，在麥卡錫主義高漲的時期於美國工作和寫作。他影響深遠的著作《鉅變：當代政治、經濟的起源》（*The Great Transformation*）一九四四年出版，至今仍然是具里程碑意義的作品。博蘭尼指出，勞動、土地和貨幣這三種東西的市場，對資本的運作和價值之生產是不可或缺的。

> 但勞動、土地和貨幣顯然不是商品……勞動只是伴隨著生活出現的一種人類活動，不是為了出售而生產出來的，而是出於完全不同的原因；勞動這種活動也不能與生活其他部分分開，不能儲存或流通。土地只是自然的另一個名稱，不是人類生產出來的。最後，現實中的貨幣不過是一種購買力的象徵物，一般不是生產出來的，而是由銀行業或國家財政的機制產生的。這三者都不是為了出售而生產出來的。把勞動、土地和貨幣說成是商品，完全是一種虛構。❷

博蘭尼認為，如果我們任由勞動、土地和貨幣是商品這種虛構的觀念不受限制地廣泛流傳，這將「導致社會毀壞」。他指出：「這個體制處置人的勞動力時，會附帶處置與勞動力相連的肉體、心理和道德實體：『人』。如果喪失文化制度賦予的保護罩，人類將因為暴露在社會的各種影響下而消亡，可能死於惡行、墮落、罪行和飢餓等問題造成的劇烈社會亂象。大自然將變得滿目瘡痍，社區和景觀敗壞，河流遭汙染，軍事安全岌岌可危，生產食物和原材料的能力遭摧毀。」最後，「貨幣短缺或氾濫對企業的損害，將一如洪水和旱災對原始社會的破壞那麼嚴重。」

博蘭尼斷定，「除非社會中的人、自然資源和商業組織得到保護，免受惡魔工廠蹂躪，沒有社會能夠承受這種基於粗陋假設的體制造成的影響，哪怕只是極短的時間。」❸經過最近數十年的新自由主義政治實踐之後，之前數十年人們煞費苦心建立的許多保護機制已經遭拆毀；因此，我們如今日益暴露在「惡魔工廠」一些最惡劣的影響之中（資本如果不受約束，必然會創造出這種惡魔工廠）。我們不但看到大量證據顯示博蘭尼擔心的許多崩壞已經發生，還感受到人類普遍異化的危機日趨深重（人類一手建立起來的文明，竟然是靠一種野蠻狀態支撐，愈來愈多人對此深感厭惡）。我將指出，這是資本和資本主義永存所面臨的三個最危險、甚至可能

❷ Karl Polanyi, *The Great Transformation: The Political and Economic Origins of Our Time*, Boston, Beacon Press, 1957, p. 72.

❸ 同上，p. 73。

是致命的矛盾之一。

勞動、土地和貨幣完成其商品化過程的歷史，本身是個漫長慘痛的故事，一如馬克思在《資本論》中的「原始積累」簡史所述。勞動、土地和貨幣轉化為商品，有賴暴力、作弊、強奪和詐騙等手段。公有土地遭圈占，被分割為一塊塊並當作私人財產出售。構成初始貨幣商品的黃金和白銀，被人從美洲大量奪走。勞工即使免於遭公然奴役或成為契約奴工，也可能遭驅離所居住的土地，成為資本可以自由剝削的「自由」受薪工人。這種種形式的剝奪，是創造資本的基礎。但更重要的是，這種情況從未消失。剝奪不但是歷史上殖民主義的核心手段，直到今天，剝奪的政治與政策（主要是企業與國家權力的邪惡同盟在執行）仍正導致大量人口失去土地、水和自然資源使用權，全球的大規模抗爭運動因此獲得支撐力量。非洲、拉丁美洲和亞洲許多地區均出現掠奪土地的現象（包括中國目前正發生的大規模剝奪），而這不過是剝奪式積累政治失控肆虐（其方式連博蘭尼也想像不到）最明顯的徵兆。在美國，國家利用它對私人土地的徵用權，加上金融危機期間，金融業者粗暴地大量沒收房貸戶的抵押房屋（不但造成巨大的使用價值損失〔數以百萬計的人失去住家〕，還導致民眾損失藏在房市的辛苦儲蓄和資產價值，也造成巨大的退休金、醫療和教育權益損失），在在顯示公然剝奪的政治經濟運作仍生猛地存在於資本主義世界的中心。當然，諷刺的是，當局愈來愈仰賴撙節政治的偽裝來掩護種種形式的剝奪；當局的說法是：資本主義病了，必須靠撙節政治來恢復健康。

博蘭尼指出，把自然分隔出來，「並且利用它製造出一個市場，可能是人類祖先所有事業當中最怪異的一項。」他也說：「把勞動與生活中的其他活動分隔開，使勞動受制於市場法則，是消滅所有的有機生存形式，並以一種不同類型的組織方式、一種原子化和個體化的方式取代之。」[4]最後這個結果，對本書檢視的矛盾的結構運作方式至為重要。很明顯，國家與私有財產的矛盾統一（contradictory unity，構成資本的第三個根本矛盾）之所以重要，不在於它是促進剝奪式積累的基本工具，而是因為它在事後賦予這種剝奪暴力的結果合法性和制度上的合理性。土地、勞動和貨幣一旦遭物化、粉碎和剝離（使其從文化生活和生命物質的流動中脫離出來），它們便能在憲法權利和法律（基於國家保障的個體私有產權原則）的庇護下，重新縫合起來。

例如土地不是社會勞動產生的商品，但地政是英國圈地運動和世界各地殖民統治的核心：當局把土地分割、私有化和商品化，以便土地市場成為勢力日大的食租者階級積累資本和榨取財富的重要場域。所謂的「自然」資源也可以拿來買賣，即使它們本身不是社會勞動的產物。自然的商品化有其限制，因為有些東西（例如大氣和波濤洶湧的海洋）不容易圈占和私有化。在海裡捕到的魚可以輕易商品化，但魚類生活的海域則造成另一種問題。但是，人類可以根據用益物權的概念，創造出空氣和海洋汙染權，或特定海域獨家捕魚權的市場（例如西班牙拖網

[4] Karl Polanyi, *The Great Transformation: The Political and Economic Origins of Our Time*, Boston, Beacon Press, 1957,p. 178。

漁船在大西洋特定海域有獨家捕魚權，但阿根廷宣稱擁有該海域的捕魚權）。

圈占土地、勞動（藉由精細分工和社會分工之擴大應用）和貨幣權力（尤其是虛擬貨幣和信用貨幣資本），並且把它們包裝成商品，對人類過渡至私有產權制度至關緊要，而這種制度賦予資本運作一種法律基礎。國家與私有財產的矛盾，因此排斥有關人與自然關係的多變活潑構想，以海德格曾經抱怨的概念取代之：人類把自然想作是「一個巨大的加油站」。[5]這矛盾也排斥公有產權制度和慣有權利（在以前的生產方式下比較常見）背後的所有文化假設（但我想強調，這不代表這種制度和權利所寄居的社會秩序值得懷念）。它以普遍、不證自明和個體化的「人權」學說（致力追求產生價值），取代世上形形色色的生存和生活方式；如此一來，普世性但又在地化的法律學說，便有效掩飾剝奪原住民族群權益過程中的可怕暴力。不過，到了今天，反對這一切的人（愈來愈傾向被視為恐怖分子）比較可能被關在監獄，而非住在郊區的資產階級迷你烏托邦。

在這個建構出來的世界裡，某些「真理」顯得不證自明，當中最重要的一點是：太陽底下的所有事物，只要技術上可行，原則上都應該商品化、貨幣化和私有化。我們已有理由去評論房屋、教育、醫療和公用事業如何已經朝這方向發展，如今我們可以把製造戰爭這件事，甚至是政府本身納入這範圍，因為當局把政府愈來愈多職能發包給私營企業。在此情況下，金錢勢力充分的人可以收買（或竊取）幾乎所有東西，金錢勢力、顛覆計謀或政治軍事影響力不足的大眾則將被排斥在外。如今有錢人還可以購買基因序列的所有權、汙染權和天氣期貨；因此，考慮到博蘭尼的警告，我們無疑應該暫停這種趨勢。但是，問題是這一切似乎已經深植於「自然」和不可動搖的資產階級事物秩序中；因此，以下情況看來不但是可理解的，也是無可避免的：商業將如常在社會和文化活動的領域支配社會生活，即使這些領域與商業絕對無關。無論在哪裡，交換價值都是主人，使用價值則是奴隸。正是在這脈絡下，大眾以無法取得足夠的基本使用價值為由發起抗爭，已成為迫切的要事。

這件要事與剝奪式占有和積累的現行政治，所招致的系統性批判和抗爭相結合。這種政治與私有產權的普遍法律原則，處於一種令人困惑且顯然矛盾的關係，因為這種法律原則理應合理地調節國家與個體的關係，杜絕強制剝奪、竊取、強奪和詐欺。從過去幾年金融和房屋市場發生的事看來，資本主義的合憲性和合法性似乎是以謊言為基礎，或充其量是以令人困惑的虛構為基礎。但是，我們對這個謊言的確切性質並無普遍共識。結果我們往往淡化剝奪式積累的問題，視之為我們無力充分應用、執行和規管市場行為的問題。

基於上述分析，我們還可以得出兩點見解。首先，我們怎樣才能保證掠奪公共財富的個體，會集體行動以確保公共財富可以再生產出來？個人或私營公司基於自身的短期利益行事，結果往往損害以至摧毀自身的再生產條件。農夫可能耗盡自身土地的土壤肥力，雇主也可能導致員工過勞死，又或者疲累到工作效率低下。這種問題在環境受損和退化方面尤其嚴重，英國

❺ Martin Heidegger, *Discourse on Thinking*, New York, Harper Press, 1966, p. 50.

石油公司二〇一〇年在墨西哥灣的漏油事件便是一個例子。第二，如果在市場中循規蹈矩只能賺取薄利，而違法、掠奪、竊取和詐欺的報酬卻異常豐厚（即使這些不當行為會招致巨額罰款），個體還有什麼誘因去當模範生？匯豐控股、富國銀行、花旗銀行和JP摩根等金融機構近年遭當局處以巨額罰款，而且有證據顯示金融業的違法行為並未停止；由此看來，這也是公共財富的再生產持續面對的一個問題。

土地、勞動和資本這些並非商品的東西，皆以非法和強制手段執行和維持其貨幣化、商品化和私有化，由此產生的調解（mediation）據稱「客觀」，但完全是虛構的。這正是資本主義合憲性的虛偽本質，而我們必須看清這一點，才能明白這種合憲性（及其法律條文）可以如何把非法的東西納入其基礎中。這些虛構的東西和物神崇拜系統性地偏袒特定人士，因此構成建構資本家階級權力的基礎。起初這可能只是事出偶然，但如今它已經成為資本建構出來的整座政治和經濟華廈的根本存在理由。資本家階級權力與這些虛構事物和物神崇拜的內在關係，最清楚展現在勞動力關鍵的商品化、貨幣化和私有化上。這正是我們接下來要探討的議題。

矛盾5

資本與勞動

某些人占用和剝削其他人的勞動力，是人類組織一個悠久的特徵。為了行使做這件事的權力，人類必須建構形形色色的社會關係，例如強制奴役，農奴制，把婦女（有時還有兒童）當作財產買賣，神權社會裡信徒出於對上帝或神明的崇拜而自願做事，忠心的臣民為國從軍，或是響應號召，替尊敬的領袖、族長、君主或地方貴族建造某些東西（例如金字塔）。這種宰制、占用和剝削的社會關係可以種族化、族群化或性別化，也可以針對特定的文化或宗教群體，或是生物學上據稱比較劣質的人；這也是一種有悠久歷史的做法。顯而易見的是，這些遭宰制的人可以被貨幣化和商品化。奴隸可以當作商品直接買賣，婦女交易附送嫁妝（以關鍵商品如牛或貨幣為度量標準），雇佣兵軍團取代了講究宗教信仰和個人忠誠的軍隊。此外，無論古今，陷入負債日重的困境均是一種比較陰險的情況，可能導致當事人的勞力或勞動成果被社會、政治和金錢勢力強大的人占有（例如以勞役償債的制度和租佃分成制度）。

不過，資本所做的是把勞動力當作一種商品買賣，而這也是這種生產方式獨特之處。勞工是勞動力這種商品的持有人，他們在據稱「自由」的勞動市場出售這種商品。當然，勞動服務的交易在資本主義興起之前已經出現，而且倘若資本有天不再是生產和消費的可行方式，這種交易完全有可能繼續存在一段長時間。不過，資本學到一件事：它可以有系統地持續使用勞動力產生剩餘（相對於勞工維持特定生活水準的需要而言），創造出自身的再生產基礎（最好是永久的）。這種剩餘是貨幣利潤的根基。

這個體制非凡之處，在於它似乎不仰賴欺騙、偷竊、強取或剝奪，因為資方可以支付勞工「公允」的市場價值（「市價工資」），同時安排勞工工作，產生資本生存所需的剩餘價值。這種「公允性」是基於以下想法：勞工對他們當作商品提供給資方的勞動力，擁有個體化的私有產權，而且可以「自由」選擇出售勞動力的對象（對資方來說，勞動力這種商品的使用價值，在於它可以產生價值和剩餘價值）。當然，對資方來說，勞工最好是不能取得土地，甚至是沒有任何生產工具，因為如此一來，勞工將別無選擇，只能靠出售勞動力謀生。資本家將設法確保勞工在勞動過程中，產生高於其勞動力市場價值的商品價值。簡而言之，勞工必須產生高於自身所得的價值，如此才能促成資本的創造和再生產。勞工產生的附加值成為資方得到的利潤；資方把這種附加值存起來，產生日益集中的金錢勢力。

勞動力商品化，是解決資本流通當中一個看似棘手的矛盾的唯一方法。在運作良好的市場體制中，沒有人使用強制、欺騙和強奪的手段，交換應當基於平等原則：我們相互交換某些使用價值，而這些使用價值的價值應該大致相等。這與以下假定是有矛盾的：所有資本家都能得到更多價值，因為在運作良好的資本體制中，所有資本家都應該賺到利潤。那麼，既然市場體制原則上仰賴平等交換，構成利潤的額外價值從何而來？必須有一種商品可以創造出比它本身所有更多的價值。這種商品便是勞動力，而這正是資本再生產所仰賴的東西。

勞動力商品化，結果便是把社會勞動（我們替其他人所做的勞動）變成異化的社會勞動。資方組織人們工作和勞動，純粹是為了生產商品交換價值，賺取貨幣報酬——資方以此為基礎，建立他們宰制其他階級的社會權力。簡而言之，勞工陷入這樣的處境：除了藉由工作不斷創造條件讓別人宰制自己外，他們別無可為。在資本的統治下，勞工的自由就是這麼一回事。

雖然勞工與資本家的關係總是一種個體間的契約關係（拜勞動力的私有財產特質所賜），我們不難明白一件事：在勞動市場和勞動過程中，資本與勞工之間會出現一種普遍的階級關係；而且一如所有的私有產權關係，這種階級關係必然需要國家和法律介入成為仲裁者、監理者或執法者。這是因為個體私有產權與國家權力之間有系統性的矛盾。勞工完全可以個別或集體地為了得到更多而激烈抗爭，資本家也完全可以個別或集體地致力降低工資（使勞工得不到勞動力的公允市場價值），或降低勞動力的價值（手段可以是縮減人們認為勞工生存必需的一籃子市場商品，或是降低現行該籃子商品的成本）。勞資雙方均有權為這些問題而奮鬥，而如馬克思的名言指出：「在平等的權利之間，力量起決定作用。」[1]

資本對付勞工的努力愈成功，其利潤愈大。勞工對付資本的努力愈成功，他們的生活水準愈高，在勞動市場的選擇愈多。資本家往往致力提高工作強度和生產力，也可能致力延長勞工投入工作的時間。勞工則致力縮短工作時間、降低工作強度，以及減少工作過程中身體受傷害的危險。國家的監理機關往往介入勞資關係，例如立法限制每日工作時間，或是制定工作場所的安全標準，包括限制勞工接觸有害的原物料。

有關勞資矛盾的形式和效力，學界已經有大量研究；而且長期以來，這種矛盾對闡明革命或改良式政治鬥爭的必要性起了關鍵作用。因此，我在這一章可以當個寬厚的作者，避免長篇大論，因為我想我的讀者多數大致熟悉此一議題。對某些左派分析者（尤其是馬克思主義者）來說，勞資矛盾構成了資本的首要矛盾。因為這個原因，人們常把勞資矛盾視為所有有意義的政治鬥爭的支點，以及所有反資本主義革命組織和運動的溫床。有些人還表示，勞資矛盾是所有形式的危機唯一的重要根源。有關危機之形成，有所謂的「利潤緊縮」理論，而該理論看來確實曾在某些地方應驗過。勞方勢力膨脹，相對於資方變得非常有力時，勞工很可能會顯著提高工資，導致資本得到的利潤減少。在這種情況下，資方的典型反應是罷工、拒絕投資或再投資，以及故意製造失業，藉此懲戒勞工。這種說法可以用來描述北美、英國和歐洲一九六〇年代末至一九七〇年代的情況。[2]但是，資本如果可以非常輕易地宰制勞工，一樣很容易陷入很大的困難；二〇〇八年金融市場崩盤後的情勢發展，證明了這一點。

但是，勞資矛盾無法獨立地解釋危機——在解析上是這樣，甚至歸根結柢講到政治層面，也是這樣。這個矛盾藏在資本的其他矛盾中（甚至包括使用價值與交換價值的矛盾），也倚賴它與這些其他矛盾的關係。由此看來，所有反資本主義運動都必須改變其政治任務的性質和構想，因為環境約束（例如金錢勢力高度集中——資本積聚金錢勢力，通常是為了追求自身的目標和保護自身利益）往往限制了工作場所勞資關係根本改變的可能性條件（conditions of possibility）。即使最終制止勞資矛盾和建立非異化勞動的條件，是另類政治抱負的終極目標，如果我們不處理資本的其他矛盾（例如貨幣形式和私人占有社會財富的能力衍生的矛盾），這些目標（它們與這些其他矛盾有關聯）將不能達成。

思考勞資矛盾無疑會令人想到以下政治抱負：設法以其他組織形式（由聯合起來的勞工集體控制他們自己的時間、勞動過程和產品），取代資本在勞動市場和工作場所宰制勞工的情況。為其他人所做的社會勞動不會因此消失，但異化的社會勞動則會。長期以來，人類嘗試過許多替代方案，包括勞工合作社、工人自治（autogestion）、工人控管，以及較近期的團結經濟（solidarity economies）。但實踐結果顯示，這種策略只能取得有限的成效，原因如上所述。生產工具國有化加上中央計畫，產生一些國家安排的替代方案，但它們同樣證實問題重重，甚至

❶ Karl Marx, *Capital*, Volume 1, Harmondsworth, Penguin, 1973, p. 344.

❷ Andrew Glyn and Robert Sutcliffe, *British Capitalism: Workers and the Profit Squeeze*, Harmondsworth, Penguin, 1972.

可能令人誤以為可以達致某種烏托邦狀態。在我看來，這兩種策略均難以成功執行，是因為勞資矛盾藏在資本的其他矛盾中，而且與這些其他矛盾密切相關。例如，如果這些非資本主義的勞工組織形式仍然是以生產交換價值為目標，如果私人藉由累積金錢占有社會權力的能力仍然不受約束，則聯合起來的工人、團結經濟和中央計畫型生產體制最終將失敗，又或者出現自我剝削的問題。致力建立非異化勞動的條件，不足以解決問題。

此外，不幸的是，人們對勞資矛盾發生的複雜場域有一些誤解。左派思想傾向特別重視勞動市場和工作場所，視它們為階級鬥爭的兩個核心領域。左派因為認為它們是建構替代方案，取代資本主義組織形式的關鍵領域。無產階級先鋒理應在這些領域發揮領導作用，促成社會主義革命。我們稍後檢視資本流通中生產與實現的矛盾統一時將看到，其實還有同樣重要、甚至是迫切性更高的其他鬥爭領域。

例如在美國，勞工階層通常花約三分之一的所得在房屋上。我們之前已經講過，房屋供給往往是由日趨投機的交換價值操作驅動，而房屋市場是榨取租金（包括土地和房產）、利息（主要形式為房貸還款）、財產稅和利潤（建造房屋動用的資本得到的報酬）的地方。房市也是一個以大量掠奪式活動著稱的市場（例如買賣房屋必須支付律師費和各種其他費用）。勞工可能經由在勞動市場和工作場所的鬥爭，爭取到可觀的薪資增幅，但他們為了在投機驅動的房市取得房屋使用價值，在遭遇無可避免的掠奪活動之後，可能必須耗掉他們全部的薪資增幅。勞工在生產領域贏得的成果，結果被地主、商人（例如電訊公司）、銀行業者（例如信用卡費用）、律師和收取佣金的仲介偷走，剩下的所得也將有頗大一部分被國務局拿走。一如房屋供給，醫療、教育、供水、汙水處理和其他基本服務私營化和商品化，也導致勞工可自由支配的所得減少，而資本則奪走更多價值。

但這不是全部的真相。所有這些做法構成一個集體場所，剝奪式積累的政治肆虐其中，成為向弱勢群體（包括勞工階級，無論你如何界定）榨取所得和財富的主要手段。大眾曾經取得的種種權利（例如支撐令人滿意的社會工資的退休金福利、醫療、免費的教育和充足的各種服務）被偷走，而這種竊取已經成為一種公然的剝奪——以前是以新自由主義觀念辯解，近年還以財政正義為名，藉由撙節政治強化之。因此，組織起來對抗這種剝奪式積累（例如組織反撙節運動），以及追求比較便宜和有效的房屋、教育、醫療和社會服務供給，對階級鬥爭的重要性並不低於在勞動市場和工作場所對抗剝削。但是，左派因為執迷於工廠工人代表階級覺醒和社會主義抱負的形象，基本上未能把上述的另類階級運作納入其思考和政治策略中。

資本的矛盾與資本主義矛盾之間的複雜互動，也正是在這裡比較充分展現出來。我稍後將比較詳細討論這問題。但是，如果我們不提勞資矛盾藏在資本的其他矛盾中（並與這些其他矛盾密切相關），也不提它與資本主義矛盾（尤其是與種族化、性別和其他形式的歧視有關的矛盾）的明顯糾結，便匆匆結束有關勞資矛盾的討論，那將是愚蠢的，在戰術上也是不明智的。例如勞動和房屋市場根據人種、族群或其他界線分割和隔離，便是所有資本主義社會形構惡名昭彰的普遍特色。

雖然勞資矛盾無疑是資本一個重要和根本的矛盾，即使純粹站在資本的角度，它也不是那種某意義上層次高於所有其他矛盾的首要矛盾。站在資本主義的角度，資本構成的經濟引擎中這個重要和根本的矛盾顯然有它的關鍵角色，但它明確的表現形式則是經由其他形式的社會特徵（例如人種、族群、性別和宗教聯繫）過濾，得到調整或相互糾結，以致資本主義當中的實際鬥爭政治，遠比純粹站在勞資關係的角度觀察來得複雜。

我講這一切，不是為了貶低勞資矛盾在資本種種矛盾中的重要性，因為它確實是一個有獨特性質和重要性的關鍵矛盾。畢竟，資本的力量正是經由勞動市場，在工作場所直接衝擊勞工的身體，並且影響仰賴勞工撫養的人（影響這些人的生存機會和福祉）。許多人在這方面所經歷的事（在勞動過程中常遇到粗暴的對待，家人可能吃不飽），本質上是令人疏離異化的；這一直是大規模異化發生的途徑，因此也是革命怒火爆發的觸發點。但是，在我看來，過度強調勞資矛盾，而且把它當作是獨立運轉、與資本的其他矛盾無關，對我們革命性地追尋資本和資本主義的替代選擇是有害的。

矛盾6

資本是一種過程還是一種東西？

曾有一段時間，物理學家不斷辯論光應該以粒子還是波動的概念去理解。在十七世紀，牛頓提出光的微粒子論，同期還有惠更斯（Christiaan Huygens）倡導他的光波論。此後輿論在這兩種理論之間擺盪，直到量子力學之父波耳（Niels Bohr）訴諸互補原理，解決了所謂的「波粒雙重性」問題。根據波耳的解釋，光既是一種粒子，也是一種波動。兩種理論並存，我們對光的認識才完整，但我們不必同時使用這兩種理論。但是，有些物理學家認為這種雙重性（duality）是同時存在而非互補的。此外，這種雙重性是自然固有的嗎？還是反映了觀察者的局限？這問題也引起頗多爭論。無論如何，在自然科學的許多領域，我們現在顯然已經接受此類雙重性作為建構理論的基礎，例如心腦雙重性（mind-brain duality）便位居當代神經科學的思想根源。因此，我們不應該說自然科學本質上敵視辯證推理，又或者是對矛盾概念「免疫」（不過，我希望馬上補充一點：自然科學的辯證推理，與恩格斯和後來史達林青睞的那種呆板乏味的辯證法截然不同）。傳統經濟學希望人們普遍承認它是一門科學，但忽略了雙重性，真是非常可惜！

那麼，我們應該視資本為一種過程還是一種東西？我將說明為什麼我們應該持兩者皆是的看法。此外，對於資本的這種雙重性，我支持同時存在而非互補的觀點，雖然為了解釋事物，我們往往必須選擇偏重過程論或東西論。資本持續流通是一種過程和流動，而另一方面，資本也會以各種物質形式出現（主要是貨幣、生產活動和商品）；兩者合一產生一種矛盾統一。我們的探索因此應該集中研究這種矛盾的性質，以及它可以如何促成創造和改變、動盪和危機。

我們來想一下，在一個簡單的資本流動模型中，一名誠實和行為端正的資本家，遵守監理功能正常的資本主義國家有關市場行為的所有法規，大概會怎麼做。這名資本家起初掌握一定數額的資金（錢是借來的還是自身所有，在這裡並不重要）。資本家使用手上的錢購買生產工具（土地和土地範圍內所有資源的使用權，以及原物料、能源和機器等等），並且在勞動市場以某種條件雇用工人（例如每天工作八小時，每週工作五天，工資以週計）。購買生產工具和勞動力，是生產開始之前所做的事。不過，工人通常要等到生產開始一段時間之後，才能獲發工資，而生產工具則往往必須在生產開始前付款買下（除非供應商允許賒帳）。工人的生產力顯然取決於技術（例如使用什麼機器）、組織方式（例如勞動過程中的分工與合作方式），以及資本家設計的勞動過程強度／效率。生產過程的結果是一種新商品（通常是某種東西，但有時也可能是某種過程，例如運輸和其他服務）。資本家把商品拿到市場上，賣給消費者，而他會希望商品售價不但可以使他收回成本，還能賺到某程度的利潤。

賺取利潤是資本家不嫌麻煩做這一切的動機。為了維持生計，資本家會持續做上述的事。不過，他通常還會投入部分利潤，擴大生產規模。他這麼做是出於多種原因，包括對金錢勢力的貪欲，以及擔心自己如果不利用盈餘再投資以擴張規模，可能會被新進業者打敗（最壞的情況可能是公司倒閉）。

這種過程也可能涉及許多非法的事。資本家最初的資金，可能是靠搶劫或暴力得來。土地和資源使用權，可能是靠強制手段獲得。生產要素可能是偷來的，而不是在市場上公平購買的。工人被迫接受的契約條件，可能違反合法形成的常規，各種侵害勞工的事（例如拖欠工資、強迫加班，以及以做錯事為藉口處以罰款）可能非常普遍。工作環境可能變得難以忍受，甚至非常危險（例如會接觸到有毒物質，又或者雇主把工作強度強行提升至正常人無法承受的水準）。市場中可能盛行各種詭計（手段包括虛假陳述、壟斷定價，出售瑕疵品以至危險商品等等）。競爭者可能遭殺害，業者可能定出壟斷價。因為認識到這種種壞事可能發生，國家介入市場，規管許多事情，例如立法規管職業安全和健康，以及確保消費品不會危害消費者等等。近三十年來，新自由主義盛行，這種保護措施在新自由主義者（代表人物為雷根和柴契爾夫人）執政期間遭嚴重削弱。

環顧資本主義世界，不法行為幾乎在所有地方皆顯而易見。資本合法流通的標準，看來受到各種不法行為很大的影響。這種合法與不法的雙重性，因此也影響資本的運作方式。國家權力介入以約束個體的行為，顯然是必要的。沒有國家的資本主義是不可想像的（見矛盾3）。但是，國家如何干預資本運作，取決於階級對國家機器的控制和影響力。如果不是國家機器某種程度的疏忽和共謀，華爾街近年的不法行為是不可能發生的。

不過，我們在這裡主要是要談資本作為一種過程的情況，也就是價值經歷物質形式轉變的持續流動過程。資本在某個時刻是以貨幣的形式出現，在另一個時刻則是一堆生產工具（包括土地和資源），又或者是一群走過工廠大門的工人。在工廠之中，資本涉入具體的勞動和商品之製造；潛在和尚未實現的價值（社會勞動）及剩餘價值凝固在商品之中。商品出售時，資本再次回到它的貨幣形式。在這種持續的流動中，過程與東西相互依賴。

過程與東西的雙重性並非資本所特有。我認為這是自然中一種普遍的存在狀態，因為人類是自然的一部分，它也是所有生產方式之下，社會活動和社會生活的一種普遍狀態。我的生活是一個過程，在此同時，我這個人有東西的特性，而政府正是藉此界定我的身分（姓名和某些編號！）。不過，資本以它的特別方式面對和調動這種雙重性，這正是我們必須密切注意的地方。資本以價值持續流動的狀態存在：價值持續流經我們已經辨明的物質型態（以及我們還未認識的其他型態）。持續流動是資本的首要生存條件：資本必須流通，否則將會死亡。資本的流通速度也很重要。如果我的資本可以流轉得比你快，我將占有某程度的競爭優勢。因此，資本家承受著加快資本週轉速度的顯著競爭壓力。在資本的歷史上，加速的傾向顯而易見。我們可以看到，很多技術和組織創新的目的，是加快事物的速度和減少物理距離造成的障礙。

不過，這一切皆假定從一個時刻過渡至另一個時刻是不會有問題的。但事實並非如此。舉個例子：我有錢，希望製造鋼鐵。我因此必須馬上擁有生產鋼鐵所需的要素（勞動力和生產工具）。但是，鐵礦砂和煤仍然藏在地下，把它們挖出來需要很長的時間。煉鋼廠附近可能沒有足夠的工人願意出售他們的勞動力。我必須建一個鼓風爐，而這也需要時間。在此同時，我為生產鋼鐵準備的資金閒置著，未能產生任何價值。資金要轉化為生產所需的東西，受諸如此類的潛在障礙阻撓，而損失時間將導致資本貶值，甚至直接損失資本。只有在克服所有障礙之後，資本才能流入實際的生產中。

生產過程中也有各式各樣的潛在問題和障礙。生產鋼鐵需要時間，需要多少時間則受工作過程的緊湊程度影響。雖然資本家可以嘗試以各種組織和技術創新縮短生產時間，物理障礙令生產時間無法縮短至零。此外，工人不是機器，他們可能罷工或怠工。為了持續生產，資方必須建立對員工的控制，並且與員工協調合作。

鋼鐵生產出來之後，必須賣出去。這商品可能閒置在市場上一段時間，然後才有買家出現。如果所有人手上都有夠用數年的鋼鐵，則可能很長時間都不會有買家。果真如此，以商品形式存在的資本將變成死資本，因為它已經不再流通。生產商為了自己的利益，會希望顧客每隔一段時間便必須購買新商品，而且這段時間最好還能不斷縮短。鋼鐵廠商可以考慮的一種做法，是生產很快生鏽的鋼鐵，使得顧客必須快速替換鋼材。不過，對手機和電子產品廠商來說，縮短消費者替換產品的時間容易得多。計畫性報廢（planned obsolescence）、創新，以及不斷改變的潮流，在資本主義文化中已是根深柢固。

資本亟欲超越或繞過流通障礙，而且也非常渴望週轉順利和加快週轉速度，資本家為此想出各種策略和捷徑。例如生產商可能希望馬上賣出他們製造出來的商品。對他們來說，把商品打折大量賣給通路商是比較輕鬆的事（因為進貨價打了折，通路商有機會分享到剩餘價值）。通路商（批發商和零售商）承擔把商品賣給最終消費者的成本和風險。藉由追求效率和規模經濟（同時剝削員工），通路商能以較低的成本把製造商與最終消費者聯繫起來（所謂成本較低，是相對於製造商自己負責行銷和通路作業而言）。通路商因此令資本的流動變得比較順暢，並且使製造商得到比較可靠的市場。但另一方面，通路商最終可能對製造商有相當大的影響力，他們可能迫使製造商接受較低的報酬率（這正是沃爾瑪的策略）。另一方面，製造商也可以試著利用未售出的商品，取得貸款或預付款。但是，在這方面，銀行業者、金融業者和折扣商可能發揮他們的自主權力，成為影響資本流通和積累的一個活躍因素。旨在維持資本持續流動的社會策略是一把雙刃劍。這種策略或許能達到促進流通的直接目標，但也會製造積極發揮影響力的權勢集團，包括通路商（例如沃爾瑪）和金融業者（例如高盛），而這些權勢集團可能會追求自身的特殊利益，而不是為資本的整體利益服務。

資本流通當中固定與移動之間的緊張關係，也因為一些純粹物質面的問題而加劇。此類問題集中在固定資本的長期投資上。為了使資本得以在空間和時間中自由流通，我們必須創造出固定在某些空間的實體基礎設施和人造環境，例如固定在土地上的道路、鐵路、通訊塔和光纖電纜、機場和港口、工廠大樓、辦公大樓、房屋、學校和醫院等等。比較可以移動的固定資本也有很長的壽命，例如船隻、卡車、飛機和火車頭、工廠機器和辦公設備，以至我們日常使用的刀叉、盤子和烹飪用具等等。我們瀏覽聖保羅、上海或曼哈頓的城市景觀時會發現，這些固定資本規模龐大，而且多數是不可移動的；至於可移動的固定資本，如果要在它們還能使用時替換，必然會損失價值。資本積累的矛盾之一，是隨著時間的推移，相對於持續流動的資本，這些為了生產和消費而創造出來的長壽且往往不可移動的資本將愈來愈多。資本永久面臨這樣的危險：因為需要愈來愈多固定資本，假以時日，資本將會僵化。

固定的資本與流通的資本有矛盾，但它們相互依賴，不能沒有對方。如果流通的資本要加速流動，則促進流通的資本之流動必須放慢。但是，不能移動的固定資本（例如貨櫃碼頭）必須有人使用，才能實現其價值。沒有船隻使用的貨櫃碼頭是無用的，投資在碼頭上的資本將血本無歸。另一方面，如果沒有輪船和貨櫃碼頭，商品將無法運到市場上。固定資本構成支援資本流通的物質世界，資本流通則使我們得以回收投資在固定資本上的價值。

固定與移動之間的根本矛盾，也造成另一層面的困難。旨在令資本流動比較順暢的社會策略（例如通路商的活動，以及影響力更大的金融業者的活動）結合土地固定的物理問題，使得連著土地的財產得以占有部分剩餘價值。這種基於不動產的特別資本榨取租金，主導土地投資，同時冷酷地從事土地、自然資源和房產價值方面的投機。

在一九三〇年代，凱因斯曾開心地期望「食租者的安樂死」。[1]凱因斯期望能實現的這個政治理想包含所有擁有資本的人，而這理想至今當然仍未實現。例如土地現在是更重要的一種虛擬資本，而土地所有權（或分享未來租金收入的權利）是可以在國際上買賣的。現在的「土地」概念，當然包含過去累積下來的所有基礎設施和人為改造結果（例如倫敦和紐約逾一個世紀前興建的地下鐵路），以及尚未攤銷完的近期投資。食租者和土地權益所有人壓制經濟活動的潛在威脅，如今甚至更嚴重，尤其是因為它們受金融機構的勢力支持，而金融機構沉迷於租金、房價和地價不斷上漲帶來的報酬。我們之前已經談過的房價大漲和崩盤，便是典型的例子。值得玩味的是，這種現象至今仍未消失。它們如今已經演變成世界各地驚人的土地掠奪（從資源豐富的印度東北部到非洲，以至拉丁美洲許多地區）：機構和個人都希望藉由擁有土地和土地所含的所有資源（包括「自然」和人造的），保障自身的財務前景。由此看來，我們未來可能將面對土地和資源稀缺的情況（基本上是一種自我實現的情況，基於一種壟斷和投機力量——正是石油公司長期以來發揮的那種力量）。

食租者階級的權力仰賴它對固定物的控制，但在此同時，它也利用流動的金融力量在國際上兜售其商品。近年房市發生的事，正是典型的例子。美國內華達的房屋所有權賣給世界各地不疑有他的投資人，他們最終被騙走數以百萬美元計的金錢，而華爾街和其他金融掠奪者則享受他們的獎金，以及靠不正當手段取得的利潤。

因此，我們必須思考的問題是：流動與固定，以及過程與東西之間的緊張關係，何時及為何會演變成一種絕對矛盾（尤其是食租者階級占有過多權力這種情況），進而釀成危機？這種矛盾顯然可能發展成局部的壓力和危機。如果商品不再流動，協助流動的東西將變成必須拋棄的無用之物，租金報酬將崩跌。漫長且痛苦的去工業化歷史，已經導致一些城市（例如底特律）嚴重流失經濟活動，因此損失極多價值；在此同時，另一些城市（例如深圳和孟加拉達卡）則成為某些經濟活動的中心，若要成功必須大量投資在固定資本上，加上榨取租金和興旺的房地產市場。資本的歷史上滿是局部的繁榮和崩壞的故事，而在很多此類例子中，固定資本與流動資本、固定與移動之間的矛盾是十分重要的因素。在這種例子中，資本的創造性破壞作用，在人類所處的物質景觀中彰顯無遺。創造與破壞之間的均衡往往難以辨識，但去工業化、房產價值與地租的波動、撤資和投機型營建活動強加在一地全體人口身上的代價，全都源自固定與移動之間永久存在的根本緊張關係；這種緊張關係偶爾會在特定地方變成一種絕對矛盾，進而釀成嚴重的危機。

那麼，我們可以從上述分析中推導出怎樣的另類政治抱負？一個顯而易見的立即目標，是禁止房地產所有人利用他們控制的固定資產榨取租金。食租者順暢地跨地域買賣不動產合法產權的能力，也必須受到約束；近年來房屋抵押貸款被包裝成債務擔保證券（CDO），在世界各地買賣，便是這種交易的一個例子。土地、資源和已攤銷的人造環境，應歸入公共財產資

❶ John Maynard Keynes, *The General Theory of Employment, Interest and Money*, New York, Harcourt Brace, 1964, p. 376.

源的類別，替使用和倚賴它們的群體當作公共財來管理。最近一段時期常見房價地價不斷高漲的情況，但人們整體而言完全沒有因此得益。金融投機與實體基礎設施（和其他形式的固定資本）投資的關聯也必須切斷，以便實體基礎設施的建造和使用不再受金融考量支配。最後，基礎設施之供給，必須優先考慮使用價值。如此一來，社會秩序只能探索政治集體（political collectivities）可以如何理性地規畫，確保社會可以創造和維持必要的實體設施使用價值。只有這樣，過程與東西、固定與移動之間顯然總是複雜的關係，才能妥善協調以服務公益，而非被利用來支持無止境的資本積累。

矛盾7

生產與實現的矛盾統一

資本流動時，會經過兩個主要關卡，它們記錄資本達成數量成長（利潤的根源）的表現。在勞動過程或同等的過程中，工作使得價值增加。但是，這些增加的價值是潛伏的，直到商品在市場上賣出才得以實現。資本的持續流通，有賴資本成功通過兩個關鍵時刻（成功的程度以利潤率衡量）：首先是勞動過程中的價值生產，然後是市場上的價值實現。但是，資本流通過程中這兩個時刻的必要統一，是一種矛盾統一（contradictory unity）。那麼，此一矛盾的主要形式是什麼呢？

在其巨著《資本論》第一卷的分析中，馬克思為了研究支撐利潤的剩餘價值如何產生，假設市場上價值實現的問題完全不存在。假設其他條件相同（當然，我們知道實際上永遠不是這樣），我們會預期資本有很強的動機做這些事：盡可能降低付給勞工的工資，盡可能延長勞工的工作時間和工作強度，盡可能使勞工承擔自身的再生產成本（藉由家庭活動和工作），以及令勞工在勞動過程中盡可能溫馴和守紀律（必要時動用強制手段）。為此，資本若能有大量受過訓練但閒置的勞動力（馬克思稱之為「產業後備軍」）可以隨時利用，那便再好不過（雖然這或許並非必要），因為這可以令有工作的人不敢有太高的期望。如果現實中沒有這樣的剩餘勞動力，則資本必須把它製造出來（以下兩股力量因此非常重要：技術演變造成大量勞工失業，某些國家忽然為全球市場增加許多勞動力，例如近三十年來的中國）。對資本來說，以下兩件事也很重要：盡可能阻止勞工以任何形式組織起來，動用所有可行手段阻止勞工發揮他們對國家機器的政治影響力。

馬克思在《資本論》第一卷推論，資本的這些作為最終將製造出一種兩極化的情況：資本家的財富愈來愈多，勞工階層則不但日趨貧窮和地位日低，還愈來愈沒有尊嚴和影響力，儘管財富實際上是勞工製造出來的。

在《資本論》第二卷中（連有造詣的左派學者也多數不熟悉這一卷），馬克思研究價值實現的條件，假設價值生產過程中沒有問題。他推斷出一些令人不安的初步結論（他沒有寫完這一卷）。如果資本一如《資本論》第一卷的分析，用盡所有手段確保剩餘價值能生產出來，並由資本家占有，則勞工在市場上產生的總合需求將傾向受限，甚至是有系統地遭削弱。此外，如果家庭被迫承擔勞工的社會再生產成本，勞工將不會在市場上購買商品和服務。諷刺的是，勞工承擔愈多自身再生產的成本，他們替資本工作的動機將愈弱。此外，龐大的產業後備軍（失業人口）也不能支持總合需求成長（除非國家提供慷慨的收入補貼），一如工資下跌（包括國家減少對社會工資的貢獻）不能支持市場擴大。

這當中有嚴重的矛盾：

> 工人作為商品的購買者，對市場來說是重要的。但工人作為其商品（勞動力）的賣方，則受制於資本主義社會盡可能壓低工資的傾向。還有一個矛盾：資本主義產能全力開動的時期，通常就是生產過剩的時候；因為產能運用受到的限制，並非只是價值之生產，還有價值之實現。但是，商品之銷售，商品資本之實現（因此也就是剩餘價值之實現），不是受限於一般社會的消費者需求，而是受限於絕大多數人總是貧窮、而且必須總是貧窮的那種社會的消費者需求。❶

市場上有效總合需求（有別於貧窮的群體對必要的使用價值之社會需求）不足，對資本持續積累構成嚴重的障礙。這會導致利潤萎縮。勞動階級的消費需求，是有效市場需求的重要一部分。

資本主義這種社會形構，永遠面臨這種矛盾。資本體制可以盡可能促進剩餘價值之生產，不惜危及資本在市場上實現剩餘價值的能力；它也可以令勞工得到賦權，藉此維持強勁的有

❶ Karl Marx, *Capital*, Volume 2, Harmondsworth, Pelican Books, 1978, p.391.《資本論》第一卷與之對應的段落，可在Penguin版本的p.799找到。

效市場需求，但這可能危及它藉由生產活動創造剩餘價值的能力。換句話說，如果資本像《資本論》第一卷分析的那樣順利運作，站在《資本論》第二卷的角度，它很可能會陷入困境，反之亦然。一九四五至一九七〇年代中，先進資本主義國家的資本運作方式，比較接近符合《資本論》第二卷指示的需求管理立場（強調價值實現的條件），但在這過程中，它在生產剩餘價值方面遇到愈來愈多問題（尤其是組織良好、政治勢力強大的勞動階級運動造成的問題）。因此，一九七〇年代中之後，這些國家的資本在經過與勞工的激烈鬥爭之後，轉向比較符合《資本論》第一卷分析的供給面立場，強調創造有利條件，促進剩餘價值之生產（手段包括降低實質工資、鎮壓勞動階級組織，以及普遍剝奪勞工的權力）。一九七〇年代中以來的這種趨勢，我們如今稱之為新自由主義反革命。它解決剩餘價值生產的主要問題，但代價是製造出市場上的價值實現問題。

以上所述，當然是一種粗略的過度簡化，但它很好地說明一件事：生產與實現的矛盾統一，在歷史上何其顯而易見。這例子也清楚顯示，危機形成和解決的過程，因為危機被人在生產與實現之間來回轉移而緊密相連。有趣的是，經濟政策和理論也出現相應的轉變。例如在一九六〇年代，凱因斯學派的需求管理論（大致符合《資本論》第二卷的分析）支配主流經濟思想，但約從一九八〇年起，占主導地位的變成貨幣學派的供給面理論（大致符合《資本論》第一卷的分析）。在我看來，把這些經濟思想和公共政策的歷史，放在兩卷《資本論》所反映的生產與實現矛盾統一的脈絡下來看，是很重要的。

不過，生產與實現的矛盾，可以藉由一些方法調和。首先，即使薪資下跌，我們仍有辦法增加需求，包括擴大勞動人口的規模（例子之一，是中國約從一九八〇年起，動員該國的閒置勞動力投入生產），擴張資產階級的炫耀性消費規模，或是創造出不從事生產但有可觀購買力的階層（政府官員、軍人、律師、醫生和教師等等），並擴大其規模。調和矛盾還有一種更重要的方法：利用信貸。原則上信貸完全可以用來在同等程度上支持價值（和剩餘價值）的生產與實現。這方法最明顯的例子，是金融業者放款給房地產開發商去建造投機性質的房屋，同時發放房貸給消費者去購買這種房屋。問題當然在於這種做法很容易造成投機泡沫，一如導致二〇〇七至〇九年市場崩盤的那種泡沫（主要發生在美國房市，但也出現在西班牙和愛爾蘭）。營建業興旺、泡沫化和崩盤的悠久歷史，證明此類現象在資本的歷史上十分重要。

不過，信貸系統的介入在某些方面顯然是有益的，也確實在困難時期發揮支持資本積累的作用。生產與實現的矛盾，因此被推回到貨幣與價值形式的矛盾之中。生產與實現的矛盾在信貸系統中被內化，而這系統一方面從事瘋狂的投機活動（導致房市泡沫的那種投機），另一方面則減輕資本流動的許多困難，使資本得以跨越生產與實現的矛盾統一，穩定地持續流動。限制信貸運作，會加重生產與實現之間的潛在矛盾；解除對信貸系統的管制，則會導致不受約束的投機活動，尤其是圍繞著資產價值的投機。使用價值與交換價值、貨幣與貨幣代表的社會勞動之間的矛盾一天不能化解，根本問題就一天無法解決。三種不同矛盾之間的相互關聯，是頻繁發生的金融和商業危機的根源。

生產與實現的關係還連著一些次要矛盾。價值增加無疑是拜生產行為所賜，而價值增加多少主要取決於資本在勞動過程中對勞工的剝削；儘管如此，拜流動的持續性所賜，價值和剩餘價值之實現，得以發生在流通過程中一些不同的環節。組織生產價值和剩餘價值的資本家，未必是實現價值的人。通路商、銀行和金融業者、地主和房產所有人，以及國務局的介入，令價值和剩餘價值得以在多個不同環節實現，而這種實現有兩種基本形式。例如通路商和金融業者可以對生產商施加巨大的壓力，藉此把直接生產商的報酬率壓至某個最低水準，自己則坐享厚利，譬如沃爾瑪和蘋果公司在中國便是這麼做。在這例子中，價值之實現不但跨領域，還跨越重洋發生在另一個國家（創造出一種相當重要的跨地域財富轉移）。

處理生產與實現矛盾的另一種做法，是把勞工替自己爭取到的那部分剩餘價值收回來，辦法是收取過高的價格，或是對勞動階級收取費用、租金或稅金，顯著壓低他們可自由支配的所得和生活水準。這種方法也可以藉由操控社會工資去做，目的是收回勞動階級在退休福利、教育、醫療和其他基本服務上爭取到的權利，藉此支援剝奪式積累的政治操作。目前許多國家訴諸撙節政治，正是希望達到這目的。資本或許會在生產環節對勞工的要求讓步，但可能藉由在生活中過度壓榨勞工，連本帶利收回在生產環節讓出或損失的利益。高昂的租金和居住成本，信用卡公司、銀行和電訊公司收取的過高費用，醫療和教育私營化，以及對使用者收取費用和罰款，全都對弱勢群體造成經濟負擔，即使這些成本並未因為各種掠奪手段、任意課徵的稅項、累退稅、過分的法律費用或其他因素而顯著增加。

此外，這些行為是主動而非被動的。藉由社區仕紳化、強迫搬遷，甚至有時會動用暴力清場手段，把低收入和弱勢群體驅離高價值地段（或試圖這麼做），在資本主義的歷史上是一種行之已久的做法。里約熱內盧遭驅逐的貧民區居民、首爾自建房屋的住戶、因國家徵地而失去住家的美國人，以及南非簡陋木屋的居民，均曾面對上述手段。在這例子中，生產是指生產空間，而實現則是指因地租和房產價值上升而獲得資本利得——獲益的因此通常是房地產開發商和食租者，而非其他資本。

生產與實現的矛盾統一，因此除了影響勞工，還同樣影響資本。合理的推論是：工作和生活這兩個領域的階級衝突和階級鬥爭，也必須有一種矛盾統一。可惜左派大致上不重視這結論，甚至完全忽略它。

這個矛盾衍生的政治抱負，是把生產與實現的關係反轉過來。實現應代之以發現和說明整個群體需要的使用價值，然後再精心安排生產活動以滿足這些社會需求。這種改變或許難以迅速做到，但基本需求的供給逐漸去商品化（decommodification）是可行的長期計畫，非常符合以下觀念：經濟活動的基本驅動因素，應該是滿足使用價值需求，而非無止境地追求增加交換價值。如果你認為這目標高不可攀，重溫一些歷史經驗應該是有用的：歐洲的社會民主國家（尤其是斯堪的納維亞國家）自一九六〇年代起，把經濟導向需求面管理，以求穩定資本體制。雖然這些國家並非全心全意這麼做，它們仍然在某種程度上反轉了生產與實現的關係。完成這件事是過渡到反資本主義經濟必須做的。

第二部

變動的矛盾

資本的根本矛盾並非互不相關。它們以多種方式密切聯繫起來，為資本積累提供基本架構。使用價值與交換價值的矛盾（矛盾1），有賴貨幣之存在，而貨幣與社會勞動這種價值是有矛盾的（2）。交換價值及其度量標準（貨幣）假定交易雙方有某種法律關係，我們因此接受個體擁有私有產權，並且需要一種法律架構或一套慣例來保護這種權利。這導致個體化私有產權與資本主義國家集體性之間的矛盾（3）。國家壟斷暴力的合法使用權，以及法定貨幣（首要的交易工具）的發行權。貨幣形式的永久性與私有產權的永久性之間有很深的關聯（有前者就必須有後者，反之亦然）。非公共個體可以藉由交易，合法和自由地占有社會勞動的成果，也就是占有公共財富（4）。這構成形成資本家階級權力的貨幣基礎。但是，資本必須仰賴勞動力商品化，才能有系統地再生產資本。勞動力商品化解決了以下問題：基於平等原則的市場交易體制，怎樣才能產生源自不平等的利潤？這方法意味著我們必須把社會勞動（我們替其他人所做的勞動）轉化為異化的社會勞動（純粹為資本的生產和再生產所做的勞動）。結果是資本與勞動之間產生一種根本的矛盾（5）。這些矛盾決定了資本經歷多種物質形式的持續流通過程，而這意味著在資本的景觀（landscape）中，固定與移動之間的緊張關係不斷加深（6）。在資本的流通中，資本的生產與實現必須有一種矛盾統一（7）。

這些矛盾界定了一個政治疆域，我們可以據此設計一種替代方案，取代資本創造出來的世界。政治運作應傾向使用價值而非交換價值，傾向採用一種抑制私人累積財富和權力的貨幣形式，傾向瓦解國家與私有財產的連結體，建立多個互有重疊的集體管理的公有產權制度。私人占有公共財富的能力必須受到抑制，階級權力的貨幣基礎必須削弱。資本與勞動的矛盾必須化解，辦法是著重聯合起來的勞工從事非異化勞動的能力，由他們在替其他人生產必要的使用價值時，決定自身的勞動過程。固定與移動之間的矛盾永遠無法徹底解決，因為這是人類存在的一種普遍情況。但我們必須設法管理固定與移動關係，對抗食租者的權力，幫助我們持續和可靠地滿足所有人的基本需求。最後，我們不應再為生產而生產，迫使人們投入瘋狂和異化的消費主義世界；我們應理性地組織生產，提供必要的使用價值，使人人都能得到適當的物質生活水準。實現應轉化為一種基於需要的需求，而生產則以滿足這種需求為宗旨。

這些長遠政治思考的大方向，是要幫助我們建構一種資本的替代物。我們應當根據這些大方向，評估具體的策略和提議。

無論何時何地，以上根本矛盾都是資本固定不變的特徵。我們接下來要談的矛盾，唯一不變的則是它們持續在變。由此衍生的政治經濟學，因此與自然科學模型有本質上的不同；在自然科學中，可以大致假定我們闡明的原理在所有時空皆成立。如亞瑟（Brian Arthur）在他富洞察力和教育意義的著作《技術的本質》（*The Nature of Technology*）中指出，「基本定律」（以本書而言則是「根本矛盾」）的表現方式「隨著時間的推移而改變，它們形成的型態假以時日也會改變並重新形成。每一個新型態，每一套新安排，會產生新的經濟結構，取代舊結構，但構成結構的基本要素（也就是基本定律）則一直不變。」[1]

以變動的矛盾而言，我們必須先描述矛盾的本質，然後再大致評估它目前的形式。了解矛盾的演化軌跡，就能推測未來的可能情況。這種演化並非預定的，也不是隨機或偶然的。但因為演化中改變的速度通常較慢（通常是數十年而非數年，雖然有證據顯示改變的速度正在加快），我們除了談當前的困境外，還可以展望前景。

掌握變動的意義在政治上極其重要，因為不穩定和變動造成關鍵問題之餘，也創造出政治機會。某時某地適用的政治思想和策略，換了時間和地點便未必適用。許多政治運動宣告失敗，原因正在於它們訴諸早已過時的思想和抱負。逝世已久的政治理論家有些見解早已失效，我們不能抱著迎合這種無效見解的心，去研擬當前的政治策略和當代政治抱負。但這不代表研究歷史不能學到東西，也不代表歷史記憶和傳統不能帶給我們解決當前難題的靈感。我們確實有責任以當下資本快速演變的矛盾為背景，寫下我們自身未來的詩篇。

❶ W. Brian Arthur, *The Nature of Technology: What It Is and How It Evolves*, New York, Free Press, 2009, p. 202.

矛盾8

技術、工作和人的可棄性

在傳統馬克思主義者的構想中，社會主義／共產主義要解決的核心矛盾，是生產能力（可大致理解為技術能力和力量）驚人成長，但資本無法利用這種能力增進人類的共同福祉，因為資本決意維持現行階級關係，而且階級再生產、階級宰制和階級統治的相關機制也妨礙資本做這件事。這理論認為，若任其發展，資本必將製造出日趨脆弱的寡頭和財閥統治階級結構；在這種結構下，世界上多數人口將必須為生計奔波勞碌，或是被迫餓死。因為對這種物資充裕但分配愈來愈不平等的情況感到絕望，群眾將自覺地組織反資本主義革命（根據列寧主義者的說法，是由一個先鋒黨領導），摧毀階級統治，然後重新組織全球經濟，令地球上每一個人都能享受到資本驚人的生產能力原本有望帶來的好處。

雖然上述分析說對了不止一點點（例如我們目前似乎已相當接近製造出一個全球財閥統治階層），而在轉變機制方面，革命熱情也並非只有一點點，但我總是覺得以上說法過度簡化，甚至可能有根本的缺陷。不過，有一件事是很明確的：資本達到的生產力驚人成長，構成一種矛盾的變化的其中一面，而這種變化總是有可能忽然惡化成危機。並不完全清楚的是，與此對立的確切是什麼。這正是我們接下來要討論的問題。

技術（technology）可以定義為利用自然過程和事物，製造產品滿足人類的目的。在其基礎上，技術界定了一種與自然的具體關係——一種動態和矛盾的關係。我們稍後將深入討論這個極其重要的矛盾（見矛盾16）。在這裡我們只須認識到它的存在，以及它的流動性和動態性質。相對於其他力量（例如軍隊、國家機器和公民社會裡的各種其他機構），資本直接和獨特的目的是追求利潤，而這體現在社會上是無止境的資本積累，以及資本家階級權力的再生產。這是資本最強烈追求的目標。資本家為此不斷調整和改造技術硬體（機器和電腦）、軟體（機器使用的程式），以及他們的組織形式（尤其是管理勞動力運用的命令與控制結構）。資本的直接目的是提升生產力、效率和利潤率，以及創造新的產品線（如有可能，還希望不斷提高產品線的利潤率）。

考慮技術演變的軌跡時，記住以下這一點是極其重要的：軟體和組織形式一如硬體那麼重要。組織形式（例如當代公司的控制結構、信貸系統和及時制〔just-in-time〕輸送系統）和機器人使用的軟體、資料管理、人工智慧與電子銀行，對營利能力一如各種硬體那麼重要。舉一個當代的例子：雲端運算是組織形式，Word是軟體，而我用來寫作的這台Mac電腦則是硬體。電腦技術結合了硬體、軟體和組織形式這三個要素。根據這個定義，貨幣、銀行業、信貸系統和市場全都是技術。這個定義或許顯得太寬了，但我認為維持這樣的定義是絕對必要的。

個別生產商之間的競爭，最初迫使資本的技術經歷內部轉變（至少理論上是這樣）。資本主義企業彼此競爭，致力提升自身的效率和生產力，以求可以賺取比對手豐厚的利潤。成功者茁壯成長，失敗者則被拋在後頭。但是，比較優秀的組織形式、機器或（例如）較嚴格的庫存管理，造就的競爭優勢（較高的利潤）通常只能維持一段短時間。競爭對手很快便能採用新技術（當然，技術受專利或壟斷力保護，則是例外情況）。結果將是各領域出現跳躍式技術創新。

我在這裡帶一點懷疑的語氣，因為資本的歷史顯示，資本強烈偏好壟斷而非競爭，而這對創新不是那麼有利。不過，我們發現，在所有資本主義企業，無論是否有競爭這股驅動力，資本家當中均出現一種追求提升效率和生產力的強烈集體偏好（可說是一種文化）。供應鏈某環節的創新（例如利用動力織布機生產棉布），需要其他環節的創新（例如軋棉機）配合，整體生產力才能改善。但是，一個領域的經濟活動有時需要一段時間，才能基於新的技術基礎重新組織起來（至今仍然是這樣）。最後還有相當重要的一點：個別資本家和公司認識到，產品創新是賺取壟斷利潤（如果受專利保護，則是壟斷租）的一種重要手段，雖然這只能維持一段時間。

資本向來不是追求技術優勢的唯一原動力。國家機器的各個分支一直深涉其中。最明顯的當然是軍方對優秀軍備和組織形式的追求。戰爭和戰爭威脅（軍備競賽）一直與技術創新浪潮有極大的關係。在資本主義早期歷史中，這種創新的來源很可能發揮了主導作用。但是，國家的各個行政部門也參與開發新技術形式，而且它們發揮的作用一如資本主義企業那麼重要，甚至猶有過之。這些行政部門關注的事包括稅項的徵收，土地和財產權的定義，契約的法律形式；它們也希望建立治理、貨幣管理、地圖測製、監控、治安和其他控制民眾的技術。國家與私營部門合作研發軍事、醫療、公共衛生和能源方面的技術，是相當普遍的事。公共領域的創新惠及資本運作的例子數不勝數，反之亦然。

簡而言之，資本主義中的技術變革，源自數種不同原動力和體制的活動。資本促進技術變革，同時也貪婪地利用其成果。對資本來說，這些創新創造出一個巨大的領域，當中有很多維持或提升營利能力的可能性，而且它們不斷在變。

久而久之，技術變革的過程改變了技術的性質。技術自身成了一個特別的商業領域。該領域興起，顯然可追溯至機械工具產業在十九世紀興起。商人以適用多個產業為宗旨，開發出一些通用技術，例如蒸汽機及其衍生產品。在這種技術開發過程中，核心考量是蒸汽機製造商的營利能力，而不是使用蒸汽機的各產業（例如運輸、棉布廠和礦場）的營利能力，雖然兩者的營利能力顯然互相倚賴。很快的，人們便不但追求更新更好的蒸汽機，還追求更新更好的能源和電力應用方式。

追求幾乎處處適用的通用技術（近年的例子包括電腦、及時制輸送系統和組織理論等領域的技術），成了一種重要的活動。巨大的發明創新產業興起了。該產業照顧所有技術需求，包括消費、生產、流通、治理、軍事、監控和行政方面的技術需求。技術創新成為大生意，而「大」未必是指有規模龐大的企業集團（雖然農業、能源和醫藥等領域如今有很多巨無霸企業的例子），可能是指有很多家公司致力為創新而創新，當中有很多小型新創企業和創投資本支持的公司。資本主義文化變得沉迷於創新的力量。技術創新成了反映資本家欲望的一種拜物對象。

無論如何，自十九世紀中葉起，這股因為拜物而追求新技術形式的力量，也促進科學與技術的融合。兩者此後維持一種辯證的密切關係，共同發展。科學知識的增長向來有賴新技術（例如望遠鏡和顯微鏡）的支持，而另一方面，新技術納入科學知識則是技術創新產業的核心做法。

這個巨大的技術產業，愈來愈懂得強迫不情願的顧客採用創新技術（這些顧客有時必須為此付出高昂的成本），而國家的法規也往往幫助技術產業做這件事；法規的要求往往傾向有利於大公司，因為法規遵循成本通常會隨著業務規模擴大而減輕。例如歐盟的法規出於稅務和記帳考量，強迫小商店和餐館採用電子機器處理現金交易；結果這些小店家與連鎖店競爭時，必須承受成本上的劣勢。新技術應用以半自願半強迫的方式普及。另一方面，軍事技術的發展實際上已成為一種可恥的敲詐：巨大的軍事工業複合體為創新而創新，無止境地榨取公帑。

技術演變的路徑並非隨機或偶然的。如亞瑟在《技術的本質》中指出，新技術成為一種組件，「用於開發更新的技術，而最新技術又可能成為開發新技術的組件。就是這樣，經過長時間的逐漸發展，最初的少數技術衍生出許多技術，而比較簡單的技術則建構出比較複雜的技術。整體而言，技術靠自身力量發展，從少到多，從簡單到複雜。我們可以說技術利用技術創造出自身。」亞瑟把這個過程稱為「組合演化」（combinatorial evolution），而我認為這名字取得好。不過，新技術「是先構想，然後再實際創造出來的」；檢視這當中的心智和構思過程，我們可以看到，技術演變是把心智上的問題解決過程付諸實踐。我們遇到某個問題，辨明它之後，需要一種解決方案，而解決方案總是以新的方式結合以前的方案和其他問題。這種新方式往往會產生外溢效果，因為它創造出亞瑟所稱的「機會利基」——在這個場域中，某方面的創新或許可以有意義地應用在另一方面。[1]

如雅各（Jane Jacobs）等評論者早就指出，創新中心自發地發展出來（某些地區、城市或小鎮有驚人的創新紀錄），是因為亞瑟認為創新所需的各種技能和知識，剛好一起出現在那些地方；這種情況比較可能發生在看似混亂的經濟體中，它們的特徵是有無數的小企業和精細的分工。[2]相對於單向度的企業城鎮，這種環境產生創新技術組合的可能性向來大得多。不過，比較近期的情況，則是資本主義國家和資本主義企業刻意把研究型大學、研究機構、智庫和軍事研發單位安排在特定地區，以此作為藉由創新建立競爭優勢的基本運作模式。

有關技術演變的道理，亞瑟的闡述提供許多有益的資料，但奇怪的是，他完全迴避討論和批判人類利用技術希望達到的各種目的。例如他非常興奮地談論F－35閃電II戰鬥機的設計如何複雜精密，但完全不提它與戰爭和支配地緣政治的「人類目的」之關係。對亞瑟來說，這款戰鬥機不過是代表人類克服了一組艱鉅的技術挑戰。

亞瑟同樣沒有批評經濟具體採用的資本主義形式，當然也沒有質疑資本如何刻意地追求利潤極大化、無止境的資本積累，以及資本家階級權力的再生產。儘管如此，亞瑟有關技術相對自主演化的理論，對我們了解資本這種經濟引擎如何運轉有深刻的意義。它對我們了解技術變革如何令資本的永續和再生產面臨種種矛盾，有相當大的幫助。目前有一些重要的轉變正在發生。

以前人們認為經濟體像一組機器，如今則認為經濟體是一種有機體。這種觀念轉變對經濟理論有多方面的影響。「作為解釋現象的概念，開放性、未定性和持續求新正壓倒秩序、封閉性和均衡。」[3]亞瑟在這裡本能地呼應了懷德海（Alfred North Whitehead）敏銳的觀察：自然本身總是一直在求新，人性亦然。[4]亞瑟接著指出，結果是「技術正取得一些我們認為屬於活著的生物的特性。隨著技術變得可以感知周遭環境並做出反應，隨著技術變得能夠自我組合、自我設定、自我療癒和有『認知』能力，它們愈來愈像活著的生物。技術愈是精密和『高科技』，

❶ W. Brian Arthur, *The Nature of Technology: What It Is and How It Evolves*, New York, Free Press, 2009, pp. 22 et seq.

❷ Jane Jacobs, *The Economy of Cities*, New York, Vintage, 1969.

❸ Arthur, *The Nature of Technology*, p. 211.

❹ Alfred North Whitehead, *Process and Reality*, New York, Free Press, 1969, p.33.

便愈像生物。我們現在開始意識到，技術的代謝性質與機械性質一樣重要。」

從機械比喻轉向有機（或化學）比喻，是有重要意義的轉變。相對於啟蒙運動以來流行的機械理性世界觀，亞瑟眼中的「新經濟」看來比較自然。這無異於觀念上的一種逆轉（「復原」可能是比較好的說法），改為以比較古老的觀念去理解技術與自然的關係。但這不是變得保守，也不是懷舊。它也避開所謂「新時代」（new age）文化思想的感傷和神祕主義。亞瑟暗示，經濟學必須採納的「新原則」是思考和理論基於流程（process-based）的有機形式。諷刺的是，這正是馬克思很久以前在《政治經濟學批判大綱》（*Grundrisse*）中開創的政治經濟學形式！（亞瑟聽到這句話，無疑將感到震驚。）亞瑟認為只有這樣，我們才能理解「現代技術的特性、聯結性、適應能力、演化傾向、有機性質，以及它凌亂的活力。」[5]

這種有關技術的分析，對我們如何理解資本這種經濟引擎演變中的性質，有很深的影響：

> 新技術面世，不但因為找到了新的組合方式，令我們使用的物品和方法有更好的替代品，因此破壞了現狀，還帶來一系列的技術面便利和新問題，因而創造出新的機會利基，驅使人們提出新的組合方式，創造出更多新技術和新問題……經濟因此永遠處於一種歡迎改變的狀態，永遠在求新。經濟永遠處於一種自我創造的過程中，永遠不滿足……經濟永遠都在建構自身。[6]

新的技術型態取代舊型態，因此啟動汰舊換新的階段——經濟學家熊彼得對此有個著名的說法：「一陣陣的創造性破壞」。[7]生活、存在和思考方式都必須大幅改變，我們才能欣然地以新汰舊。去工業化的近期歷史，以及與此相關的戲劇性技術型態變化，是個明顯的例子。技術變革既非沒有代價，也不是沒有痛苦，而代價和痛苦並不是平均分擔的。因此，我們總是要問：在創造性破壞中，誰從創造中得益？誰因為破壞而首當其衝？

那麼，資本的特殊需求和要求，在這過程中扮演怎樣的角色？說來奇怪，亞瑟的研究展現出敏銳的觸覺，卻忽略這問題的具體情況。在我看來，根據資本的歷史和邏輯，技術有五大必要任務，它們互有重疊。以下逐一簡述。

一、合作的組織和分工方式，應盡可能促進效率、營利能力和資本積累。亞當斯密（Adam Smith）提到的製針廠，是早期的簡單例子。組織和分工方面的技術隨後大有長進，包括目前管理和組織理論的多數內容，以及一些公司管理技巧。亞瑟提到的與日俱增的複雜性和流動性在此隨處可見，當中涉及的技術永遠在變，愈來愈重視軟體和當代各種形式的資本採用的組織形式。命令與控制結合市場協調，雖不穩定，但卻是有效的。

二、資本流通的每一個階段都有必要加快，而且資本也有必要「經由時間消滅空間」，

---

❺ Arthur, *The Nature of Technology*, p. 213; Karl Marx, *Grundrisse*, Harmondsworth, Penguin, 1973.

❻ Arthur, *The Nature of Technology*, p 191.

❼ Joseph Schumpeter, *Capitalism, Socialism and Democracy*, London, Routledge, 1942, pp. 82–3.

這種需求已經促成一系列的驚人技術革命。在資本的歷史上，主要受競爭壓力驅使，縮短資本在生產過程和市場上的週轉時間，以及縮短消費品的壽命（這種努力的極致，是從生產耐用的商品轉向生產曇花一現的奇觀），一直是必要的。技術與「自然的生產」（the production of nature）之關係在此至為明顯：綿羊養一年便可以宰殺取肉，不需要三年；肉豬的繁殖速度也愈來愈快。運輸和通訊的速度愈來愈快，減少地理距離造成的摩擦和障礙，使資本的空間性和時間性成為社會秩序中一種變動而固定的特性。資本真的創造出它自己的空間和時間，以及它自身獨特的性質。各種形式的資本（生產、商品、貨幣）和勞動力的流動性，也總是可能經歷革命性變革。我們稍後將再討論這問題（見矛盾12）。

通訊和運輸這兩個領域同時發生革命性變革，近年演變的速度快到難以置信。隨手可得的即時資訊和新聞，令這種技術成為影響政策和政治的強大力量。控制通訊手段已成為對資本家階級權力再生產至關緊要的一件事，而就階級鬥爭而言，新的媒體技術（尤其是社群媒體）既有潛能，也有陷阱——這一切在開羅、伊斯坦堡和世界各地其他城市近年的激烈民眾抗爭中展現無遺。

三、生產和傳播知識的技術，儲存和取用數據和資料的技術，對資本之生存和永續至關緊要。這些技術不但提供價格信號和其他形式的資訊，以引導投資決策和市場活動，還保存和發揚必要的世界觀，藉此促進生產活動，引導消費者的選擇，以及刺激新技術之創造。

資本的記憶庫不可或缺。它目前已經非常大。記憶庫的規模快速成長之際，處理相關資料並據此行動的精密技術也必須快速成長。土地登記、契約、法院判決，教育和醫療紀錄等等包含的基本資料，長期以來對資本的運作極其重要。此外，此類資料提供建構國家經濟模型所需的原始資料；這種模型是有用的，但它們有許多方面是虛構的。這種資料（失業人口數據、貿易收支、股市的波動、經濟成長數據、製造業活動，以及產能利用率等等）使我們得以評估國家經濟的健康狀況，也為企業和公家機關提供策略決策的基礎（雖然這未必是好事）。世界銀行和ＩＭＦ等機構，有時便似乎被它們製造出來的大量數據淹沒。大批「專家」應運而生，幫助我們了解相關趨勢。新的資料處理技術面世，例如華爾街使用的電腦化交易技術（以及近年很受關注的奈米技術），可能對資本的運作方式產生巨大的影響。

四、金融和貨幣是資本運作的一個關鍵領域（見矛盾2）。只有以貨幣為記帳單位，我們才能夠精確地計算盈虧，而多數經濟決定是基於對金錢得失的評估做出的。貨幣方面的技術在歷史上很長一段時間大致不變，但自一九三〇年代起，這領域的創新步伐無疑加快了。近年來，隨著電腦化技術、電子貨幣、網路銀行和大批新投資工具的湧現，金融和銀行業的創新呈現邁向爆炸性成長的傾向。創造虛擬資本的趨勢已顯著加速，而在這些資本自由流通之際，信貸系統中出現各式各樣的掠奪行徑，促進剝奪式積累和資產價值投機的浪潮。我們在所有其他領域都無法看到以下三個要素如此激烈的互動：新的硬體技術能力，新的組織形式（私募股權公司、對沖基金，以及受國家規管的許多複雜機構），還有以驚人速度發展的軟體技術。世界貨幣和金融體系的技術既是劇烈的壓力來源，也是資本家努力奮鬥的關鍵領域（其重要性和

「凌亂活力」超過所有其他領域）。

五、最後一個問題，是關於對工作和勞動的控制。這是資本的一個關鍵「競技場」，我很快將詳細討論。

歷史上技術的演化方式，是必然的嗎？我們顯然做過一些抉擇，解放了技術創新的力量，消除了以往曾在許多地方抑制新技術應用的阻力（中國歷史上很長時間未能善用技術發明，是新技術應用受抑制最明顯的例子）。當然，歷來也不時有人基於倫理和道德理由，強烈抗拒新技術應用：從反對使用機器的盧德分子（Luddites，譯註：十九世紀初英國一群搗毀新引進的紡織機的工人，引申為強烈反對機械化或自動化的人），到反對研發核子武器的物理學家，都是這方面的例子。基因工程和基因改造食品是否合乎倫理、是否明智，目前也有激烈的爭議。但是，這些問題似乎未能阻止技術延續其演化軌跡。這就是為什麼我把這種矛盾稱為「變動的」矛盾：它們並不穩定，也非永恆，而是一直在變。因此，我們極有必要評估技術變遷的過程目前處於什麼階段，以及未來可能如何發展。

例如亞瑟便提出以下問題：「技術持續演化、經濟持續再造的這種過程，是否有天將停止？」亞瑟認為理論上答案是肯定的，但實際上我們距離這一天極其遙遠。技術演化分散的動力非常強勁，自然中可能不斷產生新發現的領域非常廣，技術和經濟演化短期內因此絕不可能停止。

> 未來十年將出現的技術，大致上是可預料的。現行技術未來將如何改良，或多或少也是可預料的。但整體而言，一如我們無法根據目前的生物物種預料很久以後的整體物種情況，很久以後經濟中的整體技術狀況也是無法預料的。我們不但無法預測將出現哪些組合方式，也無法預測技術發展將創造出哪些機會利基。而因為潛在的組合方式以驚人的速度增加，這種不確定性也將隨著技術的集體發展而增加。三千年前，我們可以很有把握地說，一百年後人類使用的技術將類似現行技術。但是，我們現在很難預測五十年後的技術狀況。[8]

那麼，在這種「組合演化」的過程中，有什麼矛盾可能危及資本的營利能力，以及無止境的資本積累？我認為有兩個矛盾對資本的前景非常重要。第一個矛盾是關於技術與自然的動態關係。這將是矛盾16的主題。第二個矛盾是關於以下三者的關係：技術變革、未來的工作情況，以及勞動相對於資本的角色。這是我們接下來將檢視的矛盾。

控制勞動過程和勞工，向來對資本維持營利能力和資本積累的能力非常重要。資本在其歷史上發明、革新和採用的一些技術形式，主要是為了增強資本在勞動過程和勞動市場中對勞動的控制。資本試圖控制的不但是實際勞動效率，還包括所雇勞工的自律、市場上供應的勞工之特質，以及工人的文化習慣和心態（與雇主期望他們做的工作，和他們預料將收到的工資有關

❽ Arthur, *The Nature of Technology*, p. 186.

的部分）。

許多產業創新者以控制勞動為他們的首要目標。在法國第二帝國時期，一位因為機械工具創新而聞名的工業家便公開宣稱，他的三個目標是提高勞動過程的精確性、促進生產力，以及削弱勞工的權力。馬克思無疑正是因為這原因，提出這樣的觀點：技術創新是階級鬥爭的關鍵武器，而資本採用創新技術，許多時候只是為了破壞罷工。資本無疑隨之出現一種拜物信念，認為不斷提高營利能力的方法，是不斷利用技術創新來規訓勞工和削弱其權力。工廠制度、泰勒主義（試圖把勞工貶為「受過訓練的大猩猩」）、自動化、機器人化，以及最終完全取代活勞動（living labour），都是在響應資本的上述欲望。除了在科幻小說裡，機器人不會抱怨、回嘴、提告、生病、怠工、分心、罷工、要求加薪、擔心工作環境、想喝下午茶，或是乾脆曠工。

資本完全控制勞動和勞工的夢想，根源在於物質環境，尤其是生產過程內外所有形式的階級鬥爭之動態。藉由技術應用製造失業以調控工資；尋求愈來愈便宜的商品以助勞工維生（沃爾瑪現象），藉此使低薪變得比較可以接受；攻擊所有倡導保障基本社會工資的意見，指責這種做法鼓勵勞工懶惰度日；諸如此類的行為構成階級鬥爭的一個領域，而技術的介入和調解在這當中至關緊要。這正是亞瑟的敘述顯得奇怪的原因，因為他闡述確實對技術變革有關鍵具體影響的組合演化時，完全沒有提到這些明顯的基本歷史事實（卓別林電影《摩登時代》對此有精彩的諷刺）。

這當中的核心矛盾是：如果社會勞動是價值和利潤的最終來源，則無論在政治或經濟上，以機器或機器人勞動取代社會勞動是毫無道理的。但我們可以非常清楚地看到，是什麼機制令這個矛盾惡化成危機。個別的企業家或公司認為節省勞動力的創新技術，對他們相對於競爭對手的營利能力至關緊要，由此產生的集體效果，是錢愈來愈難賺。

馬丁福特（Martin Ford）在他最近一本著作中，正是針對這問題提出他的看法。他指出，隨著尖端技術發展，從機械和生物系統轉向人工智慧，我們將看到不但製造業和農業的職位供給大受衝擊，服務業和各種專業也無法倖免。隨著職位和收入大量消失，對商品和服務的總合需求將因此崩跌。大量人口將變得「多餘」和可棄（disposable）；除非國家能以某種方式執行所得再分配，為這些人提供補貼以求刺激經濟，上述情況將對經濟產生災難性的衝擊。

高茲（André Gorz）從一個不同的政治角度，早於馬丁福特提出完全相同的論點：

根據個體經濟學的邏輯，公司如果能夠節省工作時間，就會希望能節省工資支出：這些公司降低生產成本，將變得更有「競爭力」，（在某些情況下）將能賣出更多產品。但是，站在總體經濟學的角度，一個經濟體如果因為使用愈來愈少勞動力，分配愈來愈少工資給勞工，必將掉進難以逃脫的失業和貧窮化陷阱。為了制止這種沉淪，家庭的購買力必須不再取決於經濟消耗的勞動量。雖然工作時數愈來愈少，人們整體而言，必須賺到足夠的錢去購買產量日增的商品：工作時數減少，不能導致購買力減少。[9]

馬丁福特引用令人印象深刻的具體事例，來支持他的普遍觀點。明確的實證證據顯示，電腦的能力和速度勢不可當地快速成長——最近三十年左右，約兩年便增加一倍。這種電腦能力的成長，並不仰賴建構出有能力像人類一樣思考的技術。它只是源自以下事實：電腦「快得不可思議」，而且還一直在加快。如前所述，站在資本的立場，加速是技術創新的一個關鍵目標，而電腦世界也不例外。因為電腦能力以驚人的速度成長，「一些傳統工作類別在不太遙遠的未來，可能將高度自動化。」有些人認為新技術將創造出大量職位，足以彌補自動化造成的職位損失，但這種想法「純屬幻想」。此外，有些人認為自動化只會消滅低薪的例行工作，高薪的技術工作（例如放射科醫師、醫生、大學教授和飛機機師）將不受影響，但這種想法同樣是錯誤的。「在未來，自動化將嚴重影響知識工作者，尤其是高薪勞工。」馬丁福特的結論是：「容許數以百萬計的這種職位被消滅，同時完全沒有具體方案處理由此產生的問題，顯然將造成災難。」[10]

但是，我們可能面臨怎樣的災難呢？站在資本的立場，以生產商品所需的勞動力而言，世上將有愈來愈大比例的人口是多餘和可棄的；他們在物質和心理上，都將面臨生存困境。在資本界定的必要勞動領域，這些人將完全找不到有意義的生存方式，因此必須另謀出路，建立有意義的生活。另一方面，經濟產出將持續增加，但相應的需求成長將來自何方？這是最困擾馬丁福特的問題。

誰將挺身而出，買下所有的新增產出？……自動化勢將產生全面的衝擊——幾乎每一個產業，各式各樣的職業都將受影響；碩士或以上學歷的勞工，以至連高中都沒畢業的人，都將無法置身事外。已開發和開發中國家，都將經歷自動化的衝擊。驅動市場的消費者，幾乎全都是有工作的人，或靠他們供養的人。如果有很大一部分人失去工作，支撐市場的需求將來自哪裡？[11]

這是凱因斯學派會問的，有關需求管理的典型問題。這問題若處理不好，資本恐將面臨一九三〇年代蹂躪全球經濟的那種危機。如果我們以生產與實現的矛盾統一為背景，重述馬丁福特的觀點，將會發生什麼事？有趣的是，馬克思發現類似的難題，但他是從生產的角度出發。隨著愈來愈多節省勞動力的技術投入使用，產生價值的社會勞動在數量上將傾向減少，最終摧毀社會必要的勞動和價值之生產，因此也摧毀營利能力的基礎。檢視生產與實現的矛盾統一，無論我們從生產或實現那一面出發，都得到同樣結果：營利能力將受損，無止境的資本積累將崩塌。馬丁福特在其著作的附錄中承認，他的論點與馬克思的說法可能有一些相似處，但他不知道哪裡相似；馬丁福特因此費心說明，希望可以避免因為牽扯到馬克思而受到不好的影響。

[9] André Gorz, *Critique of Economic Reason*, London, Verso, 1989, p. 200.
[10] Martin Ford, *The Lights in the Tunnel: Automation, Acclerating Technology and the Economy of the Future*, USA, Acculant™ Publishing, 2009, p.62.
[11] 同上，pp. 96–7。

但是，從這個矛盾統一的不同面向出發，看來會推論出非常不同的反制力量和方案。

例如馬丁福特便極其關心如何拯救資本，以免它在可能來臨的災難中滅亡。他實際上支持消費主義普及（無論這件事是多麼愚蠢，以及將造成多大的異化效果），藉此消化完全自動化的資本所能生產的、愈來愈便宜的產品。他希望藉由以下方法，解決供給與需求不相等的難題：建立一種國家規定的稅制，回收新技術創造出來的生產力成長成果，把這些稅收當作購買力，分配給遭剝削的大眾，而國家期望接受補貼的人從事一些創造性或有價值的社會活動，對公益有所貢獻。現實中已經有這種方案。阿根廷和巴西便藉由一些窮人補助方案執行所得再分配：窮人只要能證明自己的孩子有上學，便能獲得國家的補助。這種激勵性再分配方案要設計得有效可能相當困難，但馬丁福特認為避免依賴文化極其重要——純粹的福利支出或無條件保障某水準的收入（無論當事人是否工作），往往容易衍生一種依賴文化。不過，我們只能藉由所得再分配和創造購買力，創造出足夠的需求，來消化不斷增加的商品與服務供給。高茲也同意，這是「令社會的必要勞動量減少變得有意義的唯一方法。」[12]

另一方面，馬克思則看到，資本或許可以藉由一些手段，應付節省勞動力的技術創新造成的利潤率下跌傾向，例如開創勞力密集的全新產品線；塑造一種同樣重視節省資本和節省勞動力的創新型態；進一步剝削目前受雇的勞工；維持一個不生產任何東西的消費者階層，或創造出這樣一個階層；藉由整體勞動力的驚人成長，在資本的個別報酬率下跌之際，支持資本之成長。至於馬克思是否認為這些抗衡力量足以無限期阻止生產價值和利潤下跌，則並不清楚。

一段時間以來，這種發展方式有效地阻止利潤下跌。約從一九八〇年起，中國、印度、東南亞多數國家（以及土耳其、埃及和一些拉丁美洲國家，而非洲則仍有大量未利用的勞動力儲備）的農民融入全球勞動力市場，加上前蘇聯國家的融入，全球受薪勞動力大幅增加（而非減少），遠遠超過人口成長貢獻的部分。中國、孟加拉、越南和其他一些國家出現極差的勞動條件，則彰顯剝削程度之加深。另一方面，需求問題則主要藉由大幅擴張信貸規模應付。

因此，無論是就生產還是實現而言，目前都沒有恐慌的理由。但是，就資本長遠的未來而言，全球資本體制確實似乎走到了吸收勞動力的「最後階段」。近五十年來，發達資本主義國家有大量女性投入勞動市場，而目前國際上還有大量勞動力儲備的地方已經相當少（主要是在非洲、南亞和中亞）。像最近數十年如此巨幅的全球勞動力擴張，未來將不可能再發生。另一方面，自動化和人工智慧在例行服務上的應用（例如航空公司的報到劃位服務，以及超市的結帳作業）加速發展，則看來只是趨勢的開端。自動化應用目前已經出現在高等教育教學和醫療診斷等領域，而航空公司也正在試驗無人駕駛的飛機。節省勞動力的技術迅速發展，這種情況與價值生產的矛盾正走進愈來愈危險的領域。這種危險不但導致許多人長期失業（「可棄人口」的規模將愈來愈大），還危及資本本身的再生產（連馬丁福特也清楚看到這一點）。

例如在美國，自一九九〇年代初以來，最近三次經濟衰退之後，經濟復甦均未能顯著帶動

⓬ Gorz, *Critique of Economic Reason*, p. 92.

就業成長，人們因此稱之為「失業型復甦」。最近一次嚴重衰退造成的長期失業，規模是一九三〇年代以來最大的。我們在歐洲也能看到類似現象，而中國吸收勞動力（共產黨的一個關鍵政策方向）的能力看來是有限的。無論是看有關最近趨勢的證據，還是評估未來的可能，我們都看到一個方向：大量的人將成為多餘的人口，而他們可能將躁動不安。

這種發展在理論上和政治上均有重要意義，有必要詳細闡述。貨幣（見矛盾2）是社會勞動價值的一種表現形式（我們把社會勞動價值理解為經由交換價值市場體系，提供給其他人的勞動量）。如果我們邁向一個不再有社會勞動的世界，將沒有價值需要表現。如此一來，歷來用來表現價值的貨幣形式，將完全不再需要代表它本身以外的任何東西。新古典經濟學者認為，馬克思的價值勞動理論是不相關的，因為資本只對貨幣信號有反應，並不理會價值關係（此派學者也可能完全不關心這問題）。他們認為價值概念即使看似有理（他們多數不認為是這樣），也不值得為此費心。我認為他們這個判斷是錯誤的。但是，如果上述的發展確實發生，反對價值論的新古典經濟學觀點將變得愈來愈正確，最後連最正統的馬克思主義者都將必須放棄價值論。傳統經濟學家無疑將為此得意洋洋，但他們並未認識到，如此一來，約束資本、阻止資本墮落至無法無天狀態的那個因素將會消失。資本體制當中無法無天的掠奪行為近年四處蔓延，這是社會勞動的規範作用弱化的一個跡象，而這種情況已經發生一段時間。這方面的一個關鍵事件，是世界貨幣體系在一九七〇年代初期拋棄其金屬基礎：自此之後，世界的貨幣與社會勞動的關係，最多也只是微弱的，而一九七〇年代中期之後，世界各地一連串的金融和商業危機便是證據。

近四十年來，貨幣形式已經獲得很大的自主權。各國央行創造出來的法定貨幣和虛擬價值，已經占據主導地位。這促使我們反省在此描述的技術演化路徑，與貨幣技術演化的關係。網路貨幣如比特幣興起，在某些例子中似乎是為了替非法活動洗錢，而這只是貨幣體系無可避免地墜向混亂狀態的開端。

技術問題引起的政治問題，可能是反資本主義鬥爭最難面對的。一方面，我們非常清楚技術演化是一門大生意（雖然這種演化顯然很受亞瑟描述的那種自主的「組合演化」邏輯影響），而在這當中，階級鬥爭、資本家之間和國與國之間的競爭，對維持軍事主導地位、階級權力和資本永續積累的「人類目的」有主導作用。我們也看到，資本的行動正使資本愈來愈接近這樣的深淵：資本喪失社會勞動的規範作用，因此墜入無法無天的狀態。另一方面，我們也知道，要對抗全球環境退化，社會不平等和貧困，異常的人口趨勢，全球的健康、教育和營養赤字，以及軍事和地緣政治緊張情勢，莫不需要動用我們目前可用的許多技術，來達成非資本主義的社會、生態和政治目的。現存的技術組合雖然充滿資本尋求階級宰制的心態和做法，但也包含解放的潛能——我們必須設法動員這些潛能，用在反資本主義鬥爭上。

當然，短期而言，左派必將捍衛受威脅的工作和技能。但是，一如一九七〇和一九八〇年代高貴的對抗去工業化運動的悲痛歷史證明，打從一開始，這很可能便是一場注定失敗的對抗新興技術型態的戰鬥。在當前這個緊要關頭，反資本主義運動必須圍繞著以下概念重新組織自身的思想：對於資本主義的經濟引擎如何運作，社會勞動正變得愈來愈不重要。左派目前希望保護的許多服務業、行政和專業工作將逐漸消失。站在資本的立場，世界上多數人口正變得可棄和無關緊要，而資本將愈來愈仰賴虛擬資本的流通，以及以貨幣形式為核心、信貸系統之中的價值拜物建構（fetishistic constructs）。可預期的是，有些群體被視為比其他群體更可棄，結果是女性和有色人種目前承受多數負擔，而且在可見的未來很可能將承受更多負擔。[13]

馬丁福特正確地提出這個問題：在這種情況下，那些可棄和多餘的人將如何生活（遑論提供一個市場）？所有的反資本主義運動，都必須發揮想像力，針對這問題提出可行的長期方案。運動組織者必須徹底想清楚要以怎樣的有組織行動和計畫因應新的可能性，以及如何提供足夠的使用價值，然後逐步執行計畫。在此同時，左派也必須發起頑強的戰鬥，對抗剝奪式積累日趨掠奪性的技術、進一步的去技術化（deskilling）、永久失業的來臨、不斷加劇的社會不平等，以及正在加速的環境退化。資本面對的矛盾，演變成必然內化於反資本主義政治中的一種矛盾。

[13] Melissa Wright, *Disposable Women and Other Myths of Global Capitalism*, New York, Routledge, 2006.

矛盾9

分工

分工理應視為資本運作的一個根本特徵。之所以有分工，是因為人類有能力把複雜的生產和再生產活動分拆為比較簡單的明確作業，由不同的個人當作臨時或長期的工作去完成。許多個體的專門作業，藉由有組織的合作聯合起來，構成有效的整體作業。歷史上的分工方式一直在改變和演化，具體情況取決於影響社會的內部和外部環境。分工衍生的核心問題，在於部分與整體之間的關係，以及是誰擔起整體演化的責任（如果有這個人的話）。

資本在其歷史上掌控了分工作業，大幅加以改造以追求資本自身的目的。正因如此，我把分工的矛盾歸入「變動的矛盾」中，因為在資本控制的世界裡，分工方式總是處於遭徹底革新的過程中。相對於頗久以前（例如一八五〇年），目前的分工方式已經變得截然不同。不過，資本世界中的分工演化有其獨特性質，因為一如所有的其他資本運作，它的首要目的是維持競爭優勢和營利能力，而這可能與改善工作和生活品質完全無關，甚至可能與增進人類福祉的大目標完全無關。如果工作和生活品質根本改善了（事實顯然如此），那只是一種連帶效應，又或者是倔強和不滿的群體提出政治要求、施加政治壓力的結果。畢竟，更有效率的分工方式促成日益便宜的商品產量大增，總要有人以某種方式消費它們，生產出來的價值才能實現。另一方面，我們也不能忽略這種運作的許多連帶損害（例如環境遭受的破壞）。

分工之中的矛盾多不勝數。不過，技術分工與社會分工之間有重要的一般差異。我講技術分工，是指複雜的一連串作業中，理論上人人都可以做的個別工作，例如看管一台機器或拖地；我講社會分工，則是指受過足夠的訓練或具有一定社會地位的人才可以做的專門工作，例如醫生、軟體程式設計師，或五星級餐館的女主人。我舉最後這個例子，是想強調，現行的分工和定義方式除了取決於技術專長外，社會、文化和人際技巧以及自我表達，是同樣重要的標準。

在此之外，還有許多值得注意的區分方式，例如出於自然（例如生育）或文化（例如女性在社會中的地位）；城市與鄉村；腦力勞動與體力勞動；社會整體分工與一家公司內部的具體分工；藍領與白領；技術與非技術；生產與非生產；家庭勞動與受薪勞動；以及象徵與實質等等。產業也有級別之分：第一級是農業、林業、漁業和礦業，第二級是工業和製造業，第三級是服務業、金融保險業和房地產業（近代崛起、極受重視的產業），以及某些人認為屬第四級、愈來愈重要的文化和知識產業。統計調查使用的產業和職業分類，往往超過一百個項目，就像嫌上述分類方式還不夠仔細似的。

這種區分和對立如果造成緊張和敵對關係，便可能捲入矛盾之中，或加劇成為矛盾，對危機之形成和解決產生某種作用。當然，我們檢視反抗運動時，幾乎總是會發現，運動的起因和積極參與者，與某種對立關係或某些產業的問題有關。當然，在社會主義理論中，工業無產階級（「具生產力」的勞工）向來特別受重視，獲視為革命性變革的先鋒。銀行行員、家政工人和清潔工人從未被視為革命行動者，而礦工、汽車廠工人、鋼廠工人以至學校教師，則被視為可以成為革命先鋒。

這些二元論（dualism）多數只是粗糙的區分，對我們了解這個時常經歷革命性變革、愈來愈錯綜複雜的世界幫助不大。但是，一開始便辨明這些區分的技術和社會基礎如何交匯，是有用和重要的，因為分工定義中的分類總是混合了技術和社會考量，往往造成混淆和誤導。例如歷史上很長一段時間，技術與非技術工作是依性別界定：只要是女性可以做的事，無論有多困難或複雜，都被歸入非技術工作之中（僅僅是因為女性能做）。更糟的是，女性往往因為所謂的「自然」原因（從靈巧的雙手到據稱天生的順從和耐心個性等等），被分派做這些工作。因為這原因，在法蘭西第二帝國時期，巴黎工場的男性強烈反對雇用女性，因為他們知道，這會導致他們的工作被改劃入非技術工作中，只能領較低的報酬。雖然當年的問題非常特別，但在當代全球勞動市場，這幾乎肯定是決定各種工作薪酬水準的一個關鍵因素。世界各地的低薪勞工和貧窮人口有普遍的女性化現象，這事實清楚證明上述那種評斷有重要意義，即使它們完全沒有技術根據。性別問題也已進入有關家務勞動（相對於受薪勞動）的恰當角色之廣泛討論中。雖然這是資本主義中的一個重要議題，而且無疑與家庭之中的許多個人危機有關，但它對資本的發展沒有什麼直接影響，唯一的例外是存在已久的以下一般趨勢：藉由把愈來愈多家事（例如烹飪、清潔、洗頭，以及修甲美甲）商品化，擴大市場。無論如何，站在反資本主義的立場，替家務勞動爭取薪酬看來是犯了嚴重錯誤，因為這只會加深貨幣化和商品化對日常生活親密領域的滲透；我們應該做的，應該是以家務勞動為工具，盡可能追求各種社會供給的去商品化。

資本的矛盾和資本主義的矛盾在此交匯。長期以來，某些職業往往主要是特定的族群、宗教或人種群體在做，有時甚至是只有這些特定群體在做。決定職業分工的，並非只是性別因素。至今仍明顯存在的這些關聯，並非只是複雜歷史的殘餘。許多程式設計師和軟體開發者（一個全新的職業類別）來自南亞，菲律賓則專門出口女傭到許多國家（從美國到波斯灣國家，以至馬來西亞）。歷史上和近年大規模的勞工遷移，往往被導向把特定來源地與勞工輸入國的特定職業連結起來。如果不是接收來自前大英帝國屬地的各種移民，英國的國民醫療服務體系（ＮＨＳ）根本無法運作。近年歐洲許多國家（包括英國）大量招攬東歐移民（主要是女性，來自波蘭、立陶宛和愛沙尼亞等國家），從事各種「休閒產業」的工作（包括飯店清潔工、女服務生和酒吧侍應等等）。在美國東西兩岸從事作物收割工作的，則主要是來自墨西哥和加勒比海地區的移民。

分派不同的人做不同的工作，涉及不同的薪資水準。族群、人種、宗教和性別偏見與歧視，深刻影響整個勞動市場如何區塊化和碎片化，也影響薪酬如何決定。例如人們認為骯髒和低賤的工作，往往薪資微薄，多數是留給最弱勢和脆弱的移民（尤其是非法移民）。來自南亞、有軟體工作資歷的移民，則自動獲得技術勞工地位。更令人不滿的是，即使是同一行業相同的工作，薪資也可能因性別、人種和族群而有所不同。

分工之中圍繞著地位和技能認可之鬥爭，實際上是勞工爭取較佳人生機會之鬥爭，延伸出去是資本家維護營利能力的鬥爭（這是問題的核心）。站在資本的立場，勞動市場區塊化、碎片化和內部競爭激烈，顯然非常有用，甚至是至關緊要，因為這可以阻礙一致和統一的勞工組織。資本家可以刻意以分而治之的手段對付勞工（例如藉由助長和煽動族群之間的緊張關係），而他們確實也經常這麼做。促使各社會群體為了競逐較佳的工作地位而激烈競爭，成了資本剝奪勞工的整體權力，更有力和全面控制勞動市場和工作場所的一種主要手段。典型的工會組織方式是在各產業分別成立工會，而不是成立某地區的跨產業工會。這種組織方式也妨礙勞工統一行動，即使工會本身努力嘗試擴大服務範圍，不再僅照顧自身會員的利益。

資本體制當中圍繞著技能、技能規格及其酬勞的整體階級鬥爭歷史，是迄今未曾從批判的角度好好撰寫的最重要歷史之一。以下評論因此是一些初步觀點。

資本成為首要而非偶爾的積累形式之後，發現它必須控制工業生產中的勞動過程。此時資本發現，各行業之中有根深柢固的分工方式和技能結構，十分仰賴工匠。勞工可以在「屠夫、麵包師傅和燭臺製造師」這樣的職業中磨練技能，希望他日技術有成，可以得到一定的社會地位。在資本主義的早期階段，歐洲人多數務農（自耕農或無土地的農工），或是替王室、擁有土地的貴族和商業資本家服務（主要是當家政傭工和侍從）。這種服務有其自身的人際和社會政治技能要求。城鎮裡的工匠從事各種職業，當中有些受公會和學徒制度規管。公會制度壟斷了專門技術能力的供給。木工經由木匠公會學會如何使用他們的工具，寶石工匠、鐘錶匠、煉鐵師、織布工、鐵匠、掛毯師、鞋匠、釘子和槍砲製造者也都是這樣。藉由社團式公會組織，一群群的勞工可以得到和維持較高的社會地位，並且替自己的工作爭取到較高的酬勞。

在此情況下，勞工壟斷對生產條件和勞動過程的控制權。資本顯然必須與勞工爭奪這種權力。資本在兩條戰線作戰。首先，資本逐漸把它對私有財產的壟斷權擴展到生產工具上，令勞工失去在資本的監督和控制以外自我再生產的工具。如此一來，資本家便可以召集許多類型的工匠，指揮他們從事集體勞動，生產從釘子、蒸汽機到火車頭等各種物品。雖然個別作業的狹義技術基礎和相關技能並未大幅改變，分工合作的組織方式集合多種不同作業，促成效率和生產力的大幅提升。市場上的商品成本快速下跌，在競爭上壓倒傳統的工匠生產方式。

亞當斯密在他一七七六年出版的《國富論》中，不但廣泛分析這種分工方式，還熱烈讚美它。在著名的製針廠例子中，他強調生產過程中有組織的分工，如何促成技術效率和勞動生產力的驚人提升。資本家藉由這種企業內部的「精細分工」（這是馬克思後來使用的名詞），利用工人不同的技能和才幹，提升整體生產力和營利能力。亞當斯密據此推論，企業之間和產業之間普遍的社會分工，也必將產生類似效果。就這一點而言，後來馬克思相當用心地指出，社會分工的協調機制，不再可能是個別資本家根據理性設計原則組織合作活動，而將是一種比較混亂和無政府的協調方式——市場中波動不定的價格信號，成為不同企業和產業定量理性（quantitatively rational）生產分工的關鍵決定因素。亞當斯密認識到這一點，因此敦促國家盡可能避免干預市場價格（公用事業和自然壟斷產業例外），並且奉行自由放任政策，以求市場的無形之手能以最高效率發揮作用。直到今天，許多理論家和政策制定者仍錯誤地深信「效率市場假說」，深信市場不但能有效地協調生產活動，還能協調好金融活動（儘管金融體系在二〇〇八年九月災難性地失靈）。馬克思推斷，市場混亂的無政府狀態，將不斷擾亂價格的均衡狀態，而這將令社會分工變得不穩定，甚至可能不時引發危機。

對勞工潛在壟斷權力的另一種攻擊，則是源自資本家驅使的技術變革，而我認為這種攻擊的影響深遠得多。這種技術變革多數是以削弱勞工在工作場所和勞動市場的權力，為直接或間接目標。技術變革始終偏向損害勞工的利益，尤其偏向損害勞工藉由掌握罕見和可獨占的技能而取得的那種權力。勞資關係的一個重要方向，向來是去技術化（deskilling）；馬克思在《資本論》中提到這現象，而布費曼（Harry Braverman）一九七四年出版、富影響力和爭議性的《勞動與壟斷資本》（*Labor and Monopoly Capital*）令此現象再度倍受關注。[1]布費曼認為資本（尤其

[1] Harry Braverman, *Labor and Monopoly Capital*, New York, Monthly Review Press, 1974.

是壟斷型資本）為了自身的利益，會希望貶低技能，進而摧毀替資本工作可能會有的自豪感，同時削弱勞工的權力（尤其是在生產過程中）。勞資雙方為此有長期的鬥爭。在十九世紀，馬克思大量引用資本主義思想家的的理論（尤其是巴貝奇〔Charles Babbage〕和尤爾〔Andrew Ure〕），以此證明資本強烈偏好去技術化。布費曼則很重視泰勒（Frederick Taylor）的科學管理努力；泰勒希望把生產過程分解為許多簡單的生產作業，最好是簡單到「受過訓練的大猩猩」也可以做。這種「科學」是結合工時學（motion and time studies）和專門化技法，簡化所有作業，希望藉此在任何一個產業或個別企業，盡可能提升效率和降低成本。

馬克思和布費曼均認識到，為了執行大量勞工去技術化所涉及的組織和技術廣泛變革，某程度的再技術化（reskilling）是必要的。工廠引進裝配線，會使負責安裝和管理裝配線的工程師獲得權力；負責引進機器人或電腦應用的工程師，也需要掌握一些新技術才能執行任務。馬克思和布費曼的批評者正確地指出，巴貝奇、尤爾和泰勒所寫的，實際上是一些從未完全實現的理想構思，而這一方面是因為勞工強烈抵制去技術化，另一方面是因為技術演變從來不是以控制勞動為唯一目的。

新技術往往要求重新界定技能，某些勞工可能因此占得優勢。事實證明這現象遠比馬克思或布費曼所想的重要。資本想做的，不是消滅技能本身，而是消滅可獨占的技能。新技能（例如電腦程式設計）變得重要時，資本想做的可能不是消滅這種技能（程式設計這種技能，最終或許可以利用人工智慧消滅之），而是藉由大量提供培訓機會，防止這種技能被某些勞工獨占。掌握程式設計技能的勞工，如果從相對稀缺變成非常充足，這種技能便失去其獨占性，而資本雇用這種勞工的成本也將大幅降低。電腦程式設計師供給非常充裕時，資本家將樂於視其為他們雇用的一種技術勞工，甚至願意支付較高的薪酬（相對於社會平均水準而言），而且在工作場所給予較多尊重。

一如技術在其自發動力驅使下，演化出愈來愈複雜的型態，分工方式也快速增加，而且經歷性質上的轉變。這不是簡單的線性演化，部分原因在於階級鬥爭的動力也涉入其中，雖然這種鬥爭通常是資本占優勢。例如在一九二〇年代，美國鋼鐵業有很多種專業技能（因為是專業，某程度上是可獨占的技能），但隨後大幅減少，尤其是在一九三〇年代國會立法成立全國勞動關係委員會之後；該委員會的權力，包括解決有關特定產業之中，哪些技能可以做哪些工作的跨管轄區爭端。當代鋼鐵業的技能組合比以前精簡得多。另一方面，某些行業（例如醫療、銀行和金融）中的專業工作激增，而與電子和電腦化有關的全新領域出現，也衍生大量的各種新職業和工作規格。近年來，國家監理機關（例如美國的食品藥物管理局、金融監理局和證券交易委員會等等）之中的專業工作，也出現驚人的成長。

精細分工和社會分工快速擴展，複雜性也暴增，這已經成為現代資本主義經濟的基本特徵。這種演化並不是整體的有意識設計和決定之結果（並沒有「分工部」這種國家機關，命令大家怎麼做），而是與技術和組織變革（受前述的系統力量驅使）同時發生。儘管某些產業（例如鋼鐵業和汽車業）的工作規格顯著簡化，而且某些職業遭時代淘汰（例如點燈人，以及發達國家的運水工和拾荒者），分工仍出現上述演化。拜這些方法所賜，勞動生產力大增，生產活動的產量和產品種類也大幅成長。此外，各經濟體的相互依賴程度也因此日增，影響愈來愈大規模的群體，涉及範圍日廣的地域。一種必須注意的國際分工現象也出現了。這意味著社會分工當中的協調問題日增，而且波動的市場信號愈來愈有可能造成層層擴大的亂局。因此，在某些生產領域，藉由命令、控制和商品供應鏈中的契約供應關係協調生產，成為比較普遍的做法：企業明確指定需要哪些投入要素（例如汽車業需要引擎、零件、輪胎、擋風玻璃和電子裝置等等），然後把這些要素的供給外包給市場上的廠商。但是，個別作業日趨簡單、協調工作日趨複雜，結果便是失敗和產生意外後果的風險日增。這促成一層全新的分工，產生大量新職業，涉及物流、法律、金融、行銷、廣告和其他商業服務。安全問題（從航空到醫藥到食品等等）也變得比較迫切，各種活動的監控和品質控制手段也是。經濟中的分工迅速發展，而與此同時，監理和行政權力的官僚分工也迅速發展——不但發生在典型的國家機器中，也發生在許多機構（例如醫院、大學和學校系統）內部。

整體而言，分工在最近半個世紀經歷蛻變。因此，十九世紀批評家如馬克思、滕尼斯、涂爾幹和韋伯等人對分工問題的探索，並未觸及一些重要的當代議題。以往有關分工的研究主要探討特定國家的工業組織和工廠勞動，這些研究的發現至今無疑仍然有效。但是，分工日趨複雜，涉及的地理範圍大幅擴大，協調問題因此出現性質上的驟變。國家監控和官僚職權大增，加上公民社會的組織形式廣泛改變，造成更多問題。許多勞動和權力分工方式緊密相連，互相支持，還有一些分工方式則形成某種層級結構。我們愈來愈受制於米歇爾（Timothy Mitchell）所說的「專家統治」。[2]在資本的歷史中，專家知識向來有其關鍵角色，專家的權力很難挑戰。這方面的早期跡象（「組織人」、官僚管治等等），引人注意分工當中浮現的專制和層級化特質。近數十年來，專家的作用可說是經歷驚人的成長，這對我們所處世界的透明度和可辨識度構成嚴重問題。我們全都仰賴專家修理我們的電腦、診斷我們的疾病、設計我們的交通系統和保障我們的安全。

在一九七〇年代，所謂「新國際分工」的興起，為有關分工的討論引進一個新觀點。李嘉圖（David Ricardo）訴諸比較優勢理論，早就堅稱各國各有專業（專門生產某些東西），然後藉由貿易互通有無，可以因為效率提升而獲益。國際分工受自然因素影響（加拿大不能種植香蕉和咖啡，一如無銅無油的地方無法開採銅礦和石油），也受制於社會特徵如勞工技能、制度安排、政治體制和階級型態，以及殖民和新殖民掠奪、地緣政治和軍事力量等殘酷事實。

但是，約從一九七〇年起，國際分工情況無疑經歷了戲劇性變化。西方工業區（一八五〇年之後資本全球霸權的心臟地帶）遭破壞和瓦解。生產資本開始轉移到海外，日本、韓國、新加坡、台灣和一九八〇年之後驚人崛起的中國，以及墨西哥、孟加拉、土耳其和世界許多其他

---

[2] Timothy Mitchell, *The Rule of Experts: Egypt, Techno-Politics, Modernity*, Berkeley, University of California Press, 2002.

地區的工廠，成為新的工廠勞動中心。西方國家大致上去工業化，東方和南半球則成為工業價值生產中心，同時維持初級商品生產者和為工業世界供應資源的傳統角色。這些變化有個奇怪的特徵：工業化以往一直確實可以提升人均所得，但如今在某些地方（例如孟加拉）卻傾向維持普遍貧窮的狀態，而非幫助多數人致富。一些國家因為石油或礦藏等天然資源而變得重要，但也遇到類似問題：它們受「資源詛咒」困擾，租值和權利金遭精英階層掠奪，大眾則極度貧困（查維茲掌權之前的委內瑞拉便是一個好例子）。西方國家愈來愈致力藉由發展金融、保險和房地產業，加上智慧財產權、文化產品和獨占企業（例如蘋果、孟山都、大型能源公司和藥廠等等）構成日益鞏固的體制，榨取租值。基於知識的活動也變得比較重要，這種活動利用受過瑞奇（Robert Reich）所稱的「象徵勞動」（相對於體力勞動）訓練的勞工。[3]隨著上述種種變化發生，全球經濟中的權力關係和地緣政治型態看來也出現緩慢的結構轉變。財富從東方流向西方的趨勢持續約兩個世紀之後，情況逆轉了，而隨著西方在二〇〇八年金融體系崩潰之後失去大部分動能，中國日益成為全球資本體制富活力的中心。

那麼，這一切當中的核心矛盾是什麼？財富流動逆轉和地緣政治權力格局改變，顯然衍生以前沒有的全球衝突風險。雖然這種衝突的根源在於經濟狀況，而且衝突對經濟狀況有重大影響，我不認同經濟和軍事衝突源自資本矛盾本身的看法。在全球國家體系之中，國家權力的地域邏輯（territorial logic）運作缺乏起碼的自主程度一致性，簡單的經濟決定論因此根本不適用。例如中東如果爆發大規模衝突，根源無疑在於石油生產的現實情況，在於為了開發石油這種地球上的關鍵資源，而集結在這裡的各種地緣政治和地緣經濟勢力，而且衝突無疑也將產生巨大的經濟衝擊（一如一九七三年的石油禁運）。但如果我們據此推論，聲稱資本的矛盾本身是這種衝突的一個根本原因，則是錯的。

此外，分工日趨複雜無疑產生新的脆弱性。供應鏈當中的小狀況可能造成重大後果。某地區一家關鍵的汽車零組件工廠發生罷工，可能令其他地區的整個生產系統被迫停工。不過，我們也可以很合理地提出以下論點：全球分工方式日趨複雜，分工關係擴散到世界各地，遠比以前能有效防止局部地區的災難釀成悲劇。在資本主義興起之前，如果俄羅斯穀物歉收，當地很可能會發生饑荒。但現在我們有一個世界穀物市場，必要時可用來解決局部地區穀物歉收的問題。正是因為全球分工的運作方式，當前年代沒有發生局部地區饑荒的技術理由。饑荒確實發生時（可悲的是饑荒還是太常發生），總是社會和政治原因造成的。中國上一次大饑荒（發生在「大躍進」時期，可能導致約兩千萬人餓死）之所以發生，恰恰是因為中國當時因為政治上的抉擇，自我孤立在世界市場之外。這種事現在不可能發生在中國。對那些把反資本主義信念寄託在實踐在地糧食主權、在地自足和脫離全球經濟等理念上的人來說，這應該是個有益的教訓。擺脫為了資本和帝國主義勢力的利益而組織起來的國際分工鏈是一回事，以反全球化的名義脫離世界市場，則可能是自毀的做法。

---

❸ Robert Reich, *The Work of Nations: Preparing Ourselves for 21st Century Capitalism*, New York, Vintage, 1992.

資本利用分工而產生的核心矛盾，不是一種技術矛盾，而是一種社會和政治矛盾。這矛盾可以用一個詞概括：疏離／異化。資本藉由組織精細分工和社會分工，無疑在生產力、產出和營利能力方面取得驚人成長，但代價是資本雇用的勞工犧牲了他們的精神、情感和身體健康。例如馬克思便表示，工人因為被繫在日益複雜的分工體系中的一個固定位置，往往被貶為「局部的人」。工人遭孤立和個體化，因為競爭而彼此疏離，也疏離了與自然的感官關係（疏離了人類的熱情敏感天性，也疏離了外在的自然世界）。隨著智慧型機器日趨普及，勞動的腦力和體力統一遭打破。工人被剝奪運用智力解決難題或從事創造活動的機會，變成只是機器的操作者、機器的附屬品，而非自身命運的主人。人喪失完整和個人自主的感覺，難免會損害情感上的滿足。工作徹底失去創造性、自發性和魅力。簡而言之，替資本工作這種活動變得空洞和無意義。而人類無法活在完全沒有意義的世界裡。

對於資本統治下人類狀態的這種看法，並非馬克思所獨有。類似見解也可以在韋伯、涂爾幹和滕尼斯的著作中找到。甚至連亞當斯密（分工的重要擁護者，熱烈歌頌分工對人類效率、生產力和成長的貢獻）也擔心，在複雜的分工體系中指派工人負責單一作業，很可能令工人變得無知和愚蠢。後來的一些評論者沒有亞當斯密那麼在乎「道德情操」，他們便比較不擔心這問題，例如泰勒（Frederick Taylor）便完全可以接受所有工人表現得有如受過訓練的大猩猩，而非熱情洋溢的人類。小說家狄更斯指出，資本家也喜歡把他們雇用的工人視為只是「人手」，樂於忘記他們有肚子和腦袋。

但是，如那些敏銳的十九世紀批評家指出：如果人們工作的時光便是這麼度過，他們晚上回到家之後怎麼可能有不同的想法？他們怎麼可能建立一種道德共同體或社會團結意識？怎麼可能建立集體和有意義的歸屬與生活方式，不受工作場所無所不在的殘忍、無知和愚蠢汙染？勞工每天的生活所需，非常仰賴一大群遙遠的、未知和在許多方面不可知的人；在此情況下，他們究竟如何才能發展出身為自身命運主人的意識？

資本統治下分工普及且日趨複雜，使得勞工沒有什麼個人發展和自我實現的餘地。我們自由探索人類這個物種的潛能之集體能力，似乎受到嚴重的限制。但是，連馬克思也在資本主導的分工所支配的情況中看到一線希望，儘管他在描述資本利用分工導致的異化時，顯得非常悲觀。馬克思認為，勞工的前景並非完全黯淡，部分原因在於資本本身必將提供一些勞工可以寄予希望的條件。他指出，在技術變革洪流影響下，分工方式的快速演化將需要靈活、有適應力和受過某程度教育的勞工。「這種可怕的情況必須改變：配合資本不時變動的剝削需要，悲慘、可棄的備用勞動人口，必須以絕對可配合各種勞動要求的個人代替之；局部發展、只能承擔一種專門社會職能的個人，必須以全面發展、可交替發揮各種社會職能的個人代替之。」[4]資本因此將需要受過教育和有適應力的勞工，而非只能做某種工作的工人。如果勞工必須受過教育，誰知道這種「全面發展的個人」可能會讀些什麼東西，以及建立怎樣的政治思想呢？一八

[4] Karl Marx, *Capital*, Volume 1, Harmondsworth, Penguin, 1973, p. 618.

六四年的英國工廠法案加入教育條款，對馬克思來說是清楚的證據，顯示國家有必要介入，替資本確保國家在「全面發展的個人」之教育上有所行動。工業革命時期，女性勞工遭虐待的情況也很容易觀察到和詳細論述，但馬克思在此同樣看到長遠的進步可能：資本在工作場所對女性既有要求，也會提供一些條件；在此基礎上，家庭生活和兩性關係有望建立「一種比較高尚的新形式」。

這種構想當然涉及以下問題：「全面發展的個人」會希望或需要知道些什麼？誰來教導他們？這是社會再生產的一個核心問題，而我們很快就會討論社會再生產。不過，我們至少要在這裡提一下這問題。站在資本的立場，勞工只須懂得遵從指示，在資本設計的分工體系中做好自己的工作便可以了。但一旦勞工懂得閱讀，資本便面臨這樣的危險：勞工將接觸到來源非常多元的種種思想，產生各種嚮往，甚至付諸行動。因為這原因，針對知識和資訊之流通執行意識型態管制，同時培養支持資本和資本再生產要求的「正確」觀念，對資本來說便是必要的。但是，受過教育、全面發展的個人很難（甚至是不可能）不去思考以下問題：我們的勞動在這樣的社會裡只是非常微小的一部分，這種人類社會的完整性本質為何？世界分崩離析到我們很難直接感受到生命的意義，在這種世界裡，當一個人的意義何在？我估計正是因為這原因，連資本也同意，文學、藝術、文化理解、宗教和道德情操方面的溫和人文主義教育，或許有助於化解勞動喪失意義造成的焦慮。資本不斷增加職業的種類，必然導致勞動分工和社會碎裂，而這已經造成嚴重的心理問題。但新自由主義時代令人震驚的是，當局以據稱必要的撙節政策為名，輕蔑地取消這種對人類需求的溫和讓步。國家對文化活動的補助遭取消，迫使這種活動仰賴有錢人出於自利考量的慈善捐助，或是同樣出於自利考量的企業贊助。如今文化活動就像少不了IBM、英國石油、艾克森等公司的贊助似的。

此外，事實證明，勞工本身對自己的客觀處境和主觀心理狀態都有話想說，畢竟他們本質上是熱情和喜歡社交的人類。勞工藉由抗爭，把握機會使勞動過程和一般雇用條件人性化，甚至不需要資本的幫助，就能扭轉異化的客觀狀態。在實際受到剝削的同時，勞工可以要求雇主尊重他們，有時雇主甚至會主動予以尊重。主觀上，在礦坑裡或高爐旁生存所需的團結和工友情誼，則轉化為出色地完成危險和困難工作的自豪感。社群團結反映這種感情，有助於對抗自由市場過程傾向重視的個人孤立狀態。即使在資本的鐵腕統治下，勞工仍然可以為自己的工作和角色感到自豪，認同自己是某種工作者的身分。一如所有其他人，他們確實會明白地問以下問題：我們被迫過的這種生活有何意義？勞動市場的變遷有時令我們淪為失業和可棄的人，有時給予我們聽起來非常奇怪、令人無法理解而且也顯然毫無意義的職稱，是什麼主導這種演化過程？資本雇用的勞工不必覺得自己處於徹底疏離異化的狀態。但是，有意義的工作消失之後，勞工除了清楚意識到自己受到剝削外，還會愈來愈強烈感受到一種徹底的疏離（疏離自己在窮忙世界裡的無意義工作），而這兩種感受結合起來是危險的。

這並不代表異化與應付／折衷之間的均衡是固定的。在發達的資本主義國家，例如美國、英國、德國、加拿大、日本和新加坡，分工的趨勢是偏向培養受過教育的勞工，希望他們可以靈活地參與多種不同的勞動過程。這種趨勢加上圍繞著勞工權利的長期抗爭歷史，包括針對資本造成勞動異化的大量抗爭，已經產生可觀的成果：在這些國家，頗大比例的勞工至少受過扎實的基本技能訓練，而且即使薪資不算豐厚，至少可以過體面的生活。相對之下，在孟加拉的製衣工廠、中國南部的電子工廠、墨西哥近美國邊境的加工出口工廠，或是印尼的化工廠，勞動條件卻相當接近馬克思非常熟悉的那種情況。我們如果把這些工廠反映的當代勞動條件穿插到《資本論》之中，將不會顯得格格不入。

一九七〇年代末以來，新自由主義反革命在整個發達資本主義世界愈演愈烈，由此造成的工作和社會生活蛻變，已經嚴重衝擊頗大比例的人口：技術變革和產業外移令他們跟不上時代的步伐，成為資本眼中多餘和可棄的一群人。許多人迷失在長期失業、社會基礎建設破敗、社群喪失團結精神的世界裡，變得非常疏離，時常沉溺在被動的忿恨中，偶爾藉由涉及暴力和看似不理性的抗議宣洩不滿。從瑞典郊區到伊斯坦堡再到聖保羅的暴烈抗議，只須聯合起來，便能暴露出忿恨火山底下沸騰的大量疏離岩漿。屆時資本將面臨政治危機，如果不動用殘酷專制的鎮壓手段，局勢將幾乎不可能控制，但這種手段只會令大眾更加不滿。分工體系中地域發展不均，各社群的人生機會也愈來愈不平等，這現象正在加重這種疏離感，而如果這種疏離感從被動轉為主動，現行的資本再生產方式無疑將受到重大威脅。屆時社會將必須在不可能的改革與不大可能的革命之間，做出不得已的抉擇。

矛盾10

壟斷與競爭：集中與分散

你看任何一本經濟學教科書或替資本主義辯護的通俗讀物，幾乎很快便會看到「競爭」一詞。無論在這種通俗讀物還是比較嚴肅的著作裡，我們都可以看到資本主義的這個「偉大成功故事」：資本主義理解人類的競爭天性，把它從社會的拘束中解放出來，然後以市場駕馭它，創造出一個富活力和進步的社會體制，為所有人的利益而運轉。壟斷力（例如Google、微軟和亞馬遜如今擁有的那種勢力）和類似情況，像是寡頭壟斷（例如全球主要石油公司中的「七姊妹」擁有的勢力）和獨買（例如沃爾瑪和蘋果公司對它們的供應商享有的權力），全都傾向被說成是異常情況（如果有提到它們的話），是不幸偏離美滿均衡狀態（理論上可在完全競爭市場中達致）的情況。

我堅持認為這種觀念是偏見。反托拉斯和反壟斷法及相關委員會的存在，支持這種偏見。反壟斷機關宣稱壟斷非常有害，不時著手打破壟斷，以免公眾受害。例如在二十世紀初，美國在不屈不撓的老羅斯福總統領導下，便執行一波解散托拉斯的運動。在一九八〇年代，美國電話電報公司（AT&T）在美國電訊業的壟斷勢力，便遭當局下令打破。如今在歐洲和北美，Google、微軟和亞馬遜過盛的市場勢力，也正受到質疑。至於所謂的「自然壟斷」（主要是公用事業和諸如運河和鐵路這種交通設施，競爭在這些情況下不適用），亞當斯密建議政府加以規管，防止業者收取過高的價格。公共政策明言的目標，是防止壟斷定價，確保大眾可因資本家之間的競爭，得到創新、生產力提升和價格便宜的好處。國家以行動維持有競爭的環境，普遍被宣傳為所有健康的資本主義經濟體的一種必要政策立場。尤其值得注意的是，時常有人表示，在國際貿易中取得有競爭力的地位，是公共政策的一個重要目標。據說只要可以創造出一個純粹和完全競爭的市場，不受壟斷力扭曲，一切都將很好。

在《國富論》中，亞當斯密非常精彩且極富說服力地講述這個競爭故事。自此之後，這個影響力大得驚人的故事，支配經濟思想超過兩個世紀。它構成自由主義經濟理論的「創派神話」。自十八世紀末起，自由主義政治經濟學家發起運動，反對國家干預市場定價，也反對壟斷力。凱因斯並未大幅偏離此派思想。更令人驚訝的是，馬克思在《資本論》中認為這是好事，不過他的理由是：如果亞當斯密的烏托邦論述是正確的，事情發展下去將不是人人受益；結果將是財富和權力的階級鴻溝加深，而資本在變得更有力的同時，也將更容易引發危機。

受二〇〇七至〇九年的危機衝擊，經濟學家很難再堅持傳統的競爭論述。追求自身私利的銀行業者，顯然對大眾福祉沒有貢獻，而在美國，聯準會拯救銀行而非民眾。如今這已令多數人承認，壟斷力並非只是一種異常情況，而是源自經濟學家所稱的「尋租」活動的一種系統問題。經濟學家史迪格里茲（Joseph Stiglitz）表示：「坦白說，致富有兩種方法：創造財富，或是奪取別人的財富。前者對社會有貢獻，後者則通常有害，因為在奪取別人財富的過程中，財富會遭到破壞。」[1]「尋租」其實就是我所講的「剝奪式積累」，只是聽起來斯文，且相當中性。

史迪格里茲針對尋租（或剝奪式積累）的解釋稍微簡短一些，其好處在於它認清一個重要事實：經濟交易中的壟斷力與政治過程中的壟斷力平行運作，配合得天衣無縫。且以美國為例：累退稅和各種可扣稅的項目；監理俘虜（安排狐狸管理雞舍）；以折扣價收購或租用國家或私人資產；與國家機關簽訂成本加成合約時誇大成本；立法保護或補助特定利益集團（例如能源和農業企業）；藉由選舉政治獻金收買政治影響力——所有這些政治運作，全都是賦予巨富和壟斷勢力自由，容許他們掠奪公帑，損害納稅人的利益。此外，土地和房產也有傳統的尋租活動；資源、專利、牌照和智慧財產權也會產生租金；壟斷定價則會產生超額報酬。然後還有各種看似合法但有爭議的方法，可以創造超額利潤。金融市場完全不透明或資訊不足，會製造出誤解的迷霧，導致卑劣行徑無法制止。做假帳也可以創造出真實的金錢，安隆公司（Enron）便是一個戲劇性的例子。加上各種不正當的做法，例如房屋市場的掠奪式放款（導致以十億美元計的資產價值，從公眾轉移到金融業者手上）、不當的信用卡作業、隱蔽的收費

[1] Joseph Stiglitz, *The Price of Inequality*, New York, Norton, 2013, p. 44.

（例如電訊和醫療費用），以及各種規避法規乃至違法的行為，我們可以看到，大公司和巨富有大量手段可以快速增加財富，即使整個經濟體崩潰而後停滯也不例外。如史迪格里茲所言：「最近三十年最重要的商業創新中，有一些並不是以促進經濟效率為宗旨，而是希望能更好地保護壟斷力，更好地規避政府旨在調和社會得益與私人報酬的管制。」[2]

史迪格里茲解釋有力人士如何把尋租當作一種策略時，忽略一個重點（但他闡述尋租的社會後果時提到了這一點）：民眾廣泛的民主權利遭破壞，包括獲得退休金和醫療照護的經濟權利，免費獲得教育、治安和消防等關鍵服務的權利，以及得到國家救濟的權利（例如美國政府的營養補充和食物券計畫，使低收入民眾得以維持差強人意的生活水準）。新自由主義對這些權利和服務的攻擊是一種剝奪，把省下來的公帑送給「不缺錢但貪婪」的企業主管和富豪階級。這些手段訴諸一種已鞏固的階級權力來執行；這種權力壟斷經濟和政治運作，也壟斷大部分媒體，把傳說中的「觀念的自由市場」貶為繞著瑣事兜轉的派系爭吵。但正統的經濟思想仍堅持自由市場是我們必須相信的神，壟斷則是不幸的異常現象——只要用心，壟斷是可避免的。

我則認為**壟斷力是資本運作的基本特徵而非異常現象，而且壟斷與競爭構成一種矛盾統一**。這是很不尋常的觀點，遠遠超越史迪格里茲的論述，但我們大有理由相信這構想是正確的。此論觸及資本歷史上壟斷與競爭的矛盾統一，並符合以下獨特事實：多數資本家如果可選擇，會希望壟斷某個市場而非與別人競爭；他們也持續努力，著意建立壟斷勢力，永不嫌多。

那麼，要如何理解這個矛盾統一？我們顯然可以從壟斷與競爭無法區分的狀態講起（講得準確一點，是兩者混合、矛盾潛伏而非已經發作的狀態）。這種狀態藏在私有財產的本質中：私有產權賦予商品主人使用該商品的壟斷權力，而這種壟斷力構成交換的基礎，延伸出去也就是構成競爭的基礎。你或許會覺得這是基本概念，甚至有點瑣碎，但如果你認識到以下事實，可能便不會這麼想了：資本的階級權力完全仰賴集合種種個別的壟斷產權，建構出資本家階級占主導地位的社會秩序；在這種秩序中，資本家階級有別於勞動階級，在於它**集體壟斷生產工具（在當代還包括融資手段）**。人們討論壟斷問題時，通常忽略階級壟斷力（資本的集體權力）的概念和事實，包括階級壟斷租，而經濟和政治過程均受這種階級壟斷力影響。

明白這一點，就能比較清楚看到標準敘事（突顯競爭並忽略壟斷）的作用。它掩蓋階級權力的壟斷基礎（資本階級壟斷私有財產），輕易地迴避階級權力和階級鬥爭的問題（一如幾乎所有經濟學教科書）。這種標準敘事把資本的運作理想化，說成是個別的資本家在經濟活動的混亂海洋裡，自由遊走，尋找獲利機會，因此產生一連串奇妙的競爭碰撞。國際競爭據說對所有人都非常有益，但事實是這種競爭壓低薪資，圖利資本！

技術變遷大致可合理地描述為進步和不可逆轉的，壟斷與競爭間的均衡則不是這樣：它不規則地來回游移，有時看似有某種週期性而非單向移動，另外也受制於政治奇想和國家管理與干預的傾向。馬克思認為競爭的終點必將是壟斷力，而資本之集中可能有特別的規律，但他並

❷ Joseph Stiglitz, *The Price of Inequality*, New York, Norton, 2013, p. 44.

未詳細說明。列寧則提出著名觀察：資本在二十世紀初進入與帝國主義結合的壟斷力新階段，大型工業卡特爾與金融資本結合，支配主要國家的經濟（這些集團正是老羅斯福總統當年致力打破的托拉斯）。這種觀點在一九六〇年代再度出現，代表著作是巴蘭（Paul Baran）和史威吉（Paul Sweezy）在美國出版的《壟斷資本主義》❸，而同期歐洲各共產黨的理論家也出版了一些反映這種觀點的著作。高漲的壟斷力再度與集權式帝國主義的洪流結合。在一九六〇年代，大型企業（例如底特律三大車廠或歐洲的國營企業）支配所在國家的市場，許多人認為它們行使過度的壟斷權力。一些大公司則在國際上行使壟斷權力，例如中美洲的聯合水果（United Fruit）和智利的ＩＴＴ，支持政變和軍事政權（例如在智利），而這些政權聽命於帝國主義勢力。

如阿銳基（Giovanni Arrighi）指出，資本在兩個極端之間游移，一端是不受規管的競爭，另一端是壟斷和寡頭壟斷造成的權力過度集中狀態，兩者理論上都是災難性的。❹一九七〇年代的危機（呈現的表象是經濟停滯與通膨的奇特結合）被普遍解釋為壟斷資本的典型危機，一九三〇年代的通縮危機則可說是毀滅性的競爭造成的。無論在哪個階段，壟斷與競爭的矛盾統一處於何種狀態，都須求證才能回答，不可擅自假定答案。始於一九七〇年代的新自由主義時期，雖然藉由全球化開創新的國際競爭形式，經濟中許多產業（醫藥、石油、航空、農業、銀行、軟體、媒體〔尤其是社群媒體〕，甚至是量販零售）目前則呈現邁向寡頭壟斷（甚至是壟斷）的強烈傾向。在某些圈子，某程度的壟斷權力（例如Google行使的權力）如今獲視為偏離完全競爭狀態的有價值情況；這或許有助於證明此一矛盾變動不定的特質。某程度的壟斷力可造就理性計算、標準化和事先規畫，不必仰賴不確定世界裡混亂和不穩定的市場協調。另一方面，Google濫用壟斷地位（容許國家安全當局取得個別用戶資料），則彰顯權力集中的潛在禍害。

土地和房產所有權特別能說明私有財產中的壟斷力。這種產權所壟斷的不只是土地和房產，還有獨特的空間位置。我的工廠已經占據的地方，再沒有任何人可以在那裡蓋工廠。如果我占有某個有利的位置（能優先連接交通網絡和市場，以及取得資源），我與其他人競爭時便享有某種壟斷力。傳統經濟學家如果被迫研究這現象，最終必須承認，這會產生一種名為「壟斷性競爭」的奇特競爭形式。這名詞很貼切，因為它描述這樣一種情況：經濟活動上的競爭，全都以具有獨特性質的特定空間為基礎。這種競爭形式自然被當作是經濟理論的一個註腳，而非經濟生活的基本情況，儘管所有生產型經濟活動最終都是建基在空間上。標準的經濟思想偏好這樣的模型：所有經濟活動發生在一根針的針頭上，不會因為空間位置而產生壟斷的情況；空間特質的差異（較肥沃的土地，品質較佳的資源，位置上的優勢）顯然不重要，而空間關係結構不斷在變，主要不是基礎建設（例如交通系統）投資造成的。

這些不足之處，嚴重影響人們對競爭與壟斷的矛盾統一如何運作的理解。例如人們往往假定，許多小企業生產類似的商品，代表一種激烈競爭的狀態。但在某些空間條件下，情況並非

❸ Paul Baran and Paul Sweezy, *Monopoly Capitalism*, New York, Monthly Review Press, 1966.

❹ Giovanni Arrighi, 'Towards a Theory of Capitalist Crisis', *New Left Review*, September 1978.

如此。兩家麵包店如果相隔三百公尺，競爭可能相當激烈。但如果兩家店由一條水深且湍急的河流隔開，則它們將各在河的一邊享有壟斷力。如果國王建了一條連接河流兩岸的橋，這種壟斷力將消失。但是，如果當地統治者收取高昂的過橋費，又或者那條河成了政治邊界，跨河買賣麵包必須支付很高的關稅，則壟斷力將會恢復。因為這原因，十八世紀的政治經濟學家發起反對收取路橋通行費和關稅的運動，因為他們知道這種措施妨礙競爭。美國在一九四五年之後追求全球自由貿易體制，最終促成多國簽訂世界貿易組織協議，便是這種政策的延續。

但運輸成本保護地方壟斷勢力的作用，早已開始消滅。在資本的歷史上，這種成本之縮減至關緊要。一九六〇年代起的航運貨櫃化趨勢，以及貿易的政治障礙減少，對改變競爭的地理範圍有關鍵作用。在六〇年代，底特律三大車廠支配美國汽車業，構成看似無比強大的寡頭壟斷勢力。但是到了八〇年代，隨著貿易關係的空間條件在物質和政治面均出現戲劇性改變，三大車廠的勢力因西德和日本的競爭遭削弱。「全球型汽車」在八〇年代出現：汽車零組件可在世界各地生產，只須選個地方（如底特律）組裝。激烈的國際競爭和自動化趨勢，最終導致底特律嚴重沒落。啤酒業的歷史，是我愛用的另一個例子。這產業在十八世紀非常在地化，十九世紀中拜鐵路所賜走向區域化，一九六〇年代全國化，八〇年代則因航運貨櫃化而得以全球化。

壟斷性競爭這領域顯然在改變，而一如地域發展不均的情況，生產、配銷和消費的空間和地理組織，本身是編排壟斷與競爭矛盾關係的一種方式。現在我可以在巴黎吃來自加州的蔬菜，可以在匹茲堡喝來自世界各地的啤酒。隨著空間障礙因資本家熱烈追求「經由時間消滅空間」而減少，許多地方工業和服務業失去在地的保護和壟斷特權。它們被迫與其他地方的廠商競爭；競爭對手起初來自鄰近地區，然後愈來愈遠。

照理說，資本家應該歡迎這種恢復競爭的情況。但如我稍早指出，多數資本家如果可以選擇，會希望壟斷某個市場。因為這個奇特的事實，資本家必須找到其他方法，建立和維護一種他們夢寐以求的壟斷地位。

一種顯而易見的方法，是把資本集中在巨型企業，或建立較鬆散的聯盟來支配市場（例子可在航空業和汽車業找到）。我們已經見過許多這種例子。第二種方法，是藉由規管全球貿易的國際商業法律，取得愈來愈牢固的私有財產壟斷權利。專利和「智慧財產權」因此已成為重要的鬥爭場域，確立各領域的許多壟斷力。製藥業是這當中的典範：業者藉由大規模集中資本，以及專利和授權協議的保護，建立非凡的壟斷力。製藥業者也正飢渴地追求更多壟斷力，爭取把各種遺傳物質（包括熱帶雨林中原住民採摘的一些罕見植物）化為它們的財產。第三種方法是建立知名品牌，以便印上勾形商標的球鞋和印有酒莊名字的葡萄酒可用壟斷價賣出。

某種壟斷特權消滅時，業者將會嘗試各種做法，希望保護和另創特權。不過，如今仍有一些市場受空間障礙保護，以致某些服務仍可採用壟斷定價：美國人到比利時做髖關節手術要花一萬三千三百六十美元（包括來回機票），但在美國做一樣的手術卻要超過七萬八千美元！相對於比利時，美國的壟斷定價程度顯然很高（幾乎肯定是因為兩國的監理政策不同）。此類個人服務頗大程度上仍可避開空間競爭，儘管醫療觀光服務興起，而且許多服務已經外包給海外

（例如印度）的客服中心。但是，這些受保護的市場將來可能因為人工智慧的應用而瓦解。

我們可以說資本熱愛壟斷。資本喜歡壟斷型工作和生活方式帶來的確定性、平靜生活，以及悠閒審慎改變的可能性，喜歡可以自外於混亂的競爭。資本因此熱愛獨特的商品，最好是獨特到可以採用壟斷定價。資本特地費心占有此類商品和促進其生產，時常以純粹審美樂趣的外衣包裝它們。資本家階級建立藝術市場（壟斷定價絕對是該市場最重要的定價方式），作為一個投資領域，一如他們投資在職業運動如足球、冰上曲棍球和籃球那樣。如果可以的話，資本家甚至會把獨特的自然事物商品化，在私有產權制度中賦予它們貨幣價值。早在一八六六年，信奉無政府主義的地理學家邵可侶（Elisée Reclus）便曾抱怨：

> 在海邊，最美最迷人的懸崖和海灘，往往遭貪婪的地主或投機客奪走；他們以貨幣商人替金塊估價的精神去鑑賞自然之美……每一樣稀奇的自然事物，無論是石頭、洞穴、瀑布、冰川的裂縫乃至某種回聲，都可以成為個人的財產。商人可能租下瀑布，以木柵欄圍起來，防止不付費的遊客觀賞奔流直下的大水。然後他們大賣廣告，陽光與四濺的水點共舞、霧簾隨風飄揚這種景觀，也就化為錢幣清脆的叮噹聲。❺

同樣的情況，也發生在獨特的文化物品，以及文化和歷史傳統上。歷史、文化和傳統商品化，可能顯得非常可惡，但這種商品化支撐巨大的旅遊業；真實性和獨特性在旅遊業極受重視，而在此同時，它們均受制於市場評價的霸權（價值由市場決定）。更重要的是，商人有系統地把許多消費品品牌化，宣稱它們獨一無二、非常特別（即使這種說法充其量是可疑的），以便可以向消費者收取壟斷價。當然，人造的物品或效果不能特別到完全無法以貨幣計算；因此，連畢卡索的畫作、考古文物和原住民藝術品，都必須可以標上價格。至於較常見的商品，商人的目標是建立與眾不同的品牌，使消費者認為某牌子的牙膏、洗髮精或汽車比較高級。這種操作是以產品差異化為手段，追求收取壟斷價。商品的名聲和公共形象，因此變得一如商品的物質使用價值那麼重要，甚至更重要。廣告因此變得極其重要，而廣告業無非是希望幫助廠商在原本競爭的市場收取壟斷價。現在美國近六分之一的職位是在廣告或銷售業，而這產業致力藉由替某些商品建立形象和聲譽，產生壟斷租。

上述現象也有個有趣的地理版本。例如巴塞隆納、伊斯坦堡、紐約和墨爾本等城市，便憑藉自身的特色和特殊文化性質，成為有品牌光環的旅遊勝地或商業中心。一個地方如果沒有誘人的特色，可以請著名的建築師，例如蓋瑞（Frank Gehry），蓋一座地標建築（例如西班牙畢爾包的古根漢美術館），藉此塑造當地的獨特性。[6]無論在何處，商人均把歷史、文化、獨特性

[5] Elisée Reclus, *Anarchy, Geography, Modernity*, edited by John P. Clark and Camille Martin, Oxford, Lexington Books, 2004, p. 124.

[6] David Harvey, 'The Art of Rent', in *Spaces of Capital*, Edinburgh, Edinburgh University Press, 2002.

和真實性商品化，賣給遊客、有志成為企業家的人和企業領袖，為土地利益集團、房地產開發商和投機客產生壟斷租。紐約、香港、上海、倫敦和巴塞隆納等城市的土地價值和房產價格上升，由此產生的階級壟斷租對資本極其重要。世界各地因此獲得解放的仕紳化過程，是經濟運作關鍵的一部分；剝奪式積累對這種經濟運作的重要性，不亞於藉由新的城市投資創造財富。

資本因為培養壟斷力，實現了對生產和行銷的廣泛控制。資本可以穩定商業環境，以便做理性的盤算和長期計畫，減少風險和不確定性。在資本主義的歷史中，企業的「有形之手」（錢德勒〔Alfred Chandler〕的說法）向來與亞當斯密的「無形之手」一樣重要，至今仍然如此。[7]國家權力的「有力之手」廣泛支持資本，也發揮重要的作用。

壟斷力與資本集中強烈相關。另一方面，競爭通常意味著權力和資源之分散。在這裡，把政經活動集中與分散之間的這種同源關係（cognate relation），視為壟斷與競爭矛盾統一的一個從屬部分，是有用的。在這例子中，把集中與分散的關係視為一種矛盾統一，也是非常重要的。例如事實往往證明，分權是維持高度集權的最好方法之一，因為這種手段以個體自主和自由的表象，掩蓋集權的本質。在某種意義上，這正是亞當斯密所倡導的：集權的國家解放分散的個體化市場自由，可以積聚的財富和經濟力量大得多。這正是中國政府近數十年來認識到的關鍵事實。在中國這例子中，分權是政治上的（權力下放到地區、城市和鄉鎮），也是經濟上的（賦予國家和鄉鎮企業以及銀行體系創造財富和尋租的自由）。阿銳基的著作《亞當斯密在北京》（*Adam Smith in Beijing*）詳細討論了這一點。[8]但在這例子中，我們必須嚴重質疑分權本質上比較民主這個粗糙的假設，因為完全沒有跡象顯示集權的中國共產黨有意讓出任何權力。

政治經濟生活中集中與分散的矛盾統一，可從兩種角度去思考。首先是部門（sector）的角度。它主要關注聯合起來的資本之力量（尤其是資本主義企業的有形之手），以及作為「階級共同資本」（馬克思的用語）的貨幣資本之積聚——尤其是在信貸和金融體系中。[9]但是，如果沒有國家權力異乎尋常的支持，後者根本無法運作。「國家金融連結體」（在美國是中央銀行與財政部的聯合體）位居此一結構的頂端，獲賦予最高的壟斷力去支持銀行業和金融體系，必要時可犧牲其他的一切（包括人民）。在意識型態上，這體制受倡導親資本主義和右派觀點的無數智庫支持，包括傳統基金會（Heritage Foundation）、曼哈頓政策研究所、凱托研究所（Cato Institute）和約翰奧林基金會（John M. Olin Foundation）。政治光譜上的左派和極右派，對這種階級壟斷力的高度集中均有大量批評。聯準會和IMF完全致力於保護金融寡頭的階級壟斷力，如今已是無可否認的事實。雖然證據確鑿，上述智庫和媒體替這些機構建立了正面形象，令許多人以為它們是個體市場自由的重要保護者，對掩飾其階級性質大有幫助。「階級共同資本」藉由金融體系的集權而組織起來，我們因此再度面對貨幣形式中的重大矛盾。

[7] Alfred Chandler, *The Visible Hand: The Managerial Revolution in American Business*, Cambridge, MA, Harvard University Press, 1993.

[8] Giovanni Arrighi, *Adam Smith in Beijing*, London, Verso, 2010.

[9] Karl Marx, *Capital*, Volume 3, Harmondsworth, Penguin, 1981, p. 490.

集中與分散的強勁力量產生衝突的第二個領域是地理上的，它導致地域發展不均，以及階級聯盟在某空間的經濟、政治和軍事力量投射到另一空間。壟斷、集中、帝國主義和新殖民主義的內部關係由此而生。我們明確討論地域發展不均這問題時，將循此角度進一步探討。

資本的集中和分散傾向產生作用的兩種方式，並非互不相關。集中的金融勢力積聚在全球主要金融中心（紐約、倫敦、東京、上海、法蘭克福和聖保羅等），是有重要意義的。新興地區（例如矽谷、巴伐利亞、一九八〇年代的「第三義大利」）創新興盛的悠久歷史，同樣有重要意義。在這些地方，表面上的運作自由和寬鬆的規管造就了許多事情；換成在其他地方，國家和膨脹的企業資本的強大勢力，將顯著限制創新。這當中的緊張狀況普遍又顯著，以致政策制定者如今嘗試利用集中的主動措施，支持政經力量的分散和法規鬆綁，藉此把握知識型、文化和創意經濟的機會。中國和印度的中央政府創立「經濟特區」，正是希望做這種事。在其他地方，發展靠地方的主動措施推動，負責其事的地方政府或區域都會機構愈來愈富創業精神。當局希望複製出引發數位革命、造就一九九〇年代「新經濟」的那種環境；當年的新經濟雖然在新世紀初崩潰，但根本地重整了資本主義技術的秩序。創投資本集中在矽谷等地區，理論上正是要成就這件事。這種政策成效不一，此事發人深省。不過，這種情況也很好地說明資本如何抓住某些矛盾（例如集中與分散間，或壟斷與競爭間的矛盾），把它們轉化為對資本有利。

那麼，上述發現對反資本主義政治有何涵義？首先，我們必須認識到，在處理壟斷與競爭、集中與分散之間的矛盾這件事上，資本大致非常成功，可以將這些矛盾轉化為對資本有利的情況，雖然資本有時必須藉由危機去做這件事。在我看來，未來任何一種可行的另類社會秩序，都無法消除這些矛盾。因此，有意思的問題只有一個：如何處理這些矛盾？但我們必須避免把這些對立視為彼此獨立的情況，因為它們其實是矛盾統一的情況。例如假定分散必然民主、集中必然不民主便是錯誤的。追求純然分散這種幻想（目前某些左派人士正是習慣這麼做），很可能替隱蔽的集中壟斷控制創造機會。另外一些左派人士追求徹底理性的集中控制，則可能造成不可接受的極權式停滯。資本已經以有機的方式找到一種方法，利用資本失衡導致的危機，達致壟斷性集中與分散競爭傾向的平衡和再平衡。

資本也學到其他相當重要的東西。資本懂得改變它運作的層級，使權力和影響力集中在對資本的權力再生產最有利的層級。例如在美國，當城市和州在二十世紀上半葉變得過度強勢時，資本主要轉向聯邦層級尋求支持。但到了一九六〇年代末，聯邦政府變得過度傾向干預和規管經濟運作，資本便逐漸轉向支持州的權利；目前共和黨支持資本主義的民粹行動，最猛烈的部分正是發生在州這一層級。在這方面，反資本主義左派與資本對抗之餘，可以從資本身上學到很多東西。有趣的是，相對於社會民主左派，許多反資本主義左派目前傾向在微觀層面抗爭（自治和無政府主義構想和方案，在這層面最有效），使得宏觀層面幾乎全無與資本對抗的力量。太多人過度害怕集中和壟斷，結果便是反資本主義抗爭軟弱無力。壟斷與競爭之間辯證但矛盾的關係，未能有效地化為反資本主義鬥爭的力量。

矛盾11

不均衡的地域發展和空間之生產

資本致力產生對其自身的再生產，以及隨後演化有利的地理景觀。這是很自然的事，一點也不奇怪：畢竟螞蟻和水獺也都是這樣，資本為什麼不這麼做呢？但是，在自然變化的可能性極多的世界裡，各種技術、經濟、社會和政治壓力導致資本主義的地理景觀恆常不穩定。資本必須適應這個猛烈演變的世界，但資本對塑造這個世界也有關鍵作用。

資本與勞動、競爭與壟斷、私有財產與國家、集中與分散、固定與移動、動態與惰性、貧窮與富有，以及不同活動規模之間的矛盾，在地理景觀中全都顯而易見，而且獲得物質形式。但是，在這多樣的種種力量之中，我們必須特別重視以下兩者之結合：時空之中資本無止境積累的分子過程（創業者和企業參與資本的流通和積累，因此從事的競爭活動之例行消長），以及國家藉由行使權力，以某種有系統的方法組織景觀空間之嘗試。

資本產生的地理景觀並非只是一種被動的產品。

它根據某些粗略的規則演變，而這些規則有其自主但矛盾的邏輯，一如規管技術的組合演化之規則。景觀如何演化，影響資本積累，也影響資本和資本主義的矛盾在空間、地方和時間中的展現方式。地理景觀獨立的演化方式，在危機的形成中有關鍵作用。如果沒有不均衡的地域發展及其矛盾，資本早已僵化並陷入混亂。這是資本不時自我再造的一種關鍵手段。

在創造資本主義活動所需的空間和地方這件事上，資本和資本主義國家發揮關鍵作用。例如建一條鐵路便需要大量資本。這條鐵路若要有利可圖，其他資本必須使用它，而且最好是在鐵路投資的整段時期內一直使用它。若非如此，這條鐵路將會破產，投入的資本將消失或至少損失一部分。因此，鐵路一旦建出來，資本就必須使用它。但為什麼資本需要一條鐵路？

對資本來說，時間就是金錢。跨越空間耗時又花錢。節省時間和金錢對營利能力至關緊要。因此，技術、組織和物流上的創新，如果能降低跨空間移動的成本和時間，將特別受重視。新技術的生產者很清楚這一點。他們把大量的自主努力用來做一件事：開發新技術，降低資本流通的成本或加快其速度。能達成這些目標的技術，馬上就會有市場。馬克思所稱的「經由時間消滅空間」，是資本努力追求的高遠理想之一。

資本流通所需的成本和時間，可用兩種方式減少。第一種涉及運輸和通訊技術的持續創新。在資本體制下，歷史上這種創新（從運河發展到噴射飛機）有傑出成就。但是，技術創新的影響，取決於我們移動的資本之類型。信貸形式的貨幣如今瞬間便能在全球流轉，但以前可不是這樣。拜先進的資訊技術所賜，貨幣資本的移動性（mobility）大增，是當前時代的一個特徵。商品的移動性則普遍較低。世界盃足球賽現場直播，與瓶裝水、鋼梁、家具或易腐壞的食物（例如水果、豬肉派、牛奶和麵包）之運送有巨大的差異。商品的移動性因商品的特性和可運輸性而異。除了某些例外情況（例如運輸本身），生產型資本是移動性最低的資本形式。生產所動用的資本往往固定在某個地方一段時間（有時候是相當長一段時間，例如造船這種生產便是）。不過，血汗工廠裡用來製衣的縫紉機，顯然比鋼鐵廠或汽車廠裡的機器容易移動。而因為顯而易見的原因，農業、林業、礦業和漁業等初級產業的地點限制是非常特別的。

運輸和通訊成本降低，有助於各種活動分散到愈來愈大的地理空間。因為選址決定幾乎可以完全不考慮運輸成本和時間，資本得以探索許多不同地方的各種營利機會。一家公司之內的分工，可以分散到多個不同地點。業務外移（offshoring）成為可行的選擇，競爭中的壟斷元素減少了。地區專業化和分工變得更加顯著，因為成本上的小差異（例如因為地方稅賦有異），便可能帶給資本較高的利潤。

生產上的新地理型態往往源自激烈的空間競爭，而這種競爭則因為運輸和通訊成本降低、效率提升而加劇。例如韓國的新創企業便淘汰老工業區一些成本較高、效率較低的產業，如匹茲堡和雪菲爾（Sheffield）；因為勞動成本較低、原料和市場較易取得等優勢，韓國生產鋼鐵的成本低得多。在汽車業，底特律受挫不但是因為外國業者加入競爭，也因為田納西和阿拉巴馬興建新車廠，而當地勞動成本較低，工會的勢力也較弱。在十九世紀，來自北美的便宜糧食嚴重損害英國和歐洲的農業利益。這是因為約自一八五〇年之後，當年新建成的鐵路和蒸汽輪船大大降低農產品運輸所需的成本和時間，一如一九七〇年之後航運貨櫃化對世界貿易的貢獻。去工業化（地域擴張的陰暗面）已經持續很長的時間。

降低移動的成本和時間的第二種方法，是資本家明智選址，盡量壓低運作成本，包括取得生產工具（包括原料）和勞動力，和把產品送到市場的成本。許多不同的資本聚集（例如汽車零組件和輪胎廠設在汽車廠附近），「聚集經濟」（agglomeration economies）便產生。不同的公司和產業可以分享設施、勞動技能、資訊和基礎建設。因此產生的一些好處，是所有公司皆可利用的（例如某公司培訓過的員工，其他公司請過來便馬上可用，不必再提供培訓）。這些富活力的中心提供的機會，也將吸引勞工前來，即使沒有力量驅使他們離開故土。都市聚集（urban agglomeration）實際上是建構出來的空間環境，有利於集體維持某些類型的生產活動。

聚集產生地理上的集中。資本積累的分子過程匯聚在一起，產生經濟區域。這種區域的邊界總是模糊和可滲透的，但區域內交錯的流動產生足夠的結構一致性（structured coherence），賦予該地域某種特色。在十九世紀，一講到棉製品，人們自然會想到蘭開郡（曼徹斯特），講羊毛則自然想到約克郡（里茲），不鏽鋼是雪菲爾，金屬加工則是伯明罕。結構一致性通常遠非僅限於經濟交易，還會延伸至態度、文化價值觀、信念以至宗教和政治聯繫。因為必須生產和維護若干集體財（collective goods），這種經濟區域必須建立某種治理制度，而且最好能形式化並融入地區行政體系。如果政府尚未存在，資本將必須建立類似政府的體制，以便促進和管理資本自身生產和消費的集體條件。各種優勢階級或霸權階級聯盟可能形成，賦予區域內的政治和經濟活動某種特質。

區域經濟體形成不均衡地域發展的一個鬆散拼接體；在這個拼接體裡，有些地區傾向愈來愈富有，而貧窮地區則愈來愈窮。這是繆達爾（Gunnar Myrdal）所稱的循環累積因果（circular and cumulative causation）導致的。❶先進地區能替自己吸引到新的活動，因為它們的市場充滿活力，物質和社會基礎建設比較強大，而且比較容易取得必要的生產工具和勞動力。它們有資源（展現在愈來愈大的稅基上），可以進一步投資在物質和社會基礎建設上（例如公立教育系統），而這會吸引更多資本和勞工湧入。以先進地區為中心的交通路線產生，因為交通流量正是集中在這些地方。交通改善的結果，是吸引更多資本湧入。相對之下，其他地區並未獲得足夠的照顧，可能流失愈來愈多活動。它們可能陷入蕭條和衰敗的惡性循環。結果是財富、權力和影響力分布不均，集中在若干地區。

但是，聚集導致的持續集中是有限度的。過度擁擠、汙染日增、高昂的行政和維護成本（稅率和各種收費愈來愈高）均會造成損害。在地生活成本日增，將促使勞工要求愈來愈高的薪資，最終可能令整個地區喪失競爭力。勞工集中在若干地區，可能有助於他們更好地組織起來對抗剝削。土地和房產價格高漲，因為食租者階級將盡可能利用他們控制的日益珍貴的不動產賺錢。紐約市和舊金山是充滿活力但成本高昂的地方，底特律和匹茲堡現在則已經不是這樣。目前洛杉磯的勞工組織優於底特律（在一九六〇年代則相反）。

一個地區的成本快速上漲時，資本家將在全球經濟中尋找其他地方從事他們的業務。新的技術和生產組合興起、勞工抗爭激烈時，情況尤其如此。例如從一九六〇年代末起，矽谷便逐漸取代底特律，成為美國資本主義經濟的中心。類似情況也發生在其他國家，例如在德國是巴伐利亞取代魯爾的地位，在義大利是托斯卡尼取代杜林。另一方面，全球經濟的參與者如新加坡、香港、台灣、韓國和較晚起步的中國，則在某些生產領域取得巨大的競爭優勢。這些變化造成多場貶值危機，影響波及全球經濟的其他地區。美國中西部的「鏽帶」曾經是該國的工業資本重鎮，沒落之後便與新興的「陽光帶」地區形成鮮明對比。區域的就業和生產危機，往往標誌著關鍵時刻：在產生資本的地理景觀的種種力量之中，某種勢力轉移正在發生。這通常意味著資本本身的演化出現根本的轉變。

資本必須經得起舊事物毀滅的衝擊，並做好在廢墟上建立新地理景觀的準備。為了做到這件事，我們必須有剩餘資本和勞動力可用。好在資本的本性就是一直努力創造這種剩餘——往往體現在龐大的失業人口和資本過度積累上。藉由地域擴張和空間重組吸收這些剩餘，有助於解決剩餘資源沒有出路（找不到有利可圖的用途）的問題。都市化和區域發展成為資本主義活動的自主領域，需要大規模的投資（通常靠舉債融資），而且這些投資需要多年時間才成熟。

資本往往在危機時期，利用這種方式吸收資本和勞動力剩餘。當局往往選擇在危機時期啟動國家出資的基礎建設計畫，希望藉此重振經濟成長。在一九三〇年代，美國政府便在當時尚

❶ Gunnar Myrdal, *Economic Theory and Underdeveloped Regions*, London, Duckworth, 1957.

未開發的一些地區，推動未來導向的公共建設，希望藉此善用剩餘的資本和失業的勞工。當時約八百萬名美國人受雇於工程進度管理署（WPA）的建設項目。同一時期，納粹政府也基於類似原因，在德國興建高速公路。二〇〇八年金融市場崩盤之後，中國政府為了彌補出口崩跌的損失，投入數十億美元的巨資在都市和基礎建設上，吸收剩餘的資本和勞動力。當局設計和建造了許多全新的城市。中國的景觀因此出現根本和戲劇性的轉變。

正是這樣，資本發展出我所稱的各種「時空修復手段」（spatio-temporal fix），解決剩餘資本和勞動力的吸收問題。[2]我在這裡使用「fix」一詞，是有雙重含義。首先，全體資本當中有一部分真的是固定在土地上相當長一段時間（固定是fix的其中一個意思）。此外，地域擴張中的長期投資，也為資本過度積累的危機提供了一個解決方案（這是fix的另一個意思）。那麼，這兩種意思如何衝突？何時衝突？

新的區域分工、新的資源複合體，以及作為資本積累動態空間的新地區，這三者之組織全都提供了產生利潤、吸收剩餘資本和勞動力的新機會。但是，這種地域擴張往往威脅到已經固定在其他地方的價值。這個矛盾是不可避免的。資本只有兩個選擇：出走，任由遭離棄的地方破敗和貶值（底特律是一個例子）；又或者留在原地，無可避免地產生剩餘資本，最後這些資本因為找不到有利可圖的出路而氾濫成災。

訴諸信用融資本來是希望解決矛盾，但這手段也導致矛盾加劇。信用貸款令許多區域容易受投機資本的流動傷害，因為這種資本流動既可以促進，也可以破壞資本主義的發展。約從一九八〇年之後，區域負債變成一個全球問題：許多較貧窮的國家發現自己根本無力償債，連一些重要國家（例如一九九八年的俄羅斯，以及二〇〇一年之後的阿根廷）也陷入這種境地。許多窮國（例如厄瓜多和鐵幕時期的波蘭）在有心人引誘下，變成剩餘資本的「水槽」，必須為因此承擔的債務負起責任。債務國必須承受隨後資本貶值的代價，債權國則獲得保護。如此一來，債權人便可在嚴苛的償債規則下掠奪債務國的資源。目前希臘的情況，便是這種過程走到極端的一個恐怖例子。債權人做好了準備：一旦有國家魯莽到落入他們的控制之中，他們將狠狠地加以蹂躪並吃乾抹淨。

相對於信貸「熱錢」的移動，資本出口至其他地方，往往能產生較長期的影響。剩餘資本和勞動力輸出到新地區，在那裡啟動資本積累的過程。英國在十九世紀產生的剩餘資本和勞動力流到美國和南非、澳洲、加拿大等殖民地，創造出新的、富活力的資本積累中心，產生對英國商品的需求。

在這些新區域，資本體制很可能需要多年時間，才能成熟到開始產生剩餘資本（如果真有這一天的話）。因此，資本輸出國可以期望在一段並非微不足道的時間裡，受益於這種過程。鐵路、道路、港口、水壩和其他基礎建設投資，需要頗長時間才成熟，尤其有望令資本輸出國長期受益。但是，這些投資的報酬率，最終還是取決於接收資本的地區能否演化出強勁的資本

❷ David Harvey, *Spaces of Capital*, Edinburgh, Edinburgh University Press, 2002.

積累動力。在十九世紀，英國以這種方式提供資本給美國。很多年之後，美國藉由馬歇爾計畫援助歐洲（尤其是西德）和日本；美國當局顯然看到，美國自身的經濟安全（且不談冷戰的軍事面）有賴這些其他空間的資本主義活動積極復興。

因為這些富活力的資本積累新空間最終將產生剩餘資源，而這必須藉由進一步的地域擴張來吸收，矛盾便產生了。這可能引發地緣政治衝突和緊張情況。最近數十年，我們見識到層疊擴散的時空修復手段，主要是在東亞和東南亞。在一九七〇年代，日本產生的剩餘資本開始游走世界，尋找有利可圖的出路；此後很快便輪到韓國的剩餘資本這麼做，然後到一九八〇年代中是台灣。雖然這些層疊的時空修復手段是以區域之間的關係留下紀錄，它們實際上是區域之內地區之間的物質和社會關係。在台北和上海的工業區日益整合之際，台灣與中國大陸的領土難題顯得不合時宜。

資本流不時被改變方向，從某個地方轉向另一個地方。資本主義體制整體而言保持相對穩定的狀態，即使體制中某些部分不時會遇到困難（例如某地可能經歷去工業化，另一地方則出現部分貶值現象）。這種地區間波動的整體效果，是暫時減少過度積累和貶值的總風險，即使局部地區可能陷入嚴重的蕭條。約從一九八〇年以來的地區波動，看來基本上屬於這一類型。當然，每一步都會遇到以下問題：接下來資本流向哪裡才能賺到錢？接下來將是哪一個地方遭遺棄和貶值？原因何在？整體效果可能誤導人：因為資本總是在某些地方表現良好，許多人誤以為只要我們能把資本的形式調整到像日本和西德（一九八〇年代）、美國（一九九〇年代）

或中國（二〇〇〇年之後）的主流資本形式那樣，則所有地方都將萬事大吉。資本永遠不必處理它的系統缺陷，因為它可以把問題在各地域之間轉移。

但第二種可能結果，則是國際分工體系中的國際競爭日益激烈，因為多個富活力的資本積累中心在世界舞台上競爭，處於過度積累的洪流之中（因為缺乏實現價值的市場），又或者必須競逐稀缺的原料和其他關鍵的生產工具。因為它們不可能全部成功，結果是最弱者屈服，陷入嚴重的局部貶值危機，又或者是地區和國家之間出現地緣政治鬥爭。後者的形式包括貿易戰爭、貨幣戰爭和資源戰爭，而軍事對抗的危險是揮之不去的（這種危險釀成二十世紀資本主義強權之間的兩次世界大戰）。在這種情況下，時空修復手段變得十分險惡，因為它把局部和地區的貶值和資本毀滅危機轉移出去，由其他地方去承受（一九九七至九八年間，這種情況在東亞、東南亞和俄羅斯大規模發生）。但是，這種情況如何及何時發生，受以下兩個因素同樣重要的影響：國家權力採取的政治行動之明確形式，以及空間和時間之中資本積累的分子過程。地域邏輯與資本主義邏輯之間的辯證，在此完全展現。

那麼，相對的空間固定性和地域權力（展現在國家上）的獨特邏輯，與時空之中資本積累的流動動力如何共處？資本的一種激烈和持久的矛盾（可能是固定〔國家〕與移動〔資本〕矛盾的最高點），不就是在此發生嗎？我們之前講過：「為了使資本得以在空間和時間中自由流通，我們必須創造出固定在某些空間的實體基礎設施和人造環境。」隨著時間的推移，相對於持續流動的資本，這些固定資本的總量將愈來愈多。資本必須不時突破它建構出來的世界所造成的約束。對資本來說，僵化是致命的危險。簡而言之，在某個年代有利於資本積累的地理景觀建構出來後，到了下一個年代便成了資本積累的束縛。因此，資本必須促成既有地理景觀之中多數固定資本的貶值，才能建立面貌不同的全新景觀。這會引發激烈且毀滅性的局部危機。在美國，這種貶值最明顯的當代例子是底特律。但是，在所有發達的資本主義國家和另一些地方（甚至包括中國北部和孟買），許多老工業城市因為經濟基礎遭來自其他地方的競爭侵蝕，同樣必須自我改造。這當中的運作方式是：資本創造出符合它某一時期需求的地理景觀；一段時間之後，為了促進資本進一步擴張和性質轉變，資本必須破壞它之前創造出來的舊景觀。資本對所在的土地釋放出「創造性破壞」的力量。某些群體受惠於這當中的創造，另一些群體則因為當中的破壞而首當其衝。至於何者受惠、何者受損，則總是涉及階級不平等的問題。

那麼，國家權力在這一切之中位居何處？國家權力根據怎樣的獨特邏輯介入景觀形成的過程？國家是一種有界的地域實體（bounded territorial entity），在與資本基本無關的情況下形成，卻是地理景觀的一個根本要素。國家在其領土內，擁有使用合法暴力的壟斷權力、法律和貨幣主權、對各種制度（包括私有產權）的監理權，以及徵稅和重新分配所得與資產的權力。國家組織行政和治理結構，最低限度必須處理資本和比較分散的公民之集體需求。國家主權之中，最重要的權力可能是界定法律之下的公民權，並把這些公民權授予領土之內的居民。此舉產生了非法移民這個人口類別。這群人有別於公民，容易受到資本難以想像且不受限制的剝削。因為國家是一種有界的實體，其邊界如何確立和巡邏（關乎人員、商品和資金之移動）至關緊要。國家的空間性與資本的空間性困難地並存，經常相互牴觸。例如移民政策便彰顯這一點。

資本主義國家的利益並不等同資本的利益。國家不是一個簡單的東西，國家各部門並非總是一致的，雖然國家的關鍵機構確實往往直接支援資本經濟之管理（財政部通常會與央行聯合起來，構成國家金融連結體）。國家的治理取決於其政治制度的性質，而該制度有時會假裝民主，也往往受階級和其他社會鬥爭的動態影響。國家執行權力的種種做法，遠非一體（monolithic），甚至並不一致；這意味著我們不可把國家理解為執行獨特權力的單一「東西」。政府是各種做法和過程以無限種方式組合起來的結果，因為國家與公民社會在某些領域（例如教育、醫療或房屋）是高度相通的。資本並非國家必須回應的唯一利益，國家承受來自各種利益集團的壓力。此外，國家干預背後的統治意識型態（通常表現在經濟和政策正統觀念上）可以大有不同。各國之間也有一個體制。視情況而定，國家之間的關係可以是敵對的，也可以是合作的。但無論如何，總是會有地緣經濟和地緣政治關係與衝突反映國家的獨特利益，並導致國家採取一些可能符合、也可能違背資本利益的行動。

國家權力的地域性邏輯與資本的邏輯截然不同。國家感興趣的事情之一，是地域基礎上的財富和權力積累。在這方面，亞當斯密發揮其天才，提出以下看法並普遍說服了政治家：國家做這件事最好的方法，是在其領土內釋放資本和自由市場的力量，並令其合理化，同時打開國門，與其他國家自由貿易。資本主義國家大致奉行親商政策，儘管國家的統治意識型態，以及公民組織動員的無數種不同的社會壓力，均會產生制衡作用。不過，國家也試圖把資本的力量合理化，並用來支援它的管治力量，管好可能倔強的人民，同時在高度競爭的國際體制中增強自身的財富、權力和地位。這種國家理性與資本理性顯然不同，後者主要是追求私人占有和累積社會財富。建構出來的公民對國家的忠誠，原則上與資本只忠誠於賺錢這件事是有衝突的。

國家經常強加的那種理性，展現在政府的都市和區域規畫做法上。這種國家干預和投資，試圖遏制不受規管的市場發展可能產生的混亂結果。國家在行政、法律、稅務和個體識別上採用笛卡兒式結構。但是，以資本主義現代性之名，採用技術專家和官僚的做法生產空間，一直受到極其激烈的批評（駱斐博〔Henri Lefebvre〕的批評至為突出❸）。這種方式生產出來的，通常是一種沒有靈魂、合理化的地理景觀，不時激起人們的反抗。但是，國家權力用來做這些事，從來都不順利，很容易遭金錢利益顛覆、挪用和腐化。另一方面，國家的一些根本利益可能遭資本顛覆，例如國防利益便被轉化為永遠的利益輸送，滿足資本家的野心；資本的發展歷史因此出現惡名昭彰的「軍事工業複合體」。

國家可以利用其權力精心安排經濟生活，手段並非僅限於控制基礎建設投資，還包括建立或改革基本制度。例如在十九世紀的英國和法國，地方銀行遭全國型銀行取代之後，貨幣資本在整個國家的自由流動便改變地區的動態。較近期的例子發生在美國：政府廢止限制發展的地方銀行法之後，出現一波地區銀行併購潮，改變了美國的整體投資風氣，從比較在地的模式轉向比較開放和流動的區域格局。最近四十年來，國際銀行業的組織改革加上資訊科技的進步，根本改變了金融資本的全球移動性。

長期以來，有一種推動力希望改變界定資本主義活動的地理規模。在十九世紀，鐵路和電報技術面世，完全改變了地區專業化的規模和多樣性。近代的各種創新（從噴氣式飛機、航運貨櫃化到網際網路），也已經改變經濟活動連結的規模。在一九八〇年代，「全球汽車」曾經是人們大做文章的話題：這種汽車的零組件幾乎可在世界上任何地方生產（然後在某地組裝），不必僅限於最後出廠的地方。如今在許多生產領域，這已經是常態做法，以致「美國製造」的標籤已不再有太多意義。企業轉向全球規模如今遠比以前有力。

最近數十年來，國家對資本和貨幣流動的主權權力無疑受到侵蝕。這並不意味著國家失去了權力，只是國家的權力變得比以前更仰賴金融資本和債權人的權力。國家的各種權力和做法，愈來愈傾向滿足企業和債權人的需求，往往不惜犧牲公民的利益。國家為此強力支持創造對資本有利的良好商業環境。結果便出現許多這種情況：國家境況很好，但人民的生活卻相當差。有點出人意表的是，像德國這樣的國家也是這樣：勞動階級的消費因工資遭壓縮而受抑制，而在此同時，以德國為基地的資本和德國的財務狀況則看來非常好。

資本分子運動（molecular movement）的變化，也對國家權力可能建構的規模產生強大壓力。像歐盟這種政治地域重新界定的做法，不但變得比以前可行，在經濟上還愈來愈有必要。這些政治轉變並非空間關係中物質變化的簡單函數：事情遠比這複雜。但是，資本流

❸ Henri Lefebvre, *The Production of Space*, Oxford, Basil Blackwell, 1989.

通和積累方面的空間關係變化，確實可能促成新的政治格局，例如促成北美自由貿易協定（NAFTA）、南方共同市場（Mercosur）、歐盟，而重要的國際決策體也從七大工業國（G7）擴張為二十國集團（G20）。

資本主義（而非資本）的地理景觀，顯然是由大量的各種利益塑造出來的；在這過程中，個人和群體試圖替自己界定空間和地方，而這件事的背景是不均衡地域發展的總體經濟過程，而這背景是資本積累和國家權力的規則共同造成的。當然，資本對它剝削的群體之需求必須有某程度的敏感，即使它沒有，社會和階級鬥爭也必將迫使資本與批評者妥協，並且抑制資本一些比較瘋狂的野心。但是，資本撤離某地時，我們很容易怪罪受害者。主流觀點認為是貪婪的工會、揮霍的政客，以及拙劣的經理人等等逼走了資本。但是，遺棄底特律、匹茲堡、雪菲爾、曼徹斯特和孟買等地，迫使這些地方去工業化的，是資本而非人民。某些地區或城市確實有管理不善和階級衝突加劇的顯著例子，但如果認為這可以解釋世界各地許多工業區（它們在多個世代裡，是資本積累的支柱）為何徹底毀壞，則無疑是荒謬的。這種荒謬說法源自始於一九七〇年代、隨後加劇至今的新自由主義反革命。

不均衡的地域發展輕鬆地掩飾了資本的真實本質。希望是可以長存的，因為即使世界災難重重，我們總是可以找到某個興旺順利的社區、地區或國家。總體危機被分解為局部事件，其他地方的人不怎麼關心，甚至根本不了解。印尼或阿根廷發生重大危機，其他地方的人多數只會說「太糟了」或「那又如何？」，主流思想認為危機是局部事件而非系統問題。根據這種觀念，阿根廷、希臘或底特律應該厲行改革，資本則沒有責任。

在當代生活和政治中，資本的景觀有關鍵的意識型態作用，而這景觀還有另外一些值得注意之處。例如資本主義城市本身被當作一件藝術品那樣建造，充滿精彩的建築和彼此競爭的標誌意義。「宇宙的主人」如今在全球金融中心閃亮的摩天大樓裡宮殿般的辦公室工作，住在華廈與豪宅，這些建築與傳統工廠較老舊的工業建築形成鮮明對比。消費主義的壯麗宮殿，以及不斷創造出來的後現代都市奇觀，與無序擴張的市郊住宅區和設有門禁的社區形成鮮明對比，後者又與廉價公寓、勞動階級和移民社區，以及世界各地許多城市中大量的自建房屋形成鮮明對比。資本主義城市是資本顯得文明和代表人類最崇高抱負的最積極嘗試。

這說法某種意義上是成立的。我們可以為巴黎、巴塞隆納、香港和上海之存在及其美景讚嘆不已，部分原因在於這種都市景觀掩蔽了產生它的過程和勞動。資本顯然不想有自身的獨特形象。從反資本主義漫畫看來，這形象絕不會是討人喜歡的！資本主義的城市景觀是一種轉移注意力的形象，反映另一個世界——它比較接近人類渴望和欲望的某種超越意義。凝視威尼斯、羅馬、伊斯坦堡、舊金山、巴西利亞、開羅或拉哥斯，形同凝視人類奮鬥的希望、成就和慢性失敗。而且並非只有這些重要城市是這樣。世界各地創造出來的各種鄉村景觀可以激起的感情、忠誠和讚嘆，不遜於任何一個城市。英國的鄉間、法國的農村、托斯卡尼的村莊、阿根廷的大草原、小亞細亞底格里斯河流域起伏的曠野、愛荷華一望無際的玉米田，以及巴西種植大豆的農莊，全都是人類奮鬥的紀錄，而人類的奮鬥在愈來愈大程度上是資本動員（儘管絕非只是資本）來服務資本的。

不均衡的地域發展刺激資本自我再造的力量有多大？如果沒有不均衡的地域發展，資本無疑將失去活力，屈服於它的僵化、壟斷和專制傾向，完全喪失它作為社會動力引擎的正當性；這社會有各種文明的偽裝，同時面臨陷入野蠻狀態的危險。解放都市之間、地區之間和國與國之間的競爭，不但是汰舊換新的一種主要手段，還是一種重要的脈絡：在這脈絡下，尋找新事物（被宣傳為追求競爭優勢）對資本自我再生產的能力至關緊要。不均衡的地域發展最重要的作用，是令資本的系統缺陷得以從一個地方轉移到他處。這些缺陷是一種不斷移動的目標。

從這角度看來，各國央行和數家國際機構（如ＩＭＦ）主導的國際秩序所強加的同質性，可能重創資本未來的生存機會。如果出現一個強大、集權的全球政府，資本將無法長久存活，除非這個政府像中國那樣，協調並解放地區之間和都市之間的競爭。考慮到國際規訓體制強加在希臘、葡萄牙、西班牙和義大利身上的限制，這些國家絕對沒有機會像二戰之後的西德和日本那樣，從頹敗中奮起，重振資本體制的活力。它們可能會稍有起色，但也只可能是疲弱的復甦。解放不均衡的地域發展，如今可以獨力解決資本的各種難題嗎？這是大有疑問的，因為系統性停滯的烏雲正日趨密布，令未來顯得黯淡。我們反而看到國家權力正與金融資本中掠奪性的部分組成邪惡聯盟，創造出一種「禿鷹資本主義」。在這種資本體制中，同類相殘（剝奪式經濟）和強制貶值，與達成和諧的全球發展一樣重要。像對沖基金和私募股權基金這些禿鷹，為了覓食，必要時將不惜摧毀整個區域的生活方式。

資本生存之道，不但有賴一系列的時空修復手段吸收剩餘資本（投入生產或其他有益用途），還有賴貶值和破壞（作為處理落後者和無力償債者的糾正手段）。有些人認為不負責任的放款者也必須承受風險，但這意見當然馬上遭否定，因為這涉及要求各地富有的資產階級負起責任，而非只懂得捍衛他們不可剝奪的私有產權和無限累積資本的權利。時空修復手段惡毒和毀滅性的一面（看看希臘正如何受到掠奪和蹂躪），和它創造性的一面對資本同樣至關緊要；資本必須靠它們來建造一個新景觀，以助無止境的資本積累和無止境的政治權力積累。

那麼，這一切對反資本主義運動有何意義？首先，認清以下這件事極為重要：因為不均衡的地域發展，資本總是一個移動的反對目標。所有反資本主義運動都必須學會處理這問題。一地的反對運動，常常因為資本轉移到其他地方而失效。反資本主義運動必須摒棄追求地區平等的一切想法，也不要妄想向某種社會主義和諧理論靠攏，因為這是在追求一種不可接受也無法實現的全球單調狀態（global monotony）。反資本主義運動必須釋放和協調自身的不均衡地域發展動力，產生差異的解放空間，以求發揮創造力，探索和再造資本的地區替代物。從斯德哥爾摩和開羅到聖保羅、上海、巴黎和倫敦，資本的不均衡地域發展架構，正衍生出各種社會運動和抵抗力量。它們構成由不同的溫床鬆散連結起來的集合體，或許能幫助我們改造資本主義，迎向反資本主義的未來。如何把它們拼湊起來，是我們必須解決的問題。我們活在混亂多變的時代，不均衡地域發展尤其造成很多混亂和變化。期望抵抗和反對運動同樣混亂、多變和具有在地特色，並非不合理。

矛盾12

所得與財富的不平等

二〇一二年紐約市的所得稅申報資料顯示，這一年該市頂層一％的平均所得為三百五十七萬美元，但在這個租金極貴、生活成本極高的城市，一半的人口年所得不超過三萬美元。紐約市收入最高的一％，三天的所得已超過多數紐約居民全年的所得。如此嚴重的所得不平等，以任何標準衡量都是驚人的：紐約無疑是全球所得最不平等的城市之一。另一方面，我們不應對此感到驚訝，因為這城市有一些頂尖的對沖基金經理人收入驚人（在金融危機爆發後的二〇〇九年，其中五人每人均賺到超過三十億美元），且這裡的大銀行經常向員工發放巨額獎金。整個美國的所得不平等情況當然沒這麼誇張（這是可想見的），儘管所得不平等情況自一九七〇年代以來已顯著惡化。

我們在這裡只須非常簡單地敘述一下財富和所得不平等的全球總趨勢。自從資本主義出現以來，圍繞著社會財富分配的鬥爭便持續不斷。不同的群體為了占得對其他群體的優勢而鬥爭，也為了對抗占主導地位的群體和階級而鬥爭，力爭他們認為公平合理的社會勞動成果份額，而各國、各地區和各城市的鬥爭結果大有差異。因為國家有權徵稅和重新分配財富與所得，鬥爭結果很大程度上取決於哪個派系或政治聯盟掌握國家權力，以及如何利用這些權力。

財富和所得分配的鬥爭往往相當激烈，結果則難以預測。政變之後（例如一九七三年的智利），因為支持政變的精英要獲利套現，分配不平等嚴重加劇是可以預期的事。在俄羅斯，一九八九年共產政權崩潰之後，一小群寡頭驚人地掠奪了國家的多數天然資源。前蘇聯如今是世界上億萬富翁最密集的地方之一，形成貨真價實的寡頭體制。但在英國，一九四五年之後執政的工黨政府建立了福利國家體制，支援社會最底層一整個世代之久，一如此前斯堪的納維亞國家的做法。在冷戰期間，資本主義國家的社會政策受共產主義強烈影響，加上這些國家出現強勁的社會民主浪潮（源自勞動階級組織的歷史和強化的階級意識），以致資本主義國家普遍必須保障全體國民起碼的生活水準。但由此產生的福利國家體制遠非社會主義。它有很強的性別偏見和家長作風，甚至非常偏向資本主義，以致它對自身的服務對象刻薄、嚴厲和官僚。雖然某些國家福利（例如社會保險制度和養老金）帶給全體國民更多保障，但在福利國家體制下當一個受其保障的人，往往是不愉快的，會受到不人道的對待。進步左派批評這種體制，當局在一九八〇年代的新自由主義反革命（由奉行柴契爾主義的陣營主導）期間也樂於廢除這種體制。共產主義陣營一九八九年崩潰，資本主義國家承受的外部壓力消失了：它們即使不再照顧國民的福利，也不必面對強烈的政治反對。

即使沒有這種戲劇性的局勢轉變，階級之間和族群之間的社會鬥爭，加上經濟興衰造成的環境波動，對分配安排也有重大影響，而世界各地的分配安排差異很大。例如北歐國家的所得和財富分配，直到現在仍遠比美國平等；甚至在雷根政府開始從照顧勞工轉向補貼和獎勵資本之前，情況便已如此。但是，美國和瑞典都是不折不扣的資本主義國家。資本看來可以在各種分配模式下皆運作良好。

資本這種靈活適應複雜分配模式的能力，置入資本體制中社會群體不可思議的複雜性和多樣性，可以產生雙重作用。性別、性、人種、族群、宗教、文化、國家和地域差異隨處明顯可見，地位、技術、才能、價值觀，以及對成就的重視和仰慕，使個人和資本主義社會形構中不同族群、人種、性別和宗教的社會群體獲得不同的機會。這些特徵與不同的就業機會和薪資水準相結合，便產生廣泛的經濟和政治權力差異。

資本主義體制中的經濟差異，並非全都可歸因於資本。不過，資本並非完全不會挑起社會群體之內和之間的衝突。這是資本可以用來鞏固它對勞工的控制的一種關鍵手段。另一方面，對於支持或反對特定的社會差異，資本往往顯得漠不關心。資本傾向支持任何獲得有力支持的社會解放形式（例如近年的同性戀權利和多元文化主義），只要這並不妨礙資本控制勞工的整體策略，而且可以形成一個可利用的獨特利基市場。但是，這些社會差異具有經濟和物質形式，而這無可避免地導致社會中各群體在分配問題上激烈競爭。這是那種有時令人混淆困惑的關鍵互動點之一：資本和資本主義在此無法明確分開。種族問題尤其如此。在許多地方（例如美國），種族問題與階級問題糾結在一起，導致兩者互相加重，甚至難以區分。

社會對以下問題的主流看法也至關緊要：何謂「公正」或「道德上可接受」的財富和所得不平等？不公正的情況可以如何糾正？關注這種問題的，並非僅限於勞工。在悠久的資產階級改良主義傳統中，可怕的不幸和貧困即使不會危及公共衛生（像霍亂疫情便不會受阻於階級界線），也會被視為所有文明社會無法接受的事。例如許多調查一再顯示，多數美國人的平等觀念很強，而且他們不但支持機會平等（這是右派慣常堅稱支持的立場），還支持結果平等。二〇〇五年一項調查訪問超過五千名美國人，結果顯示，受訪者無論政黨傾向或所得高低，平均認為頂層二〇%人口擁有的財富不應超過全國的三二%。調查人員出示瑞典（頂層二〇%擁有三八%的財富）和美國（頂層二〇%擁有八四%的財富）的財富分配數據，但未說明兩組數字各屬哪個國家，結果有九二%的受訪者表示比較喜歡瑞典的分配情況。受訪者原來很不了解美國實際的財富分配情況。他們以為美國頂層二〇%人口擁有五八%的財富，而不是實際的八四%。無論如何，這兩個數字皆遠高於他們認為公平的三二%。❶

那麼，既然美國人如此重視分配平等，為什麼美國追求糾正這種不平衡分配的政治運動那麼少？答案主要在於美國人普遍強烈反對國家干預。如此一來，國家便未能有效發揮它糾正所

❶ Michael Norton and Dan Ariely, 'Building a Better America – One Wealth Quintile at a Time', *Perspectives on Psychological Science*, Vol. 6, 2011, p. 9.

得和財富不平等的能力。例如在有關歐巴馬健保法的辯論中，共和黨人並不反對全民皆可得到體面的醫療照護這原則，但他們激烈反對「保姆國家」立法確立這原則，也反對國家強制規管個人行為。任何稅務提案若是希望劫富濟貧，同樣會遇到這種強烈的反對。近年來，所得和財富再分配實際上是在劫貧濟富，而當局做這件事的名義包括撙節、縮減財政赤字、減稅、縮小政府規模和減少政府干預。我們很難不這麼推論：這些預算和財政操作的背後，是資本壓低薪資的強烈意願。

圍繞著財富和所得分配的鬥爭，並不是唯一重要的分配鬥爭。目前持續中的鬥爭所追求的，還包括認可、尊重、法律之前的真正平等、公民權和文化與宗教自由、適當的政治代表、教育機會、工作機會，甚至是懶惰的權利。許多此類鬥爭是由某些群體集體發起，尋求救濟或某種優勢（這些群體包括女性，同性戀、雙性戀和跨性別社群，人種、族群或宗教上的少數，老人，工會，商會，當然還有希望捍衛勞工權益的社會和政治機構）。這些社會鬥爭的演變產生非常多樣的結果，很多時候對財富和所得分配有附帶影響。例如教育機會是否普及和平等，對未來的所得分配顯然有重要影響。

整體而言，資本主義充斥著此類衝突和鬥爭。但我在這裡想問的問題窄得多。如果我們把資本理解為資本流通和積累的經濟引擎之組織，那麼資本是如何根據某些基本原則來分配財富和所得？近四十年來所得分配明顯的大規模變化，是否可歸因於資本內部矛盾的重新組合？最後，貧富之間的矛盾明顯加劇，是否威脅到資本的再生產？

統計數據證實資本有能力適應差異極大的分配模式。不過，雖然站在資本再生產和成長的立場，顯然沒有一種所得和財富再分配方式堪稱理想，但也沒有人相信可以做到完全平等的分配。另一方面，一直有人認為嚴重失衡的分配會造成很大的問題——不僅是因為這可能導致社會動盪不安（IMF和世界經濟論壇〔全球資本主義精英在瑞士達沃斯的聚會〕便經常表達這種憂心），還因為歷史證據顯示，嚴重的不平等可能是總體經濟危機將臨的前兆。之所以如此，是因為如果價值之實現仰賴有錢人難測的非必要消費，而不是勞動階級牢固、可靠的必要消費，則生產與實現之間的矛盾統一要保持平衡將困難得多。美國上次經歷像目前這麼嚴重的分配不平等是在一九二〇年代，而當年的不平等顯然是促成以至引發一九三〇年代大蕭條的重要因素。現在的情況看來大致相若。我們可以期望自己在不根本改變分配模式的情況下，擺脫當前的停滯狀態嗎？

來看看近數十年的分配趨勢。國際扶貧組織樂施會（Oxfam）給媒體的資料提供以下概述：

> 最近三十年來，許多國家的不平等情況嚴重惡化。在美國，頂層一％所占的全國所得比例，已從一九八〇年的一〇％倍增至二〇％。至於頂層的〇．〇一％，這比例則增加四倍至空前的水準。全球而言，過去三十年是頂層一％（六千萬人）所得瘋狂成長的時期，地位更優越的頂層〇．〇一％（六十萬人，而全球約有一千兩百人的財富淨值達十億美元或以上）更是如此。這種情況並非僅限於美國，也並非僅限於富有國家。在英國，不平等程度正快速惡化至狄更斯時代以

來不曾見過的水準。在中國，頂層一〇％如今拿走全國約六〇％的所得。中國目前的不平等程度與南非相若，而南非是全球最不平等的國家，該國現在的所得分配不平等程度顯著高於種族隔離政策結束時的水準。甚至在許多最窮的國家，不平等程度也快速惡化。全球而言，頂層一％的所得二十年間增加了六〇％，頂層〇．〇一％的所得成長幅度更大。

二〇〇七至〇九年的危機發生以來，情況變得更糟。「最有錢的一百名富豪在二〇一二年財富增加了兩千四百億美元，而六百億美元便足以解決全球貧窮問題。」[2]全球各地均湧現億萬富翁，俄羅斯、印度、中國、巴西和墨西哥出現很多這種富豪，向來富有的北美和歐洲國家以及日本也有很多。比較重要的一種轉變，是有雄心的人如今不必移民富國，便可以成為富豪——他們完全可以留在故鄉，例如印度（該國的億萬富翁近幾年增加一倍以上）、印尼或其他較窮的國家。如米蘭諾維奇（Branko Milanovic）指出，我們正看到一種全球財閥統治體制的崛起；在這體制中，全球的權力由「非常富有的相對少數人掌控」。[3]全球經濟中生產與實現的矛盾統一顯然受到威脅。

但是，根據其他標準，世界如今卻遠比以前平等。上百萬人已經脫貧。這很大程度上是拜中國經濟驚人的成長所賜，而另外三個「金磚國家」（巴西、俄羅斯和印度）的成長也大有貢獻。隨著許多開發中國家的人均所得持續增加，世界各國之間的財富和所得分配不平等已顯著縮減。逾兩個世紀以來，財富從東方淨流向西方，如今這種情況已經逆轉，尤其是因為東亞已經崛起成為全球經濟的重要動力來源。截至二〇一三年，全球經濟得以從二〇〇七至〇九年的挫敗中復甦，主要拜所謂「新興」市場（以金磚國家為主）的快速擴張所賜。這種轉變甚至延伸至非洲，而非洲看來是唯一完全不受二〇〇七至〇九年危機影響的地方。不過，危機對歐洲各國的衝擊不一，則導致歐洲南部與北部國家的經濟景況差距迅速擴大。但這些趨勢看來都不是很穩定。例如二〇一三年中，美國聯準會只是提到可能改變貨幣政策，大量資金便馬上撤離新興市場，令新興經濟體受到顯著衝擊，情況要到聯準會宣布正在檢討政策方向時才好轉。

近四十年來，分配情況出現兩種變化：一方面是國與國之間，人均財富和所得的差距普遍傾向縮小（在近年危機中嚴重受創的國家除外，例如希臘），另一方面是在幾乎每一個國家內部，無論是個人或社群之間，所得和財富的不平等程度嚴重加劇。逆這種趨勢而行的國家或地區極少，而且它們在全球經濟中多數屬落後地區（例如像不丹這樣的國家，或某段時期裡印度的喀拉拉邦）。只有南美某些地方，有幸因為國家的政策而縮減了社會不平等。相對於所得，測量貨幣財富的不平等程度困難得多。但在某些方面，貨幣財富比所得重要，因為它與政治權力的關係比較穩定和長久。以貨幣測量財富是相當困難的，因為某些資產（從藝術品到昂貴的

❷ Oxfam, 'The Cost of Inequality: How Wealth and Income Extremes Hurt Us All', *Oxfam Media Briefing*, 18 January 2013.

❸ Branko Milanovic, *Worlds Apart: Measuring International and Global Inequality*, Princeton, Princeton University Press, 2005, p. 149.

珠寶以至房地產）的價值評估往往是一種猜測，而且經常大幅波動，就像股票的市值那樣。在多數國家，貨幣財富分配的失衡程度看來比所得分配更嚴重。

為什麼會出現這些全球大趨勢？是因為資本的矛盾演化裡出現某些情況，使得這些趨勢無可避免，甚至成為支援資本生存和再生產的必要條件嗎？許多國家當中的財富和所得分配日趨失衡，是反映出現了某種變動的矛盾嗎？若當真如此，這是什麼樣的變動（例如是週期性的，還是線性的）？這種變動可以解釋社會日趨動盪不安嗎（例如二〇一三年發生在斯德哥爾摩、伊斯坦堡以至巴西一百多個城市的那種情況）？這是一場醞釀中的總體經濟危機的預兆嗎？

要回答這些問題，我們首先必須認清不平等的分配為何是資本運作的一個根本條件。分配不平等源自一個簡單的事實：在社會和歷史上，資本被建構為一個支配勞工的階級。如果資本要維持其自身的再生產，資本與勞工之間的所得和財富分配必須是不平等的。分配平等與資本是不相容的。某些分配不平等實際上先於資本之崛起。若想迫使勞工為了生活而從事受薪勞動，他們對生產工具的所有權和控制權必須遭剝奪。這種分配情況先於剩餘價值之產生，而且必須一直維持。資本流通和積累變得普遍之後，薪資水準必須維持在使資本有利可圖的限度內。利潤極大化的努力，必然涉及壓低薪資或提高勞動生產力。資本之間的激烈競爭，必然導致薪資普遍遭壓低，無論個別資本家意願如何。薪資與利潤之間的分配，取決於勞動力稀缺程度和階級鬥爭狀態。由此產生的分配情況，在地域上是不均衡的。

社會價值總產出流向資本家階級的比例必須夠大，以便成就兩件事：使資本家輕鬆享有配得上有閒階級的消費條件，藉此激勵他們；為資本家提供充裕的剩餘，以維持資本的經濟引擎有力、順暢地運作和擴張。潛伏在每一名資本家心中的「浮士德難題」（個人享受與再投資之間的兩難），只能靠產生和占有可觀的剩餘解決。資本總是必須犧牲勞工，占有高得不成比例的剩餘。這是資本維持自身再生產的唯一方法。

在一個純資本主義經濟體中，資本因為占有較多經濟資源，得以投資和創造就業，而且只有資本能夠這麼做。右派因此找到理由支持偏袒資本、犧牲勞工的公共政策（尤其是稅務安排）。他們是這麼說的：不均衡的所得分配或許看似不公平，但對勞工實際上是有利的，因為資本是創造就業的主導力量，資本家階級擁有愈多資源，將會創造愈多工作。可惜這說法並不完整。資本只會在有利可圖時從事再投資並創造就業。美國最近三次經濟衰退之後的復甦，都是失業型復甦（經濟成長但就業不成長，或甚至衰退），因為有利可圖的投資機會不足，儘管薪資下跌，而且剩餘勞動力隨處可見。資本因此任由現金閒置，又或者利用剩餘所得從事投機活動，希望藉此獲利，而投機管道包括股市、房產、其他資產（尤其是資源和土地），以及利用不穩定的新金融工具賭博。資本如果投資在生產上，比較可能投資在節省勞動力的技術上（會導致更多人失業），而非真正創造就業。

在此同時，所得和財富日益集中在資本家階級手上，使得這階級得以對媒體（輿論）和資本主義國家機器施加不成比例的影響和控制。資本得到國家的優先保護，而國家壟斷合法使用暴力的權力和創造貨幣的工具。資本利用這種特權保護自身利益和維繫其權力。中央銀行總是拯救銀行，但從不解救人民。這種情況展現在兩件事上：全球逐漸形成一個財閥統治階級；世界各地多數國家的財富和所得不平等程度驚人地惡化。

在階級鴻溝的另一邊，除非勞工的總需求不足以支持市場中資本積累之實現，勞工是否貧困是資本幾乎完全不關心的事。資本最迫切關心的是盡可能壓低薪資。如我們稍早所見，這造成生產與實現之間的一個核心矛盾。資本家控制薪資水準的能力，有賴「產業後備軍」（由剩餘勞動力組成）的存在。這些備用勞動力的功能，是為資本進一步擴張提供勞動力，同時壓制在職勞工的渴望，令他們不敢太努力追求提高薪資和改善工作環境。產業後備軍可分兩部分。首先是失業勞工。提升勞動生產力的技術變革會導致企業裁員、勞工失業。資本因此在控制自身的勞動力需求之際，獲得影響剩餘勞動力供給的可觀勢力。換句話說，資本製造失業的意欲，不亞於創造就業。以租稅誘因鼓勵資本再投資，製造失業的可能性不低於創造就業（這個事實在政治討論中極少有人提起，儘管對任何一名因為技術變革而遭裁員的勞工來說，這是非常明顯的事）。

產業後備軍的第二部分，是尚未成為受薪勞工的大量農民、自雇者和婦孺。中國近數十年來受薪勞工大增，便有賴此類人士加入受薪勞動力市場。非洲目前仍有尚待動員的大量潛在勞動力。金磚國家和其他地方的成長，很大程度上涉及動員這些潛在勞動力。在發達的資本主義國家，勞動市場先把農村的剩餘勞動力吸收乾淨，再動員女性加入就業市場，補充勞動力供給。這種備用勞動力未必可由本地供應。自一九六〇年代起，一些國家開始從其他國家輸入勞工：德國吸收土耳其的勞動力，法國輸入馬格里布（非洲西北部地區）勞工，瑞典找前南斯拉夫，英國利用該國的前殖民地，美國則輸入墨西哥勞工。勞動階級反移民的聲勢浩大時，資本便大舉轉移到有剩餘勞動力的地方，例如墨西哥的加工出口區，以及中國和孟加拉的工業區。即使資本並不外移，撤資威脅往往足以抑制勞工的要求。

我們不必被錯綜複雜的細節羈絆住。我們只須釐清以下問題：即使面對強勁的有組織反對浪潮，而且可能因為抑制勞工的有效需求而觸發價值實現危機，資本靠哪些一般手段壓抑和控制勞工分配到的勞動成果比例？近四十年來，資本顯然是靠一些節省勞動力的技術變革，加上隨機的全球化做到這件事；在此同時，即使資本加強剝削勞動力，國際競爭加劇仍然令利潤率承受下跌壓力。這一切的淨影響，是勞工在社會勞動產出中分享到的比例呈現下跌的全球趨勢。正因如此，在幾乎所有國家，個人之間的財富和所得分配變得愈來愈不平等。

但是，我們還有一件事必須考慮。資本因為市場上有大量的過剩勞動力而享有明顯的優勢，這衍生一個問題：這些後備勞工失業時，靠什麼生活？就產業後備軍的第二部分而言，這問題往往靠「部分無產階級化」（partial proletarianisation）處理。如果備用勞動力來自農村，這些勞工失業時可以回到鄉下，靠傳統方式勉強維持生計。農村地區生育和撫養小孩的成本，多數靠在城市打工的人匯款回鄉支應。中國便是這樣。出生於墨西哥、到美國工作的人也是這樣（尤其是非法入境者）：他們如果生病（例如因為工作中過度接觸殺蟲劑）或遭裁員，往往會回去墨西哥。但是，那些舉家遷移到城市、斷絕與農村關係的人，顯然不能這麼做。非正式經濟部門因此湧現（可能涉及犯罪活動），幫助這些人在低居住成本的簡陋木屋區、棚戶區和貧民區勉強維持生活。失業者竭盡所能，在都市貧民區勉力謀生。這種情況當然界定了一種生活方式、生活水準和生活成本，而這種生活成本又界定了正式經濟部門裡的薪資下限（這一點對資本尤其重要）。這種薪資下限可盡量壓低，只要能招聘到非正式經濟部門的剩餘勞工即可。

在發達的資本主義國家，這種薪資下限取決於長期的階級鬥爭所確立的社會福利和失業保險水準。這導致右派理論家提出以下論點：失業現象之所以產生，是因失業者可享有的生活水準太好了。因此，解決失業問題的最好方法，是降低失業給付！原本因薪資太高、無利可圖而放棄某些生產活動的雇主，將可因薪資下跌而擴大生產，提供更多職位。若干證據顯示，類似的情況確實可能發生。當然，問題在於整體薪資水準即使降低，也未必能產生多少新職位，結果是勞工受到更嚴重的剝削，而在其他條件不變的情況下，資本將得到更豐厚的利潤，所得分配不平等也將加劇。這正是美國前總統柯林頓任內改革福利制度，一九九五年引進「工作福利」（workfare）要求產生的效應之一。失業者領取福利救濟的條件大幅收緊，變得相當苛刻，結果當然是貧困的失業者大增；他們找不到工作，因為在全球化（加上世界各地大量備用勞動力產生的競爭）和節省勞動力的技術變革這兩種力量影響下，新增就業機會根本微不足道。柯林頓此後獲得商界慷慨的獎賞，二〇一二年演講收入達一千七百萬美元，主要由商界團體支付。

新自由主義陣營在勞動力管理上採取這種方針，包括全面攻擊所有親勞工的機構，例如工會和社會主義政黨；這些機構長期力求保護勞工，以免他們在不時發生的普遍失業潮中受到嚴重衝擊。因為政治和策略原因，勞動力後備軍的普遍景況自一九八〇年代以來顯著惡化。資本為了自身的生存，近數十年來實際上在加深所得不平等和貧困。

上述說法當然是一種過度簡化的敘述，但它很好地說明了生產與實現的矛盾統一如何藉由所得不平等的週期波動（從相對平等到極度不平等），在歷史上展現出來。與此同時，經濟正統觀念也出現轉變。如我們之前提到，凱因斯的需求管理理論主導一九六〇年代的經濟思想，而約從一九八〇年起，主導經濟思想的變成貨幣學派的供給面理論。

由此就講到以下問題：在資本主義體制中，怎樣的社會不平等水準是可以接受和可取的？自由主義政治理論倡導政治、法律和公民權利之平等，但徹底的經濟平等顯然是不可能的。經濟權利與政治權利的分隔顯而易見。但是，產生財富與製造貧窮（如本章所述，這是資本的基礎）之間的矛盾，何時會加劇並逐漸形成危機？危機可能以兩種方式產生。

長期的分配不平等導致生產與實現之間的失衡。大眾的有效需求不足，會拖延或阻礙資本的流通。資本主義國家近年廣泛奉行的撙節政策，抑制了有效需求，並妨礙營利機會之創造。這解釋了美國當前的情況：企業盈利創歷史新高，但再投資卻相當疲弱。產生危機的第二種方式，是由不可接受的不平等激起社會不滿和革命運動。這種威脅並非僅限於絕對剝奪（absolute deprivation）的情況，也可能由相對剝奪造成，尤其是在這種情況下：剝奪導致特定的宗教、族群、性別或種族群體陷於經濟弱勢地位。美國一九六〇年代的勞工騷亂和城市暴動，便屬於這一類型。巴西二〇一三年的社會騷亂，發生在該國不平等情況稍有改善的時候，部分原因在於遭邊緣化的群體期望上升，但公共服務和設施未能跟上他們的要求。

但是，上述的一切都不能解釋為何財富驚人地集中在少數富豪手上；他們分配到的所得比例高得嚇人，正形成一個全球財閥統治階級。但是，我們可以在結構面找到這現象發生的原因，而關鍵在於貿易、媒體和金融資本的影響力愈來愈大。尤其值得注意的，是資訊科技快速演變和通訊方面的時空革命，徹底改變貨幣資本跨地域移動的可能性。資本內部所重視的，因此已經轉向全球金融化。數個資本矛盾之間的動態變化產生互動，藉由金融化擴大所得和財富不平等。容我加以解釋。

資本的歷史上曾發生過數波金融化（例如在十九世紀下半葉）。當前階段之所以特別，在於貨幣資本的流通速度驚人地加快，而且金融交易費用大幅降低。相對於其他資本形式（尤其是商品和生產），貨幣資本的移動性已經急增。資本「經由時間消滅空間」的強烈傾向在此產生重要作用。卡宏（Craig Calhoun）在最近的文章中表示，這「促進既有資本結構（例如特定的工業生產模式）的『創造性破壞』，並刺激新技術之發展」，進而促進「新產品、生產程序和新生產地點之開發」。隨著資本尋找並移往成本較低的新地點，不均衡的地域發展變得更加顯著。金融施加的壓力「驅使投資追逐愈來愈短線的利潤，損害長期和較深層的成長，並且導致投機泡沫和隨之而來的崩盤。它導致利潤不夠高（報酬率低於資本報酬率中位數）的公司承受更大的市場壓力，促使資本撤出仍然賺錢的老企業，並因此壓低薪資，削弱工業資本體制藉由加薪與勞工分享利潤的傾向。它導致不平等加劇。」（最後一點尤其重要。）此外，急促的金融化也「導致財富投資報酬超過受薪工作報酬。它獎勵交易者多過物資生產者……它使所有其他類型的企業為金融服務支付更多費用。二〇一〇年，光是紐約市一地，證券業員工的獎金總額便高達二〇八億美元；前二十五名對沖基金經理共賺得二二七億美元。而且這是發生在市場崩盤彰顯金融化如何損害總體經濟之後。」[4]各領域的交易者均得益，不僅是金融交易者。資訊和奇觀經濟（the economy of spectacle）配備的交易，形象和拜物欲望之製造也都是這種大趨勢的一部分，期貨交易也不例外——無論這一切結果證實多麼虛幻。貿易商、食租者和金融業者的地位改變了，變成相對於工業資本的資本積累仲裁者。正是這樣，財富和所得分配自一九七〇年代起變得極度扭曲。

但是，這已經令資本本身變得比較不安全、比較波動和更容易爆發危機，因為在資本積累的主要仲裁者與實際生產活動幾乎毫無關係的情況下，社會價值的生產與實現之間會出現一種緊張情況。在這種沉重壓力下，資本主義的引擎已經哀嚎了一段時間。這引擎可能輕易爆炸（果真如此，災難的中心幾乎一定是中國），又或者停止運轉（當代歐洲和日本看來比較可能出現這種情況）。

這一切當中有深刻的諷刺。在歷史上，工業資本展開有力的鬥爭，力求掙脫以下三種勢

[4] Craig Calhoun, 'What Threatens Capitalism Now?', in Immanuel Wallerstein, Randall Collins, Michael Mann, Georgi Derluguian and Craig Calhoun, *Does Capitalism Have a Future?*, Oxford, Oxford University Press, 2013.

力施加的枷鎖：榨取租金的地主，放高利貸的金融業者，以及伺機在不均衡的市場裡掠奪或低價買進、然後高價賣出的商人。二十一世紀的資本主義看來正忙於編織一張束縛之網，令食租者、貿易商、媒體和通訊大亨，以及最重要的金融業者無情地壓榨從事生產活動的工業資本，損害其命脈；受雇於工業資本的勞工遭壓榨，更不在話下。工業資本並非消失了，它只是屈從於比較奇異和惡毒的其他資本形式。

一種資本出現了，它在技術變革的領域裡和社會關係全球化的過程中活力十足，但冷酷無情，不但不關心社會勞動的生產環境，甚至不關心是否有生產活動。但是，如果所有資本家均尋求靠租金、利息、貿易利潤、媒體資本的報酬，甚至是等而下之的資產價值投機和資本利得賺錢（美國所得最高的一％人口多數便是這樣），並不產生社會價值，則唯一的可能結果是爆發慘痛的危機。在這種政治經濟體制下，巨大的經濟財富、權力和特權將集中在貿易和媒體資本家、金融業者和食租者身上。不幸的是，這種財閥統治階級顯然已經出現。該階級日子過得極好，大眾卻是苦哈哈——這也是難以掩飾的事實。值得關注的大問題是：遭剝奪的人何時將發起群眾政治運動，重奪他們失去的東西？

我們還有一個關鍵問題需要回答：如果目前出現的財富和所得分配的巨大不平等是反映一種新資本的崛起，是哪些矛盾造就這種資本的崛起？我們稍後談資本危險的矛盾時，將討論這個關鍵問題。屆時我希望能證明這並非只是歷史的偶然。

這一切對反資本主義策略的政治涵義既簡單又深遠。例如，如果美國的民意調查真的能反映民情，改革運動若能促成遠比目前平等的分配結果，將可得到美國民眾強烈支持，即使許多人要求這種改革不得由政府去執行。工人控制的生產方式、團結經濟（solidarity economies），以及自由的社群和合作組織將得到廣泛支持（事實上現在也已經獲得廣泛支持）。像蒙德拉貢（Mondragon）這種例子是非常吸引人的：它是歐洲最大、最長壽的工人合作組織，採集體管理方式，其成員的所得差距直到最近不超過三比一，遠低於典型美國公司的五百五十比一。

在此我們也看到一種非常重要的政治行動潛在價值，那便是「革命性改革」。財富和所得不平等程度自當前水準適度降低，顯然完全不會威脅到資本的再生產。事實上，我們或許可以說，資本要在當前關頭生存下去，分配不平等適度降低絕對是必要的，因為目前的不平等情況大有可能變成一種絕對矛盾，而這是因為生產與實現的矛盾統一將變得難以控管，進而造成日趨嚴重的失衡。但是，如果資本的運作真的必須靠某程度的不平等支持，則縮減財富和所得不平等的行動超過某個限度，將威脅到資本的再生產。壓縮利潤的行動一旦展開，最終可能演變成壓榨資本、損害其命脈，以報復資本對勞工的系統性壓榨。沒有人知道突破點確切在哪裡，但肯定是遠在分配平等程度達到美國民調顯示大眾樂見的水準之前。以縮減社會不平等為核心的改革運動，可以成為革命性轉變的先鋒。

矛盾13

社會再生產

從前我們可以合理地說，資本完全不關心勞工貧困與否；勞工只能靠自己的進取心和創造力，以資本提供的微薄薪資為基礎，在生物、心理和文化層面再生產自己。勞工一般會順從，因為他們別無選擇。這正是馬克思遇到的情況，而很可能正因如此，他在建立資本的政治經濟學理論時，把勞動力的社會再生產問題放在一邊。但是，如果勞工不從事自我再生產，或是因為過勞而在礦井或工廠裡過早死亡（或因為過勞而自殺，一如中國工廠經常發生的情況），而資本因為某些原因無法再輕易獲得備用的剩餘勞動力，則資本顯然將無法再生產。馬克思認識到這種危險：他清楚看到，過長的工作時間和致命的剝削程度必須受到限制，而在這一點上，國家立法對保護資本的再生產和勞工的性命同樣重要。保護勞動力的社會再生產所需的條件，與資本再生產所需的條件向來總是有潛在的矛盾。但是，近兩個世紀以來，這個矛盾已經變得遠比以前顯著和複雜，含有許多危險的可能，而且有廣泛但不均衡的地域表現和後果。

隨著工廠制度的興起，以及資本的生產系統愈來愈複雜迂迴，這個矛盾變得更顯著。在傳統的工匠技能變得愈來愈不重要的同時，資本對獲得受過適度教育的勞動力興趣大增：資本希望勞工識字、靈活、守紀律和夠配合，足以勝任機器時代要求的各種工作。一八六四年的英國工廠法案加入教育條款，是資本對勞工的能力興趣日增的一個跡象，而這涉及對勞工在工廠以外的生活有限度的干預。在整個資本體制內，這種對持續培養夠水準的勞動力之關切，在全球許多地方與改良主義資產階級的一項政治計畫是一致的；這項計畫希望創造出一個「可敬的」勞動階級，它將避免參與暴動和革命，屈服於資本的勸誘。公共教育的成長，加上許多資本主義國家盛行的「瓦斯與水」社會主義（政府控制公用事業），無疑改善了有固定工作的勞工之生活，且使政治代表權（投票權，因此也就是影響公共政策的權利）擴展至全民普選的地步。

資本對勞工教育和動用財務資源做這件事的興趣日增，是資本歷史的一大特色。但資本做這件事不是無私的，且資本與勞工之間的階級鬥爭，也對此事造成一些困難。這是因為此事涉及資本希望勞動階級受到怎樣的教育，以及勞動階級本身希望認識什麼。例如在英國和法國資本體制的早期歷史中，自學的勞工一直是資方的眼中釘，因為他們熱衷於各式各樣的社會主義烏托邦構想，嚮往不同於資本提供的生活方式，且願意採取政治行動（雖然可能未至於發起革命），以求實現某些反資本主義構想。在一八三〇和四〇年代，法國宣揚解放和烏托邦思想的組織驚人地盛行，與此相關的名字包括傅立葉（Fourier）、聖西門（Saint-Simon）、蒲魯東

（Proudhon）和卡貝（Cabet）等。與此同時，英吉利海峽對岸也出現比較冷靜但仍然堅持立場的作品，它們宣揚勞工權利，以及建立團結組織（如工會）和各種政治運動（例如人民憲章運動）與組織的必要性，當中有些得到烏托邦思想家和實踐者如歐文（Robert Owen）的支持。如果這就是勞動階級的教育，資本是完全不想要的。但是，因為勞動階級中至少有部分富影響力的人堅持自學，資本必須想出因應之道。如狄更斯小說《董貝父子》（*Dombey and Son*）中的董貝先生所言，他不反對公共教育，條件是勞工在這種教育中認識到自己在社會中的正確地位。馬克思雖然對多數社會主義烏托邦作品持批判態度，但從中學到很多，也希望創造一整套反資本主義知識，作為反資本主義運動的思想源泉。資本當然不希望勞工看這些東西。

雖然公共教育已經相當配合資本的要求，包括灌輸資本樂見的意識型態，培養配合分工需要的技能，但未能消除基本衝突。之所以如此，部分原因在於國家利益也介入，希望建立一種跨階級國族認同和團結意識，而這與資本的強烈傾向是有衝突的：資本希望資本家和勞工均抱持某種無根的普世個人主義（cosmopolitan individualism）。這些有關公共教育內容的矛盾都無法輕易解決，但這不妨礙一個簡單的事實：投資在教育和培訓上，是資本維持競爭力的必要條件。例如中國近年發展的一個顯著特徵，便是大量投資在教育上，一如之前的新加坡和其他東亞國家。這是因為資本的營利能力，愈來愈仰賴技術勞工的生產力提升。

但是，教育本身最終變成一盤「大生意」——這種事在資本的歷史上相當常見。教育本來是公營和免費的，但私營化和付費趨勢嚴重侵入教育領域，造成民眾的財務負擔：渴望受教育的人必須付費，才能完成自身的社會再生產這個關鍵部分。社會上出現一群受過教育但負債累累的勞工，後果如何可能需要頗長時間才能確定。不過，從一些跡象看來，這種情況無論發生在哪裡，都很可能成為民眾強烈不滿的一個源頭，例如智利自二〇〇六年起，學生與當局便因為該國高中和高等教育民營化且學費昂貴，爆發街頭衝突，至今尚未平息。

教育和培訓創造出富生產力的勞動力，所謂的「人力資本」理論由此而生，而這可能是人們廣泛接受的經濟概念中最怪異的一個。這概念最早出現在亞當斯密的著作中。他認為勞工獲得生產技能，無論是經由「教育、研究或當學徒，總是得付出真實的成本；這些成本有如固定和實現在勞工身上的一種資本。這些生產技能是勞工個人財富的一部分，也是當事人所屬社會的財富。工匠技術提升，有如購置提升效率或節省勞力的機器或工具，雖然須付出一定的成本，但可以連本帶利賺回來。」[1]問題當然在於培養這些技能的成本由誰承擔（勞工、國家、資本還是公民社會中的某種機構，例如教會），而好處（亞當斯密所講的利潤）又由誰得到。

相對於非技術勞工，受過良好訓練的技術勞工期望獲得較高的薪酬，無疑是合理的。不過，這不表示較高的薪酬是勞工投資在自身的教育和技能上，最終賺到的一種利潤。如馬克思在他對亞當斯密的尖刻批評中指出，問題在於勞工必須在受剝削的情況下替資本工作，才能實

❶ Cited in Samuel Bowles and Herbert Gintis, 'The Problem with Human Capital Theory: A Marxian Critique', *American Economic Review*, Vol. 65, No. 2, 1975, pp. 74–82.

現自身技能的較高價值；但如此一來，勞工較高生產力產生的好處，最終是由資本而非勞工獲得。[2]例如近數十年來，勞工生產力大幅成長，但勞工分享到的成果比例不升反跌。馬克思指出，無論如何，如果勞工身上真的有一種資本，他將可以完全不工作，靠他的資本產生的利息過活（資本作為一種財產關係，總是可以選擇這麼做）。在我看來，人力資本理論復興（例如經由貝克〔Gary Becker〕一九六〇年代的著述）的主要作用，在於掩藏勞資階級關係的重要性，並製造出以下假象：所有人都是資本家，只是大家靠自身資本（人力或其他資本）賺到的報酬率各有不同。[3]如果勞工得到的薪資非常低，相信這種理論的人可以說，這不過是反映勞工投資不力，因此未能建立雄厚的人力資本！簡而言之，低薪是勞工自身的錯。

因此，資本的重要機構，從大學的經濟學系到世界銀行和ＩＭＦ，莫不全心擁護這種理論虛構，也就不令人意外；它們這麼做，當然是因為意識型態，而不是基於可靠的知識理由。這些機構最近也支持以下這個不可思議的虛構概念：在開發中國家許多城市具主導地位的社會再生產非正式部門，實際上是一大群活力十足的微型企業，只要能獲得微型貸款（必須付很高的利息，而利潤最終落入主要金融機構的口袋），就可以成為資本家階級貨真價實的正式成員。

基於完全相同的理由，我強烈反對布赫迪厄（Pierre Bourdieu）把個人天賦（這在社會生活中無疑非常重要）說成是一種資本，稱之為「文化資本」。[4]強調個人天賦在確立社會地位上的作用，因此強調它對社會再生產過程中複製階級差異的作用，是完全沒問題的。但是，把個人天賦當成一種（我們在本書所講的）資本，則是令人困惑的，甚至可說是一種任性的錯誤。根據這種說法，如果你學會欣賞作曲家史卡拉第（Scarlatti，如果你是法國人）或歌手史努比狗狗（Snoop Dogg，如果你是美國人），應該可以找到累積金錢財富和所得的方法。文化資本這概念的實際應用，是在商品和地方的品牌建立和行銷操作上（但這不是布赫迪厄的論點）：這種品牌和行銷操作的目的，是令商品或地方（例如上等葡萄酒和完美的觀光景點）可以賺取壟斷租。但是，這種操作是在製造差異的符號，而如果這符號能持續有效，將可成為永久的壟斷租和金錢利潤的來源。藉由產品差異化，強調我這品牌的牙膏獨一無二，向來是防止市場交易弭平商品差異的一種手段。替商品和地方建立品牌，是位居當代廣告業和旅遊業核心的一種操控作業，其背後是一個符號的世界（充滿象徵意義），而誰創造這個符號世界，對操控人類欲望獲取金錢利益至關緊要。替商品的品牌操作付費，並獲取這種操作產生的金錢利益的人，當然是製造這些商品的資本家。他們有時確實會毫不猶豫地替自己的產品加上階級標誌，以及更明顯的誘人的性別形象。資本無疑在行銷和銷售作業上使用這些差異符號，但這不代表這種差異是一種資本（如布赫迪厄所講的那樣），雖然如果差異是獨特和原創的（像畢卡索的畫作），

❷ Karl Marx, *Capital*, Volume 3, Harmondsworth, Penguin, 1981, pp. 503–5.

❸ Gary Becker, *Human Capital: A Theoretical and Empirical Analysis, with Special Reference to Education*, Chicago, University of Chicago Press, 1994.

❹ Pierre Bourdieu, 'The Forms of Capital', in J. Richardson (ed.), *Handbook of Theory and Research for the Sociology of Education*, New York, Greenwood, 1986.

則它確實往往能產生壟斷租。

社會再生產的某些方面影響勞動力的競爭素質，資本和資本主義國家（雖然主要是後者）近來對這些方面產生很深的興趣。任何一個國家若想往生產價值鏈的上方移動，進入研發的領域，藉由掌控智慧財產權幫助國家變得更富有，則它必須有受過良好教育、具有科學能力的勞動力可以運用，而這種勞動力必須靠本地培養（因此，在像美國這些國家，研究型大學極其重要）或從外國輸入。要培養出這種勞工，教育必須從小開始，整個教育體系因此成為資本關注的目標，但資本慣常地盡可能避免為此支付費用。在像新加坡和當下中國這樣的國家，國家大力投資在所有層級的教育上，是它們的經濟得以成功的關鍵因素。

技術應用的快速演變，尤其是我們之前提過的機器人和人工智慧方面的進展，已經根本改變了可賦予勞工優勢的技能類型，而教育體系則往往笨拙地勉力趕上新需求。逾二十年前，瑞奇（Robert Reich）便指出一種新興的分工方式：「符號分析」（symbolic-analytic）服務、例行生產，以及「親身」（in-person）服務。「符號分析」人員包括工程師、法律專家、研究人員、科學家、教授、高階主管、新聞工作者、顧問和其他「勞心工作者」；他們主要靠蒐集、處理、分析和操控資訊與符號謀生。瑞奇估計此類人員占美國全體勞工約二〇%，而他們之所以占據優勢地位，部分原因在於他們幾乎可以在世界上任何一個地方從事他們的工作。不過，他們必須具備良好的分析和符號技能，而這種教育多數從家庭開始：兒童很早便學習如何利用電子裝置，使用和操控數據與資訊，配合新興的「知識經濟」之需求。[5]這群人構成資本體制中相對富有但高度移動的中上階級之核心，他們愈來愈傾向集中在特權社區中（並把自身的社會再生產過程封閉起來），與社會其他部分區隔開。相對之下，從事傳統生產工作的勞工（例如鋼鐵業和汽車製造業）和一般服務業勞工則前景黯淡，原因包括他們的職位很可能會消失，以及倖存下來的職位很可能薪資微薄、福利稀少，因為市場上有大量的剩餘勞動力。

當局長期以來均有意提升至少部分勞工的生產力，但這種意願起初不涵蓋勞工文化和感情生活的所有方面。社會再生產的某些方面，例如養兒育女、照顧老弱，在許多地方通常仍然是個別勞工的事，在市場考量之外，一如文化生活的許多方面。但是，隨著資本主義產業化和都市化造成許多複雜情況，資本主義國家日益發現，它必須介入醫療、教育和社會控制服務的監理和供應之中，甚至必須協助民眾培養一些有利於自律和公民意識的心智習慣。

如卡茲（Cindi Katz）指出，社會再生產的整個領域是「日常生活中有關肉體的、混亂和不確定的事務」，但它「也是一組結構化的運作，與生產形成辯證關係，互相構成（mutually constitutive）但又處於一種緊張狀態。」社會再生產與資本再生產之間的矛盾統一，明確地成為一個變動的矛盾，在資本的整個歷史上具有獨特的意義。這個矛盾所牽涉的東西，如今與一八五〇年的情況有天壤之別。卡茲指出：「社會再生產包括日常和長期的再生產，涵蓋生產工具和運用這些工具的勞動力。在它最基本的層面，它有賴勞動力在生物層面的再生產，包括世代

❺ Robert Reich, *The Work of Nations: Preparing Ourselves for 21st Century Capitalism*, New York, Vintage, 1992.

和日常基礎上的再生產。」它也包含手工、心智與概念技能的生產和再生產。[6]這一切是在個人工資加社會工資的基礎上達成的，而提供社會工資的包括各種政府機構（例如負責教育和醫療的機關），以及公民社會裡的關鍵組織（例如教會和由慈善捐款支持的非政府組織）。

站在勞工的立場，社會再生產有非常特別的意義。勞工收到一筆錢作為工資，可以選擇如何花用。在以前，勞工怎麼花這筆錢和基於什麼原因，資本並不關心。但如我們將看到，現在已決非如此。勞工需要多少資源才能生存和繁衍，有一部分取決於勞工及其家庭和社區可以替自己做多少事。社會再生產吸收了大量的無薪勞動，而如女性主義者相當正確地一再指出，這些無薪勞動向來多數是女性在做，甚至到今天仍是這樣。對資本來說，社會再生產是一個可以方便地把真實成本外部化、轉移到家庭和社區組織身上的巨大領域。社會再生產的成本不成比例地落在不同群體身上。例如在我們之前提到的「部分無產階級化」中，養兒育女、照顧老弱的成本，幾乎全部由農民或農村社會的家庭承擔。但是，在社會民主的情況下，政治運動驅使資本把部分此類成本內部化，可能是以直接的方式（藉由勞動契約提供退休金、保險和醫療福利），也可能是間接的方式（藉由福利國家體制向資本徵稅，作為提供各種服務的財源）。

近數十年來，新自由主義政治的運作和精神，力求盡可能把社會再生產的成本外部化，轉移到民眾身上，以便降低資本的租稅負擔，提升資本的利潤率。支持這種做法的理由，是福利國家體制的代價正變得太高昂，替資本減稅可促成更深層、更快速的經濟成長，而當由此產生的好處廣泛共享時，所有人的境況皆可改善。這種美好的展望當然不曾實現，因為有錢人幾乎拿走了所有好處，並未與民眾共享（例外情況是一些有錢人為求自己好過，做一些道德上可疑的慈善捐獻）。

但是，家庭並非孤立的存在，而是處於各地的社會互動和社會關係網絡之中。家庭之間往往會分擔勞動——例如在美國的中產社區，共乘（car-pooling）、兒童托育，以及舉辦集體活動如公園野餐、街頭市集和街區派對，全都是日常生活的一部分，甚至還有聯合起來的「足球媽媽」因為掌握一定的選票，在政治上得到注意。這當中有很多非金錢的交換，很多明顯的互助，具體活動形形色色，例如幫助鄰居修車、替露台油漆，以至幫忙維護社區成員享用的公共空間。這種活動有多少，以及經由什麼機制發生，各地的情況差異很大，但不可否認的是，在世界上許多地方，家庭聯合起來從事許多互助活動，創造出類似共同生活的型態。此類做法因為人們設立社區協會、宗親會、宗教組織之類的團體而正式化；這些團體相當重視界定和維持適合社會再生產的社區狀態，有時可能會動用一些壓制手段。這種組織方式可以成為較大型的社會運動之基礎，而它們也啟發不少人，使他們看到在純粹的市場和金錢交易之外，還有其他可能的生活方式。雖然新自由主義對國家提供社會服務的攻擊，理論上可以靠互助活動的興起來抵擋，但現實中的證據多數不支持這種設想——新自由主義藉由個人主義、自我中心、追求

❻ Cindi Katz, 'Vagabond Capitalism and the Necessity of Social Reproduction', *Antipode*, Vol. 33, No. 4, 2001, pp. 709–28.

利潤極大化的倫理運作（外加其他特徵，例如跨地域移動性上升），而這種倫理削弱了互助在共同社會生活中的重要性——以宗教或族群關係界定的社群，是少有的例外。消費者日益傾向視自己的房子為短期的投機工具，而不是安居之處，當然也不利於家庭之間的互動。資本創造出來的典型的城市生活方式（尤其是仰賴開車這一點），也不利於創造出彼此支援的社群網絡——這種網絡可以促進比較恰當和令人滿意的社會再生產形式。

這一切的背後潛伏著一種可能有害的初期矛盾，而我們之前已經看到它以不同的表象出現。勞工和家庭是有效需求的重要來源，對市場中的價值實現有重要作用。如果他們在市場以外生產，滿足自身的許多需求，則他們將大量減少在市場中購買商品，他們貢獻的有效需求將因此減少。這是部分無產階級化的問題，解釋了為什麼它往往演變成完全的無產階級化（通常是在資本的壓力下）。如果福利國家體制瓦解，頗大一部分有效需求將消失，價值實現的場域也將縮小。這正是撙節政治的問題。隨著駕馭生產與社會再生產之間矛盾的做法從一個極端轉向另一個極端，資本在以下兩方面的矛盾隨之加劇：資本在生產方面的潛在營利能力日增，但有效需求不足，則令資本的潛在營利能力日減。

為了因應這個難題，資本的歷史中出現一種長期趨勢：家庭勞動由市場交易取代（從剪髮、外帶食物、冷凍食品、快餐到乾洗、娛樂和照顧老幼，皆是例子）。個人家庭勞動進入市場領域，成為一種私營生意，加上家用技術的資本密集度愈來愈高（從洗衣機、吸塵器到微波爐，當然還有房屋和汽車），迫使人們付出可觀的金錢購置（通常必須靠借貸融資），不但根本改變了家庭經濟的本質，還徹底改變市場之中資本價值實現的過程。世界各地的房屋商品化，藉由為了社會再生產的空間消費，打開一個巨大的資本積累領域。如我們已經看到，資本長期以來著意推動「理性消費」，也就是鼓吹助長資本積累的家庭消費主義，不管這些消費是否滿足真實的人性需求（無論這些需求是什麼）。社會再生產受這種趨勢的影響愈來愈大，有時甚至遭徹底改變。

這個基本事實觸發許多省思，檢視資本對「生活世界」（lifeworld）和「日常生活」（everyday life）愈來愈強的宰制；「生活世界」是哈伯瑪斯（Jürgen Habermas）追隨德國哲學家胡塞爾（Edmund Husserl）的說法，「日常生活」則是駱斐博（Henri Lefebvre）分析此一現象使用的標題。❼資本及其各種形式的產物有系統地侵入人類生活世界的幾乎每一方面，當然引發抵抗，但對多數人來說，這種抵抗已證實無效，即使資本的入侵並未受到熱烈歡迎也一樣。進步左派（尤其是社會主義女性主義者）已提出理由，主張做家務應得到薪水。因為這種勞動負擔不成比例地落在女性身上，這種主張有明確的政治理由，但不幸的是，這種做法只會促進所有事物完全貨幣化的趨勢，最終反而對資本有利。家庭勞動很難貨幣化；此外，這種做法不大可

❼ Jürgen Habermas, *The Theory of Communicative Action. Volume 2: Lifeworld and System: A Critique of Functionalist Reason*, Boston, Beacon Press, 1985; Henri Lefebvre, *Critique of Everyday Life*, London, Verso, 1991.

能造福民眾，尤其是婦女，因為即使做家務可獲得薪水，她們很可能仍將受到過度剝削。

因此，雖然法國傑出歷史學家布勞岱爾（Fernand Braudel）提出完全合理的說法，認為中世紀末期一般人的物質生活，和物質再生產與資本以至市場幾乎完全無關，這種構想在我們的時代已失去意義，僅有的例外是世界上一些日趨偏僻的地方（例如某些原住民社會或偏遠的農村），因為資本尚未在這些地方產生支配性的影響力。[8]日常生活和社會再生產已經快速商品化，替反資本主義鬥爭製造出一個複雜的空間。

事實上，幾乎在所有地方，社會再生產這領域已經成為資本主義活動高度侵入的場域。在世界上許多地方，國家的觸手和資本的影響與力量以無數種方式，在社會再生產的領域中延伸和擴張。當然，這些介入並非全都是有害的。社會再生產是藏汙納垢的地方：在世上許多地方，女性常在這領域遭受壓迫和暴力傷害，還被剝奪教育機會；兒童常遭虐待和暴力傷害；偏執衍生對他人的蔑視；勞工在工作中受到壓迫和暴力對待後，常把這種痛苦轉嫁到家人身上；酗酒和濫用藥物也造成很大的傷害。正因如此，適度的社會管制甚至國家干預，對社會再生產這領域是很有必要的。但是，這可能導致官僚掌控日常生活和社會再生產，使得人們沒有什麼自主發展的餘地。此外，生產、交換、分配和消費的所有過程更深地嵌入社會和生物生活的網絡之中，已經產生這樣的世界：可能導致異化的、過度的家庭消費主義，與支持足夠的社會再生產的必要消費產生矛盾，一如勞動力的社會再生產與資本再生產之間的矛盾那麼顯著。例如在美國，當代的社會再生產有多少是用來培養人們從事瘋狂的炫耀性消費和金融投機，而非培養受過良好教育的可敬勞工？

上一個世代期間，馬丁（Randy Martin）所稱的「日常生活金融化」已經顯著地介入社會再生產。❾如果我們問以下兩個基本問題，答案是相當驚人的：社會再生產有多少是靠債務融資？此一事實有何涵義？在世上許多地方，高利貸集團向來是重要角色，至今仍是這樣。在印度許多地方，社會再生產發生在高利貸集團可怕的陰影下。微型貸款組織的出現並未解除這種困境（在某些情況下，這甚至迫使借款人走上自殺的絕路〔主要是女性〕，因為這是他們擺脫集體債務的唯一方法）。但是，幾乎在所有地方，與社會再生產有關的個人債務如今已成為形式不一的災難。美國的學生背負重債，這種情況如今也正出現在英國、智利和中國；在此同時，人們為了支應日常生活所需而背負的債務，也正以驚人的速度增加。在中國，個人負債在一九八〇年左右接近零，如今不過是數年時間，已暴增至遠遠超過所得的水準。

不過，以上只是一種泛論，而這些矛盾在各地域有不同的表現。世界上某些地方（例如消費占GDP逾七〇%的美國）似乎比較重視藉由敗壞社會再生產合理形式的異化消費主義，維持經濟的有效需求；另一些地方（例如消費占GDP逾約三五%的中國）則比較重視勞動力的社會再生產，以便能不停生產價值。在分裂的城市如拉哥斯（奈及利亞港口城市）、聖保羅

❽ Fernand Braudel, *Capitalism and Material Life, 1400–1800*, London, Weidenfeld & Nicolson, 1973.

❾ Randy Martin, *Financialization of Daily Life*, Philadelphia, Temple University Press, 2002.

（巴西最大的城市）以至紐約，城市的一部分沉迷於炫耀性消費，另一部分則致力於繁殖可輕易剝削的勞動力（因為供給過剩，總是有很多人沒有工作）。學者研究這些不同環境下的社會再生產，發現家庭活動的性質和意義有巨大的差距，幾乎沒有共同之處。這種分裂導致資產階級的道德觀出現一些古怪的現象。巴基斯坦和印度以極其微薄的工資雇用童工，每天工作十或十二個小時，生產足球供年薪以百萬美元計的球員使用，衛道人士站在道德立場譴責這種現象，但完全漠視另一個事實：他們自己的孩子因為在市場中消費，也受到資本的剝削。在此同時，這些孩子也被灌輸參與這種腐敗交易的伎倆，包括利用電腦操縱股市，無本生利。你上網搜尋李柏（Jonathan Lebed）的故事，便知道我在講什麼。李柏十五歲時，已經靠買賣低價「水餃股」賺到數百萬美元：他在網路上設立聊天室，吹捧他剛買進的股票，然後在這種好評推高股價後賣出。美國證券交易委員會（SEC）控告他，他則堅稱華爾街正是這麼做的。結果SEC只是罰他一筆小錢，像放下燙手山芋那樣放棄起訴他，因為他說得很對。

社會再生產的矛盾，不可脫離各地域的情況差異去理解。在此同時，這些矛盾的一般性質隨著時間的推移，已經出現戲劇性的變化。在世界上許多地方，物質活動、文化形式和當地生活方式的可能性極其重要。如卡茲指出，在資本高度流動的背景下，社會再生產「基本上仍必要地保持在地形式，受限於特定地域」。結果是產生「跨空間、跨邊界、跨規模的各種脫節現象，可能觸發社會關係中沉積的不平等，也同樣可能造成新的不平等。」農業勞工的再生產發生在墨西哥，但最後在加州的田地裡工作；女性工人成長於菲律賓，最後承擔紐約市大量的家庭勞動；數學工程師在前蘇聯共產體制下受訓，最後在卡拉維爾角（附近有甘迺迪太空中心和卡納維爾角空軍基地）工作；在印度受教育的軟體工程師，則去了西雅圖。

社會再生產不但涉及勞動技能，還關乎消費習慣之整理。卡茲表示：「勞動力再生產召喚一系列的文化形式和習慣，它們因地域和歷史時期而不同。」這包括與以下事物有關的所有東西：知識與學習、世界觀、道德和美學判斷、與自然的關係、文化習俗與價值觀，以及支撐對地方、地區和國家忠誠的歸屬感。社會再生產也灌輸「維持和強化階級和其他差異類別的常規」，以及「一套文化形式和常規，以便增強和內化生產與再生產的強勢社會關係」。藉由這些社會實踐，「社會的參與者成為某個文化的成員；他們協助創造這個文化，同時在其中建構自己的身分認同，但也會對抗這個文化。」

卡茲的結論是，「社會再生產的問題相當棘手，令人煩惱，但全球化資本主義生產的傷害，多數可在這領域看到。」[10]在社會再生產這領域，資本的創造性破壞至為陰險，鼓吹一種異化消費主義和個人主義生活方式，有助於助長粗魯、競爭的自私貪欲，並在許多人無可避免地未能建立自身的「人力資本」時，把問題歸咎於受害者。不平等之再生產在這領域開始，隨後因為缺乏任何強勁的反作用力，也在這領域結束。例如在美國，社會流動已幾乎停頓下來，因此一切倚賴一個非常不平等、受嚴密控制，甚至是斷然歧視的社會再生產過程。以前民眾在自

[10] Katz, 'Vagabond Capitalism and the Necessity of Social Reproduction', pp. 709–28.

身的再生產上曾經自力更生，完全不仰賴資本或國家的協助，但民眾現在做這件事，卻必須應付國家和資本對日常生活的嚴重腐化和干預；這種干預不但迫使人們去填補差異極大的各種位置（包括無用之人的位置），從事各種工作，還迫使人們消化資本靈巧地生產出來和行銷的各種不必要的無用產品。

當然有人看到了矛盾並設法因應。有些人渴望回歸本土傳統思想和生活方式，又或者至少認為藉由建立基於家庭和勞工組織網絡的另類社群，有望挑戰組織嚴密的消費主義資本體制下粗魯的社會再生產方式。但是，資本以消費主義腐化社會再生產的策略行之已久、堅持不懈，而且獲得廣告和推銷業的慷慨金援（這個產業為了推銷商品，不惜動用一切可用的手段）。在第二帝國時期的巴黎，新百貨公司的老闆力求建立更大的市場勢力時，口號是「掌控女性顧客」。近代鼓吹消費的廣告，主導思想則是「掌控小孩，愈小愈好」。如果兒童在成長過程中經常看電視、玩電腦遊戲或iPad，這對他們的心理和文化態度、世界觀和未來的政治主體性會有深遠的影響。卡茲表示，再生產是個麻煩的問題，部分原因在於它非常專注於「很有問題的社會關係和物質形式」之再生產。因此，社會再生產不大可能是革命情感的來源。但是，有很多東西仰賴它，包括對抗政治（oppositional politics）。

社會再生產無所不在，我們因此可以它為中心，建構對最陰險資本形式的批判。這正是駱斐博撰寫他的多卷巨著《日常生活批判》（*Critique of Everyday Life*）想做的事。他在此書中批判個體性（「私人」意識和個人主義），批判貨幣（他是以物神崇拜和經濟異化的角度去理解），批判需求（心理和道德異化，當然是源自消費主義而不是必要的消費），批判工作（勞工之異化），以及批判自由的概念和意識型態（駕馭自然和人性的力量）。

這引導我們走向一種反資本主義政治形式，回應資本體制下日常生活和社會再生產受到的衝擊。在資本和資本主義國家的操控下，大眾的日常生活惡化，在社會再生產方面喪失自主權；因應這種情況，所有的集體政治反應都必須以抵銷多重的異化為最重要的任務。這不代表只能靠孤立的個別家庭盡其所能。我們還可以把家庭嵌入社會網絡中，為管理和促進一種充滿「文明」價值觀的共同生活而努力。我們將在本書結論討論這種做法。在此同時，駱斐博對自由的批判特別值得注意，因為如我們將在下一章看到，它涉及資本的另一個重要矛盾。

不過，有一點是確定的：所謂的「基進」策略如果試圖把貨幣化和市場力量引入社會再生產這領域，藉此替這領域中遭剝奪權力者充權，則是完全走錯了方向。為一般民眾提供理財訓練，只會令他們暴露在遭市場上各種勢力掠奪的危險中：他們試圖管理自己的投資組合時，有如游在鯊魚群中的小魚。提供微型貸款可以鼓勵借款人參與市場經濟，但這種做法會把借款人必須投入的精力極大化，同時把他們可以得到的報酬極小化。為遭邊緣化的弱勢人口提供土地和房產的合法產權，希望可以藉此帶給他們經濟和社會上的安穩，但長期而言，幾乎一定會導致他們失去原本已經藉由慣性使用權而擁有的空間，遭驅離他們原本居住的地方。

矛盾14

自由與宰制

幾堵石牆成不了監獄，鐵欄環繞也不成牢籠；
清白心安之人，視之為隱居之處；
如果我能自由去愛，而且靈魂也自在，
則只有翱翔天際的天使，享有如此的自由。

以上幾句摘自洛夫萊斯（Richard Lovelace）在獄中寫給情人阿西雅（Althea）的一首詩，常有人引用。一六四二年，洛夫萊斯因為請求國會廢除一條約束神職人員的法律而遭下獄。他被監禁，是因為行使他向國會請願的自由。當然，選擇在什麼時候做這件事，是很重要的。當時是英國內戰的第一階段，勢力強大的教會，權力受到約束，而國王查理一世最後還遭處決。如歷史學家希爾（Christopher Hill）所言，那是動盪的時代，世界因為政治、宗教和社會運動而「天翻地覆」；這些運動希望找到方法，把有關個人權利和自由的有力觀念與意識型態，與管理集體共有的利益以實踐「共善」聯繫起來。[1]有關如何實踐共善，人們有很多不同的意見。但無論意見如何分歧，國王和教會（不包括異議者）的神權（divine right）受到猛烈的攻擊。但是，怎樣的政治體可以取而代之？而這又可以帶來哪些自由？

洛夫萊斯在詩中表達的感想，至今仍有很多共鳴者。適應資本體制運作方式的人，多數認為自己有保持思想自由的能力，即使遭高牆和柵欄圍住也不例外。我們可以輕易想像一種異於當前所處狀態的情況，甚或想像一個不同的世界。我們甚至可以構想積極的行動計畫，改變世界的面貌。雖然我們認識到，歷史和地理情況可能不怎麼有利於我們提出並實踐替代方案，但如果我們可以自由地構想替代方案，為什麼不能自由地奮鬥以實踐這些構想？有此想法的不僅是右翼自由至上主義小說家蘭德（Ayn Rand）的追隨者，還包括各派別的基進主義者（包括馬克思）。畢竟如伊格頓（Terry Eagleton）在《散步在華爾街的馬克思》中所言：「馬克思的政治理論，完全是為了幫助個人自由地實踐潛能，只是我們也必須記住，這些個人必須找到某種方法，共同實踐潛能。」[2]蘭德與馬克思不同之處，在於馬克思認為個人要真正發揮其創造力（這種理想可追溯至亞里斯多德對美好生活的構想），最好藉由與他人聯繫、合作，共同克服資源

❶ Christopher Hill, *The World Turned Upside Down: Radical Ideas During the English Revolution*, Harmondsworth, Penguin, 1984.

❷ Terry Eagleton, *Why Marx Was Right*, New Haven, Yale University Press, 2011, p. 87.

稀缺和必要物質需求造成的障礙；馬克思認為克服這些障礙之後，才有真正的個人自由可言。

但是，這一切的背後藏著一個棘手的問題：自由的當代意義和定義，是否容不下反資本主義構想？如果我自由地追求反資本主義理想，會否像當年的洛夫萊斯那樣，被捕入獄？我們是否在幾乎不自覺的情況下，奉行某種偏頗、廉價的自主和自由概念，最終束縛了自己？我們奉行這種概念，是否只是支持現狀，並且更深刻地印證了資本有關人權和社會正義的扭曲觀念？資本的經濟引擎是否非常有力地堅持某些基本但偏頗的自主和自由觀念，以致面對自由 vs. 宰制這個關鍵的政治問題時，我們只有兩種處理方式（壞的一種是企業家導向的，好的一種是偏向自由人道主義）？

在我看過的美國總統就職演說中，幾乎每一篇的核心主題都是美國代表自主和自由，不但將不惜犧牲和不遺餘力地對付威脅自由的勢力，還將運用自身能力和影響力，促進自主和自由在世界各地的普及。小布希總統在他所有的演講中，一再提到「自主和自由」。例如在美國即將捏造理由侵略伊拉克之前，他便以聳動的言辭描述美國的傳統：「促進自由是當前時代的召喚，是我們國家的召喚。從〔威爾遜總統的〕十四點計畫，到〔小羅斯福總統的〕四大自由和〔雷根總統的〕英國國會演講，美國總是把我們的力量用來貫徹這原則。我們相信自由是自然的目的。我們相信自由是歷史的方向。我們相信人類的成就感和傑出表現源自負責任地運用自由。我們也相信自由——我們珍視的自由——並非只屬於我們。自由是全人類的權利，人人有權得享自由。」小布希在倫敦金融城市長官邸對英國國會議員演講時，提到自己的思想根源：

「我們有時會被指責抱持幼稚的想法，以為自由可以改變世界。如果這是個錯誤，那是因為我們讀太多約翰洛克和亞當斯密的作品了。」❸雖然小布希閱讀這些作品是不可思議的事，如我們將看到，他以早期政治經濟學理論為自身主張的根源，有非常重要的意義。

不幸的是，美國對捍衛自主和自由的關心，被有系統地用來替帝國主義和新殖民主義勢力辯護，證明其宰制世上許多地方是正當的。美國追求自主和自由的絕對價值時，向來不排斥訴諸強制和暴力手段。美國暗地裡支持政變推翻其他國家的民選領袖，已有頗長的歷史，包括一九五四年推翻瓜地馬拉的阿本斯（Jacobo Arbenz），一九七三年推翻智利的阿葉德（Salvador Allende），以及較近期嘗試推翻委內瑞拉總統查維茲（Hugo Chávez）但失敗。美國政府如今廣泛監視公民的私人通訊，而且可破解所有密碼（當局因此可以取得民眾的銀行、醫療和信用卡紀錄）；當局做這些事，全都是以捍衛民眾自由和免受恐怖威脅為名義。追求自主和自由有如提供一張許可證，使當局得以運用種種壓制手段。美國民眾對此矛盾若不是渾然不覺，便是習以為常，以致幾乎完全沒有注意到，他們往往欣然接受的、激勵人心的有關自主和自由的辭令，經常搭配當局一些不光彩的宰制運作（往往是出於腐敗的目的，為了狹隘的利益），而當局長期侵犯人權的惡行（從伊拉克阿布賈里布到古巴關達那摩灣，以及在阿富汗國土上）就更

❸我在以下作品中，概括評論了小布希的所有演說：David Harvey, *Cosmopolitanism and the Geographies of Freedom*, New York, Columbia University Press, 2009, pp. 1–14。

不用說了。連國際特赦組織也公開譴責美國在關達那摩灣「駭人聽聞的侵犯人權行為」，但美國政府漫不經心地漠視此一批評。唉，這種黑白顛倒的事一點也不新鮮。「戰爭即和平，自由即奴役，無知即力量」便是歐威爾小說《一九八四》的名句，而他當時顯然是在諷刺蘇聯的情況。

這一切誘使我們得出以下看法：有關追求自主和自由的政治辭令是騙人的，被偽善者如小布希用來掩飾追求利潤、掠奪和宰制他人的腐敗惡行。但是，這種觀點否定了歷史上真正追求自由的力量：從農民起義到革命運動（包括美國的、法國人、俄國的，以及中國的），以至廢奴運動和脫離殖民統治、解放整個族群的鬥爭，全都以爭取自由的名義，根本改變了社會運作的方式。在此同時，各種社會力量也藉由種種鬥爭，包括反對種族隔離，爭取公民權、勞工權利、女性權利和許多其他少數人士（同性戀、雙性戀和跨性別社群、原住民，以及殘障者等等）的權利，擴展自主和自由的領域。在資本主義的歷史中，這些鬥爭以無數種方式發揮作用，改變我們的社會。對抗暴政的人埋下自由的種子，絕非只是一種空洞的姿態。當「現在就要自由」的呼聲在街上迴盪時，統治體制為之震動是應該的；當局必須有所讓步，即使這種讓步最後證實以象徵意義為主。

在資本的歷史中，民眾對自主和自由的渴望一直是一股強大的原動力。無論在統治階級及其政治代表的辭令中，這種追求如何遭平庸化和貶低，它也不會輕易消失。但是，這件事也有它的黑暗面。追求自由的進步運動到了某個階段（尤其是接近達成目標時），全都必須做一個決定：為了保障大家追求的自主和自由，哪些人或哪些東西必須遭受宰制？革命之中，總有一些人的利益會受損，問題是哪些人和為什麼。可憐的洛夫萊斯進了監獄，這似乎很不公平。法國大革命期間，恐怖統治的出現，據說是為了鞏固「自由、平等、友愛」。一代又一代共產主義革命者的希望和夢想，粉碎在這個矛盾的岩石上：人類解放的希望在現實中幻滅，實際出現的是官僚和僵化的國家控管體制，而支持這體制的是警察國家的鎮壓機器。後殖民社會的居民，如果真的相信追求國家自我解放和自由的鬥爭可以帶來自由的巨大成長，如今也將活在幻滅之中，甚至可能對自身的自由前景憂心忡忡。南非人經過多年的激烈抗爭，推翻了種族隔離制度，但如今在達成免於匱乏的自由方面，並沒有比以前進步。在某些地方，例如新加坡，個人自由受到嚴格限制，形同以個人自由交換物質福利的快速增加。

這裡顯然有個巨大的矛盾。自由與宰制如影隨形。沒有自由可以不必涉及宰制這種「邪道」。為了打開通往更大自由的門，我們面臨巨大的困難時，可能必須控制自身的恐懼，壓倒諷刺者和懷疑者，當然更要壓倒外部的敵人。自由與宰制的統一，永遠是一種矛盾統一。為了成就正義的事業，我們可能必須動用一些不義的手段。

自由與宰制截然對立，位處矛盾的兩極；這個矛盾有許多微妙的形式，還可能偽裝起來（宰制可以偽裝成自願的，或是藉由說服和意識型態操控達致）。但我寧願堅持使用毫不掩飾且最令人不安的表達方式，而這正是因為忽略這種矛盾的潛在後果，是數以百萬計的人感到幻滅的根本原因；這些人忠誠地為爭取自由而奮鬥，有時甚至犧牲性命，但他們的子孫卻可能在另一種宰制形式下載沉載浮。任何爭取自由和自主的鬥爭，一開始就必須正視它準備要宰制什麼這問題。它也必須認識到，維持自由的代價是防範新舊宰制形式的永恆警覺。

約翰洛克和亞當斯密的論述，正是在這裡產生其意義。古典自由主義政治經濟學提出的，並非只是某種通用資本主義的烏托邦模式，而是還有某種個人自主和自由的願景——它最終支撐法國哲學家傅柯敏銳指出的一種自我規管的治理結構；這種結構限制國家權力的任意性，同時令個人得以根據市場社會的法則規管自身行為，也促使他們這麼做。[4]自我宰制和自我規訓內化於個人之中。這意味著自由和自主的主流概念，從過去到現在均深植於某類型的社會關係和規範之中，反映基於私有產權和個人權利的市場交換體制。它們排他地界定了自由的界限，而任何針對這種標準的挑戰都必須無情地鎮壓。這種社會秩序由馬庫色（Herbert Marcuse）所稱的「壓迫性包容」構成：在這種秩序中，有一些界限是絕對不可踰越的，無論促進自主和自由的理由是多麼迫切；在此同時，包容的修辭被用來說服我們容忍不可容忍的事物。[5]

這一切當中唯一令人訝異的是，我們注意到並思索這事實時，竟然覺得驚訝。畢竟，市場的自由必須靠國家的暴力和宰制支撐，這不是顯而易見的嗎？自十八世紀以來，自由國家的理論和實踐逐漸興起；其主導原則是國家應自我設限，避免過度干預市場和社會，對個人行為和市場中的企業家行為（尤其是後者）應採自由放任的立場，而這不是出於家長式仁慈，而是出於在主權管轄範圍內盡可能累積金錢財富和勢力的自利考量。國家經常過度管制和干預，是民眾常見的抱怨，當然也是資本的標準抱怨。各國不時會出現一些反干預的政治運動（美國的茶黨是一個例子），它們明確追求減少國家干預，無論那些干預是好是壞。自由至上主義論者表示，保姆國家是時候退場，個人真正自主和自由的時代是時候開始了。

博蘭尼（Karl Polanyi）深明箇中關係，雖然他的政治思想與自由至上主義者南轅北轍。他在自身著作中提出以下假想：「市場經濟消逝，或許能開啟空前自由的時代。法律上和實際的自由，可以變得遠比以前廣闊和普及；監理和控管可以替所有人實現自由，而非僅限於少數人。自由不再附屬於特權，在源頭便已腐化，而是一種規定的權利，遠遠超出政治領域的狹窄範圍，延伸至社會本身的細緻組織。因此，工業社會的悠閒和安全產生新的自由之餘，舊有的自由和公民權也得以保存。這樣的社會是可以既正義又自由的。」

這種廣闊和普及的自由很難達致，原因在於階級利益，以及財富高度集中產生的牢固特權。富裕階級在自身自由得到保障的情況下，抗拒任何限制其行動的規定，宣稱這種限制使他們淪為社會主義極權制度下的奴隸；他們不斷大聲疾呼，要求擴展他們的自由，不惜為此犧牲其他人。「這些人宣稱，自由市場體制和私有產權是自由的必要條件。他們認為建立在其他基礎上的社會，無論如何是稱不上自由的。政府監理產生的自由，被貶為非自由；政府監理造就的正義、自由和福利，被斥為奴役的偽裝……這意味著所得、閒暇和安全已經夠好的人，可以

❹ Michel Foucault, *The Birth of Biopolitics: Lectures at the College de France, 1978–1979*, New York, Picador, 2008.

❺ Robert Wolff, Barrington Moore and Herbert Marcuse, *A Critique of Pure Tolerance: Beyond Tolerance, Tolerance and the Scientific Outlook, Repressive Tolerance*, Boston, Beacon Press, 1969.

享有完全的自由，而那些可能徒勞地試圖運用自身的民主權利，從財主那裡獲得庇護的人，則只能得到少得可憐的自由。」[6]博蘭尼在此有力地反駁海耶克著作《通往奴役之路》（*The Road to Serfdom*）的主旨，這本書是一九四二至四三年的作品，但至今仍是自由至上主義右派的聖經，也確實產生巨大的影響力（賣出逾兩百萬本）。

這個難題的根源，顯然在於自由本身的含義。博蘭尼指出，自由主義政治經濟學的烏托邦思想，「為我們的理想提供錯誤方向」。它未能認識到，「沒有權力和強制便不可能有社會，世上的武力也不可能沒有功能。」因為堅持以純粹的自由市場觀念看社會，它「把經濟等同契約關係，把契約關係等同自由」。[7]這是信奉自由至上主義的共和黨人建構出來的世界。無政府主義者和左派自治論者，也多數信奉這種有關個人自主和自由的觀念；同時，資本主義的自由市場觀念則受到嚴厲譴責。無論信奉哪一種政治學說，都不可能避開自由與宰制的矛盾統一。

博蘭尼指出，這種烏托邦思想的政治後果，是「即使失業和貧困出現時會無情地限制自由，但我們無法要求選民、資產所有人、生產者或消費者為此負責。」這種狀況是自然的結果，不是任何人所能控制，因此也就沒有特定的人要為此負責。如果有人認為我們有責任針對這種狀況做一些事，可能會有人「以自由的名義」否定這種想法。[8]共和黨人占多數的美國眾議院，可以用支持自由和擴大自由的名義，輕鬆自在地投票通過減少派發食物券給日趨貧困的社會弱勢，同時維持國家對農業企業的豐厚補貼。博蘭尼的結論是：我們必須先摒棄古典政治經濟學的烏托邦理想，以及與其同源的大部分自由至上主義政治，才能處理自由的問題。只有這樣，才能「直面社會現實」及其矛盾，否則我們的自由將是基於逃避社會現實（這是現在至為明顯的情況）。這種對現實的逃避，恰恰是多數右翼論述（例如小布希總統的論述）所做到的。

自由與資本概念之間的內在關係（呈現在政治經濟學家的著述之中），不應使我們感到驚訝。畢竟，從勞工身上榨取剩餘價值，假定了在資本的支配下，勞工將受到宰制，而且將相對地不自由。如馬克思諷刺地指出，勞工的自由有雙重意義：他們可以自由地把自己的勞動力賣給自己喜歡的雇主，而且他們可以不必掌握自己的生產工具（例如可以不必擁有土地）；如果他們可以控制這些生產工具，他們將可以不必靠從事受薪工作謀生。勞工與生產工具的掌控權分離是意義非凡的事，當中涉及漫長且仍在持續的暴力和強制歷史，而這種暴力和強制是以資本可以自由獲得受薪勞動力為名義。資本也需要環遊世界尋找賺錢機會的自由，而如我們稍早所見，這需要消除或減少資本流動的物理、社會和政治障礙。「自由放任」和「自由通行」成了資本主義秩序的口號。這種原則不但適用於資本流動，還適用於資本免受監理當局干預的自由，除非是其他資本家或整個經濟體受到的外來損害大到完全不可接受，或是危險到國家非干預不可。掠奪當地人或原住民土地下的資源，必要時驅離當地居民並掠奪整個地區的資源，過

❻ Karl Polanyi, *The Great Transformation: The Political and Economic Origins of Our Time*, Boston, Beacon Press, 1957, pp. 256–7.

❼ 同上，p. 257。

❽ 同上，p. 258。

度利用生態資源（有些甚至用到遠遠超出生態系統再生的能力），全都成了資本必要自由的關鍵一部分。資本要求國家保護私有財產，確保契約之履行，以及保護智慧財產權免遭沒收，除非是公共利益要求國家不要這麼做（但公共利益常被資本用來掩飾自己）。

資本需要和要求的自由，沒有一項是不具爭議的。事實上，這種爭議不時會變得相當激烈。許多人認識到，資本的自由是以其他人的不自由為基礎。馬克思注意到，雙方皆有其權利：資本希望致力從勞工身上榨取勞動時間，愈多愈好；勞工則致力保護自己免於過勞死、正常生活的自由。馬克思就此說了一句著名的話：這兩種權利何者占優，由雙方的力量決定。不過，那是個剝削的世界，而政治經濟學家是這麼替它辯護的：那是一種普遍進步的理想方案，最終將嘉惠所有人。但馬克思也指出，如果真正的自由境界始於擺脫貧困，則基於積極製造稀缺、貧困、勞動力過剩和欲求不滿狀態的政治經濟制度，不可能容許我們進入真正的自由境界（在這種境界裡，每個人皆實踐自身潛能是確實可能實現的）。這當中的矛盾，在於自動化和人工智慧技術如今提供大量方法，可幫助我們達成馬克思所夢想免於貧困的自由，但在此同時，資本的政治經濟法則卻使得這種自由愈來愈遙不可及。

不幸的是，資本經濟思維的腐蝕力量也波及一些具有深刻人道精神的人，對他們擴展自由領域的努力產生巨大的影響；他們希望自由能擴展至門禁社區之外，目前世上的有錢人愈來愈困在這種社區之中。沈恩（Amartya Sen）代表作《經濟發展與自由》（*Development as Freedom*）便是一個好例子，他在這本書中非常努力地「以自由的名義」，把經濟思維推至其人道精神的極致。沈恩把自由理解為一種過程，以及他所稱的「實質機會」（substantive opportunities）。這種區分有重要意義，因為它含有對傳統福利國家主義的批判；這種福利國家主義只是把勞工和大眾視為政策的對象，而非歷史的主體。沈恩認為以下兩件事同樣重要：動員民眾，培養他們積極參與經濟發展的能力；創造出一種狀態，讓人們有必要的實質機會（可以得到必要的物資和服務）去過有價值的生活。我認為他正確地注意到，在許多情況下，自主的人願意犧牲大量自由，以便可以自由地在非異化的情況下，主動追求自身的幸福和財富。奴隸的生活可能比受薪勞工寬裕得多，但後者不大可能犧牲自己的相對自由去交換比較寬裕的生活。參與和培養自身能力的自由，是實現發展的一種關鍵手段。這遠優於陌生和往往具有家長作風的國家權力策畫和強制執行的巨大轉變，無論這種變化多麼令人讚嘆。沈恩把這種自由觀用在「評估變化的評價分析上，也用在視自由為快速變化中的一個因果有效因素（causally effective factor）之描述性和預測分析上」。這些發展過程「藉由各種社會制度運作，這些制度涉及市場的運作、公共行政、立法、政黨、非政府組織、司法、媒體和一般社區。」沈恩認為，這一切可以「促進發展的過程，而這恰恰是藉由它們增進和維持個人自由的作用。」沈恩尋求「對這些不同的制度和它們之間的互動產生的作用，建立一種綜合理解」，以及正確認識「價值觀之形成和社會倫理之演化」。結果是多元自由的領域，依附在各種制度和活動上，不能簡化為「資本積累，或開放市場，或高效經濟規畫」的某種簡單公式。這當中的一貫因素是「增強個人自由的過程，以及促成這種過程的社會決心」，而「發展確實對自由的可能性至關緊要，反之亦然。」[9]

問題當然在於沈恩的願景無論多麼吸引人，終究只是自由主義政治經濟學烏托邦理想的另一個版本。自由變成不是一種目的，而是傅柯所稱的「治理性」（governmentality）的一種手段。國家權力利用自由來管理全體民眾的自律，而正是這種自律確保人們順從資產階級制度和生活方式，當然包括順從資本家階級因為累積財富和權勢而建立的宰制力量。換句話說，結果不是問題，不必以自由的名義去質疑它，因為自由已包含在過程之中。這正是「發展便是自由」（development as freedom）的意思。

沈恩描述了一個沒有矛盾的世界。他未認清（博蘭尼清楚注意到的）階級對抗的壓倒性力量，自由與宰制之間緊張的辯證關係，私人占有社會財富的權力，使用價值與交換價值的矛盾，以及私人財產與國家的矛盾。沈恩確實提到了這些對立，但在他的世界裡，它們全都是可駕馭的。沈恩假定這些對立不會變成絕對的矛盾，也不會釀成危機；如果不幸發生這種事，他會認為這只是管理不當的結果。沈恩試圖建立一種基於過程的非異化自由觀，他的努力值得讚賞也非常吸引人，但他假定了一個沒有矛盾的資本世界。這種烏托邦世界，是博蘭尼明確認為必須摒棄的，因為只有這樣，才能把社會帶進一個可實現大量實質自由的世界（否則我們將只是抱持一種否認社會現實的自由觀）。

我選擇批評沈恩是有原因的。我認為在所有經濟學家之中，他在探索如何藉由資本主義市場發展擴展自由這件事上，是走得最遠的一位；他探討的這種發展是受規管和對社會負責的，根據崇高的人道主義標準，而非粗糙勢利的發展指標來評價。但是，他未能提出確切證據支持他的核心信念；這信念認為市場體制在適當的監督管理下，能公正和高效地滿足人類的需求，而且能以自由的方式達致免於匱乏的自由。在沈恩心愛的印度，放貸者每天都在破壞窮人的生計，但在沈恩的論述中，看不到貨幣形式當中的固有矛盾。這種自由人道主義盛行於非政府組織和慈善團體的世界；這領域中的人真心希望消除貧窮和疾病，但並不真正知道該怎麼做。

作曲家彼得．巴菲特是傳奇投資人、億萬富翁華倫．巴菲特的兒子，他在《紐約時報》發表過一篇內容震撼、富啟發意義的認錯文，講述他多年前收到父親一筆捐款、成立一家慈善基金會之後，在資本主義慈善世界的見識。他說，他很快便「注意到我開始稱為『慈善殖民主義』的現象……對某個地方幾乎一無所知的人（包括我），以為自己可以不怎麼理會當地的文化、地理或社會常規，便解決某個當地問題。」投資經理人、企業領袖和國家元首全都「以右手尋找解決方案，但他們要解決的問題，卻是房間裡其他人以他們的左手製造出來的。」慈善本身已經成為規模龐大的事業（光是在美國便有九百四十萬人受雇於這一行，捐款額達三千一百六十億美元），但在此同時，全球的不平等程度繼續失控惡化，「因為資本體制在替少數人創造巨大財富之餘，繼續摧毀許多人的生活和社區。」慈善成為「良心漂白」的一種形式，不過是「讓有錢人晚上睡得好一點，而其他人的所得則維持在勉強可以防止民怨沸騰爆發的水準。每次有人做了好事而覺得好過一些，在世界（或街道）的另一端，幾乎一定有人被進一步

❾ Amartya Sen, *Development as Freedom*, New York, Anchor Books, 2000, pp. 297–8.

鎖進這個體制中，而這體制不容許他們真正發揮潛能，也不給他們機會過快樂滿足的生活。」

小巴菲特嚮往的目標與沈恩和馬克思是一致的，這一點非常值得注意，而同樣值得注意的是資產階級改良主義的可悲歷史：它從不曾解決社會問題，只是把它們四處轉移。

這個「慈善產業複合體」勢力強大，而且正快速成長，但其運作因為應用資本主義經濟理性日趨嚴苛的準則而受到腐蝕。小巴菲特指出，人們評斷慈善工作的價值時，「彷彿認為投資報酬率是論斷成敗的唯一標準」。為窮人提供微型貸款，改變我們對非正式經濟部門的觀念，視其為眾多掌握私有產權的微型企業，這一切似乎符合經濟理性，但正如小巴菲特問道：「這一切所為何事？人們無疑將學會融入我們的借貸體系，接受借錢必須連本帶利償還。人們將不再只是每天賺兩美元：他們將進入我們的商品和服務世界，有能力多買一些東西。但是，這一切不是只會把〔資本體制〕這頭野獸養得更強大嗎？」確實會，而且它來得正是時候，有助紓緩資本因為其他地方的有效需求衰退而面臨的價值實現困難，而且可以藉由合法的討償手段（包括以勞役償債）和不怎麼合法的掠奪手段從事剝奪式積累，顯著提升資本的整體報酬水準。可惜小巴菲特在他的文章中，還是撞上了壓迫性包容的牆。他提出很弱的結論：「我並非呼籲終結資本主義，我是在呼喚人道主義。」但是，他批評的做法其實正是資本體制下的人道主義表現。唯一的出路是一種革命的人道主義者，它遠遠超出當代壓迫性包容的界限，勇敢地面對資本體制這頭野獸；這頭野獸吃得很好，因為牠享有很大的自由，可以左手宰制人們，右手則象徵性地照顧受宰制的人。

馬克思不但批判偏頗地利用資產階級自由觀損害大眾利益的做法，還深入探討在真正自由的社會，真正的財富意義何在。他在《政治經濟學批判大綱》中寫道：

> 如果去掉狹隘的資產階級形式，財富不正是在普遍交換中產生的人類需求、能力、樂趣、生產力等等的普遍性嗎？財富不正是人對自然力（包括大自然和人類本身天性的力量）的支配之充分發展嗎？財富不正是人的創造天賦之絕對發揮嗎？這種發揮是以人類全部力量的充分發展為目的本身，不以預定的標準來衡量。在這裡，人在自身的再生產上不會局限於某一方面，而是很全面地完成這種再生產；人也不會力求停留在自身已經變成的狀態，而是處在變易的絕對運動之中。在資產階級經濟學和與之對應的生產時期中，人類內在本質的這種充分發揮，表現為完全的空虛；這種普遍的物化過程，表現為全面的異化。[11]

在這個構想中，馬克思並未迴避宰制的問題（他提到「人對自然力的支配」）。他認識到在革命的情況下，自由與宰制的矛盾可以產生的力量。他在〈論猶太人問題〉（On the Jewish Question）中問道：「為什麼人類享有自由的權利一旦與政治生活發生衝突，就不再是一種權利

⑩ Peter Buffett, 'The Charitable-Industrial Complex', *New York Times*, 26 July 2013.

⑪ Karl Marx, *Grundrisse*, Harmondsworth, Penguin, 1973, p. 488.

了？根據這種理論，政治生活只是為了保障人類的權利、個人的權利；因此，政治生活一旦與其自身的目的（也就是保障人的權利）產生衝突，不是應該遭捨棄嗎？」馬克思想到的例子，是法國大革命期間出版自由受到限制。他認為這是一個有待解開的謎：「為什麼政治解放者會本末倒置，把目的當成手段，把手段當成目的？」[12]遠在歐威爾之前，馬克思就已探究到自由變成奴役這問題的核心。

馬克思認為他在盧梭的著作中找到了答案：

> 一個人如果敢承擔重任，致力替一個民族建立制度，他必須覺得自己有能力改變人性，有能力改造每一個人，把完整單獨的個體改造成一個大整體的一部分，使個人從這個整體獲得生命和存在的意義；他必須有能力改變人的體質，而目的是加以增強；有能力把自然賦予所有人的物質存在，以不完全和道德的存在代替之。簡而言之，他必須拿走個人自身的資源，賦予他們陌生的新資源，而且是沒有其他人的協助便無法運用的新資源。[13]

換句話說，完全社會化的個體，會建立不同於孤立個體的政治主體性和自由觀。

雖然這答案本身太圓滑，遠遠承受不起它須承受的歷史重量，但它確實指出一個值得好好探究的方向。要捍衛所有人的自由，是靠排他的個體私有產權，還是由聯合起來的個人集體管理的公有產權比較好？說到底，我們不正是面臨以下的不得已抉擇嗎？要選擇被動員來支持資本家階級宰制勢力的個體自由，還是遭剝奪者為爭取更大的社會和集體自由而投入的階級鬥爭？

也請注意，盧梭構想中有些重點對馬克思的想法產生雙重作用。革命性變革涉及創造性破壞：我們會失去某些東西，也會得到另一些東西。在盧梭的構想中，失去的是孤立的個人主義（在盧梭的理論中是源自一種自然狀態，但在馬克思的理論中則是資產階級革命的政治產物）。孤立的個人主義須淡出，以迎接「陌生的」新資源。資產階級須疏離自身的個人化過去，遭剝奪者才能得到非異化的未來自由。這徹底改變了馬克思的異化（疏離）理論：在革命性轉變的關鍵時刻，異化的時刻同時具正面和負面的潛力。矛盾必然會引發含有潛在矛盾的反應。

在以下這件事上，馬克思表達自身想法時並未拐彎抹角：我們必須推翻（或「宰制」）信奉個人主義的資產階級有關財富和價值的觀念，以便解放潛藏在我們周遭的人類創造潛力，造就人類的集體富有。奇妙的是，連柴契爾夫人（Margaret Thatcher）也認為這當中有值得注意的差異，由此可見連對化學有興趣、極度保守的雜貨商的女兒，也有能力產生一些不同凡俗的想法。她說：「創造財富沒有錯，純粹貪財才是錯。」（不過，我想她說這句話時，並沒有想到馬克思的財富觀：每個人的能力都充分發揮出來。）

---

⑫ Karl Marx, 'On the Jewish Question', in *Karl Marx: Early Texts*, edited by David McLellan, Oxford, Basil Blackwell, 1972.

⑬ Jean-Jacques Rousseau, *The Social Contract*, Oxford, Oxford University Press, 2008.

真正自由的世界，是完全不可預測的。如伊格頓所言：「妨礙人類充分實踐潛能的枷鎖解開之後，要預測會發生什麼事將比以前困難得多。這是因為男男女女的行動自由都將大為增加，只要他們負起對彼此應有的責任即可。如果他們可以花更多時間在我們現在所稱的休閒活動上，而不是必須努力工作，他們的行為將更加難以預測。我說『我們現在所稱的休閒活動』，是因為如果我真的運用資本體制累積的資源，把大量的人從工作中釋放出來，我們將不會把他們在多出來的時間裡所做的事稱為休閒活動。」屆時我們將可以充分利用自動化和人工智慧，把人們從無意義的勞動中釋放出來，不必綁住那麼多人在這種勞動上。伊格頓說：「對馬克思來說，社會主義是我們集體決定自身命運的起點。它是非常認真的民主，而非（多數時候）僅為一種政治偽裝的民主。人們變得比較自由，意味著我們將較難預測他們週三下午五點時將在做什麼。」[14]但是，這不代表我們將不再需要自律、決心和奉獻精神，因為我們在可以自由選擇的情況下，可能會為了滿足自己而非為了他人的福祉，決定投入一些需要自律、決心和奉獻精神的複雜工作。如亞里斯多德很早以前便已明白，自由與美好的生活如影相隨，而美好的生活是積極的生活，一如所有的自然事物，永遠都在求新。個人在追求充分發揮自身潛能的過程中（總是需要其他人的配合），確實有可能達致自由與宰制之間非異化的辯證關係。但是，如果沒有見識過異化和它內含矛盾的可能性，對非異化關係的追求也將無從展開。

---

[14] Eagleton, *Why Marx Was Right*, pp. 75–6.

第三部

危險的矛盾

變動的各項矛盾以不同方式演變，是資本的歷史和地理演化的主要動力來源。在某些情況下，這些矛盾的演變是傾向進步的（雖然過程中一定有倒退和受挫的時候）。科技的變化總體而言是累積的，地理上的空間生產也是這樣，雖然兩者均曾出現有力的逆流和逆轉。有些可行的技術變得落伍並逐漸遭到淘汰，一些空間和地方一度是資本主義活動的蓬勃中心，後來卻成為鬼城和日趨衰落的城市。在另一些情況下，矛盾的演變比較像鐘擺，在壟斷與競爭或是貧窮與富有之間擺動。至於某些矛盾，例如自由與宰制，演變是混亂和隨機的，取決於相互對抗的各種政治力量的消長。在另一些矛盾，例如社會再生產的複雜領域中，資本主義的歷史演化與資本的具體要求之交集，因為十分不確定且彼此交纏，演變的方向和力道一時一樣，極少一致。女性、身心障礙者、性少數群體（同性戀、雙性戀和跨性別社群），以及對社會再生產各方面（例如婚姻、家庭，以及育兒方式）有嚴格規範的宗教群體，這些群體的權利進步了，這使我們難以計算資本與資本主義在根本矛盾方面確切如何彼此配合或對抗。倘若社會再生產的矛盾是這樣，宰制與自由的複雜情況便更是如此。

變動的矛盾形成某種格局，在資本和資本主義的共同演化中提供大量能量和創新熱情，並為新倡議開創大量可能（譯註：作者此處用「a wealth of possibilities」來講「大量可能」，並特意說明，他用wealth一詞是經過深思熟慮的，是指人類的能力得以充分發揮，而非指單純的財產）。這些矛盾和空間是對社會變得美好的希望潛藏之處，可替代既有結構和建設的事物，也可能從此處浮現。

一如根本矛盾，變動的矛盾在資本相關的整個領域中以奇妙的方式交集、互動和互相干擾。空間生產和不均衡地域發展的動態，受組織形式（例如國家機器和組織的地域形式）和運輸與空間生產方面的技術變化強力影響。在地域發展不均這領域中，社會再生產以及自由與宰制平衡上的差異大幅擴大，以致它們本身成為空間生產和發展不均衡的一部分。在異位空間中，截然不同的生產、社會組織和政治權力形式可以興盛一段時間；這種空間得以創造出來，意味著在某個地帶，不斷有反資本主義的可能性出現和消失。也是在這裡，壟斷和集權相對於分權與競爭的問題產生作用，影響技術與組織動態，並為經濟優勢的地域競爭提供活力。不言而喻的是，貧窮與富有之間的平衡，不斷受有關勞工生產力和新產品線創造的地域間競爭、遷移流動和競爭創新左右。

多種另類政治計畫正是藏在這些互動和動態的矛盾框架中。當中有許多是由資本對其自身矛盾的特殊反應構成，因此主要傾向在永遠存在的風險和不確定性中（若未形成真正危機的話），促進資本的再生產。但即使在這些情況下，我們也有無數可能去加入各種倡議，改變資本的運作方式，使人看到反資本主義替代模式的可能模樣。一如馬克思，我認為未來的世界很大程度上已存在於我們周遭，而政治創新（一如科技創新）是以新方式將既有但孤立分隔的政治可能性組合起來。不均衡的地域發展必然產生「希望空間」和異位情況，使新合作模式在被強勢的資本運作吸納之前，至少得以興盛一段時間。新科技（例如網際網路）打開了潛在自由的新空間，有助於促進民主治理。社會再生產領域的主動行動可以產生一批新公民，他們渴望徹底革新社會關係，使它們廣泛人性化，而且渴望在處理人類與自然的演變關係方面，建立一種美學上較令人滿意和敏感的做法。指出這一切的可能，並不是說它們全都將產生成果，但這確實告訴我們，任何反資本主義政治都必須徹底檢視種種矛盾，找出自己的路徑，利用既有的資源和構想建造一個代替資本體制的世界。

由此就講到資本的危險矛盾，這些矛盾甚至可能是致命的。眾所周知，馬克思似乎曾說過，資本最終將因為承受不了自身內在的矛盾而崩潰。但是，我找不到馬克思在哪裡說過這句話，而據我閱讀馬克思著作的經驗，我認為他很可能從未說過這句話。這句話假定不必有人破壞資本主義的經濟引擎，或是藉由武力終止其運轉並將它撤換，這引擎便會崩潰。馬克思在這問題上的立場（我大致信奉他的說法，雖然這違背馬克思主義／共產主義傳統中的某些傾向，也違反許多馬克思評論者所稱的馬克思觀點），是資本很可能可以無限期運轉下去，但它的運轉方式將導致土地逐步退化和大規模的貧窮，社會階級不平等嚴重惡化，多數人類喪失人性，而他們將受日趨專橫的勢力壓制，這種勢力否認個人蓬勃發展的可能（也就是極權警察國家的監控和軍事化控制系統，以及我們正廣泛體驗的極權式民主〔totalitarian democracy〕的強化）。

結果是資本壓制人類創造力的自由發展，這是令人無法忍受的，因為它等同拋棄資本賦予我們的種種可能，為了無休止地增加金融財富和滿足狹隘的經濟階級利益，浪費了人類潛力所能創造的真正財富。面對這種前景，明智的政治只能試圖超越資本，超越資本家階級日趨專橫和寡頭的權力結構，將經濟體中富想像力的各種可能重建到一個平等和民主的新模式中。

簡而言之，我喜歡的馬克思是一位革命的人道主義者，而不是目的決定論者（teleological

determinist）。他的著作中可以找到支持目的決定論的說法，但我認為他的大部分著作，無論是歷史還是政治經濟學方面的論述，是支持革命人道主義的。正因如此，我將接下來要講的矛盾稱為「危險」而不是「致命的」（fatal，也有命中注定的意思），因為後一種說法會傳遞無可避免、致命衰敗，甚至是末日式機械結局（apocalyptic mechanical endings）的不正確意思。不過，有些矛盾對資本和人類確實比其他矛盾危險一些，而哪些矛盾比較危險會因時空而異。如果我們是在五十或一百年前談論資本和人類的未來，我們集中探討的矛盾很可能會跟我在這裡探討的不同。在一九四五年，環境問題和維持複合成長的困難不會像現在這麼受關注；當年人們較重視的問題包括解決地緣政治方面的對抗，替不均衡的地域發展辯解，以及藉由國家干預再平衡生產與實現之間的矛盾統一。此處所講的三個矛盾是眼下最危險的，不僅是就資本主義經濟引擎繼續運轉的能力而言，也關乎人類能否在最低限度的合適環境下繁衍下去。當中有一個是可能致命的，但也只有一個。不過，這是假定我們能發起一場革命運動，改變資本無止境積累指定的演化路徑。是否會有這麼一場革命、迫使我們根本改變生活方式，並非上天注定的。它完全取決於人類的意志。行使這種意志的第一步，是充分認識當前各種危險的性質，以及我們眼前的種種選擇。

矛盾15

無止境的複合成長

資本總是追求成長，而且必須是複合成長。我認為資本再生產的這項條件如今構成一個極其危險、但人們大致上未認識、未分析的矛盾。

多數人不是很明白複利的數學。他們也不明白複合（或指數型）成長的現象及其潛在危險。如哈德森（Michael Hudson）在他最近的犀利評論中指出，即使是傳統經濟學這門「憂鬱科學」，也未認識到複利對負債上升的重要性。[1]結果是有關二〇〇八年震撼世界的金融動盪的解釋，有一部分未能呈現出來。那麼，無止境的複合成長是可能的嗎？

近來有些經濟學家提出疑慮，認為長期以來我們假定經濟可以無止境成長可能是錯的。例如，戈登（Robert Gordon）在最近一篇論文中便表示，近二百五十年來的經濟成長「大有可能是人類歷史上獨特的一段時期，而不是經濟未來可以同樣速度無止境成長的保證」。他的說法主要是基於檢視支撐人均所得成長的勞工生產力創新的路徑和影響。戈登與另外幾名經濟學家均認為，以前的創新浪潮遠比始於一九六〇年代左右、基於電子和電腦化的最近一波創新強勁。他認為最近這段創新浪潮的影響，不如人們普遍想像的那麼強，而且無論如何，它的效力如今已基本耗竭（高潮出現在一九九〇年代的網絡公司泡沫）。基於這理由，戈登預測：「人均實質國內生產毛額（GDP）未來的成長率，將低於十九世紀末以來任何一段較長的時間，而所得較低的九九%人口的人均實質消費成長率，更將低於人均GDP。」在美國，上一波創新的內在弱點，因為一些「阻力」而加重；這些阻力包括社會不平等惡化，教育成本上升但品質下降所衍生的問題，全球化的影響，環境法規，人口老化，稅務負擔加重，以及居高不下的消費者和政府債務。❷戈登還指出，即使沒有這些阻力，相對於過去兩百年，未來經濟

❶ Michael Hudson, *The Bubble and Beyond*, Dresden, Islet, 2012. 嚴肅看待複合成長問題的經濟學著作寥寥無幾，這是我所知道的其中一本。我在接下來的篇幅中引用他的一些資料。二〇一一年，我曾向某全球大報的兩名資深經濟編輯提出複合成長的問題，其中一人認為這問題十分瑣碎，甚至是可笑的；另一人則說我們還有很多科技新領域可以探索，因此何必擔憂呢。

❷ Robert Gordon, 'Is U.S. Economic Growth Over? Faltering Innovation Confronts the Six Headwinds', *Working Paper 18315*, Cambridge, MA, National Bureau of Economic Research, 2012. 戈登的說法引發的公眾反應見Thomas Edsall, 'No More Industrial Revolutions', *New York Times*, 15 October 2012。輿論一般認為戈登的說法很可能有些道理，但他對創新未來的作用太悲觀了。不過，《金融時報》富影響力的經濟專欄作家沃夫（Martin Wolf）大致認同戈登的觀點，並表示高所得世界中的經濟菁英會歡迎戈登描述的未來，但其他人就沒有那麼高興了。沃夫並說：「請習慣這一切，這是不會改變的。」相關論述還有Tyler Cowen, *The Great Stagnation: How America Ate all the Low-Hanging Fruit of Modern History, Got Sick and Will (Eventually) Feel Better*, E-special from Dutton, 2011。不過，這些論點全都是以美國為焦點。

仍將度過一段相對停滯的時期。

政府債務是上面提到的一項阻力，這問題在我撰寫本書時，在美國已變成一個各方互踢的「政治皮球」（各方熱烈議論但均不願承擔，因此遲遲無解的問題），而許多其他地方也有類似情況。在媒體和國會，政府債務是許多刺耳和誇張的言論與主張的焦點所在。有心人一再表示，若不厲行節約，未來的世代將承受可怕的沉重負債；他們藉此鼓吹嚴苛地削減政府支出和社會工資，而這當然是一如既往地有利於寡頭集團。在歐洲，同樣的論點被用來強加在整個國家（如希臘）身上的災難性撙節方案辯解，雖然我們不必發揮太多想像力，便能看到這種做法如何有利於德國等較富有的國家，以及富裕的債券持有人。在歐洲，經由民主選舉產生的希臘和義大利政府被和平地推翻，獲得債市信任的「技術官僚」暫時取而代之。

這一切使我們特別難看清債務複合增加、資本積累指數型成長，以及由此產生的危險之間的關係。必須注意的是，戈登關注的主要是人均GDP。這與總體GDP看來大不一樣。這兩個指標均容易受人口狀況影響，但受影響的方式大不相同。隨意檢視總體GDP歷史數據，我們會發現，在整個資本史上，財富與債務積累之間一直有鬆散的關係，但是自一九七〇年代以來，財富積累與公共、企業和私人債務積累之間的關係變得密切得多。我們會懷疑，債務積累如今恐怕是資本進一步累積的一個先決條件。果真如此，我們眼前有一個古怪的情況：右翼共和黨人與其歐洲類似群體（例如德國政府）努力試圖降低負債，正嚴重威脅資本的前途，潛在影響遠遠超過歷來勞工階級運動產生的威脅。

複利（複合成長）本質上非常簡單。我存一百元在年利率五%的儲蓄帳戶中。年底時我的帳戶餘額為一〇五元，假設利率保持不變，再一年後帳戶餘額是一一〇．二五元（如果是每月複利或每日複利，帳戶餘額會大一些）。在第二年底，複利與單利的差別很小，只有〇．二五元。因為差額很小，不值得費心，因此很容易為人忽略。但是，以年利率五%複利三十年後，我將有四三二．一九元，而如果是單利，則只會有二五〇元。六十年後，複利的結果是一八六七元，單利是四〇〇元；一百年後，複利是一三一五〇元，單利是六〇〇元。注意這些數字。複利曲線起初在頗長一段時間內升速非常慢（見圖1和圖2），然後開始加速上升，最後達到數學家所稱的奇異點（singularity）——航向無窮大。曾經背負房貸的人，會體驗到相反的情況。在三十年房貸的頭二十年中，待還的房貸本金降得非常慢，然後減少的速度會加快；在最後二至三年，房貸本金以非常快的速度減少。

有些經典趣聞可說明複利和指數型成長的性質。某印度國王想獎勵國際象棋的發明者，而這位發明者要求的獎賞，是棋盤上第一格放一粒米，接下來每一格的米粒數目每次均倍增，直到所有方格都顧及。國王爽快地答應了，因為這獎賞看來微不足道。可是，到了第二十一格時，米粒的數目已經超過一百萬，而在第四十一格（超過一兆粒米）之後，整個世界都沒有足夠的米可以滿足剩餘方格的需求。這故事的一個版本是國王因為覺得自己被騙而憤怒不已，砍了發明者的頭。這版本是個有益的故事：它說明複利刁鑽微妙的性質，告訴我們複利的隱匿力量很容易被低估。在複合成長較後期的階段，加速的情況出乎意料。

圖 1 複利vs.單利

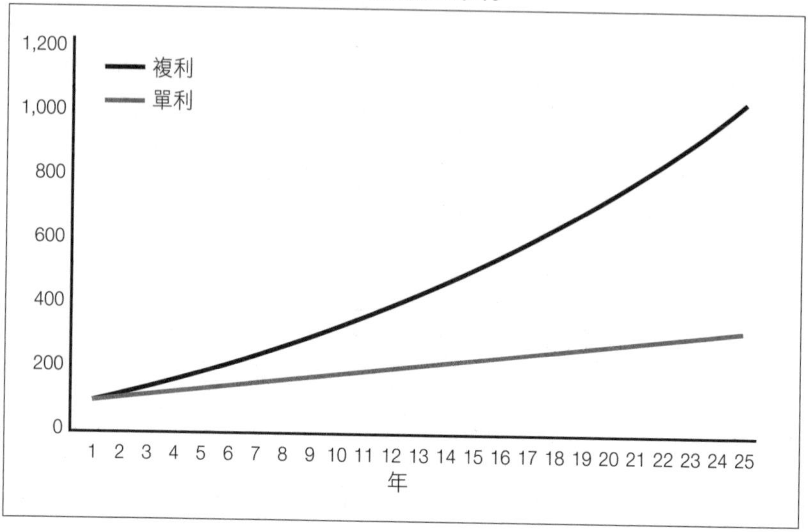

圖 2 典型的S曲線

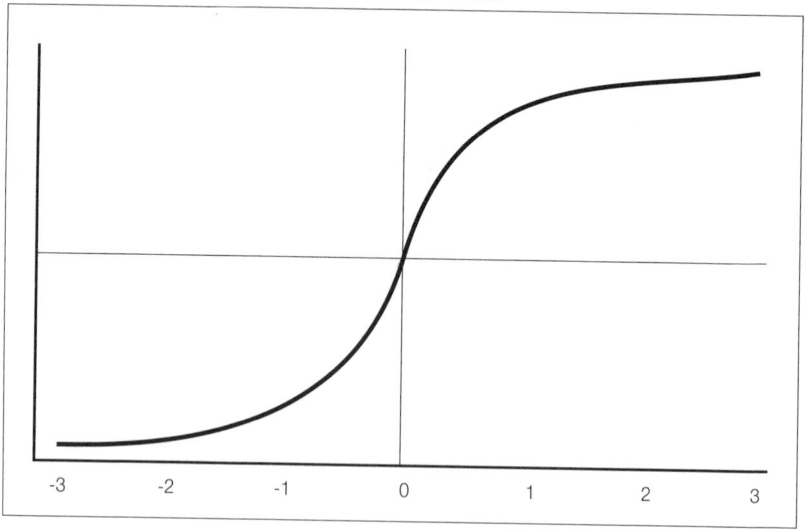

複利的危險，可用德魯森（Peter Thelluson）的案例說明。他是富裕的瑞士商人銀行家，住在倫敦，設立一個六十萬英鎊的信託基金。根據他的遺囑，在他一七九七年逝世後，該基金在接下來一百年間皆不可動用。如果能保持七．五%的複利，該基金到一八九七年時價值將達一千九百萬英鎊（遠遠超過英國公債餘額），屆時這筆財富可分配給德魯森幸運的後裔。當時的政府估算，即使年收益只有四%，這筆遺產到一八九七年時規模將等同英國全部公債。複利將令驚人的金融權力落在私人手上。為了避免這種情況，英國在一八〇〇年通過法案，將信託期限限制在二十一年之內。德魯森的下一代對他的遺囑提出異議。經過多年訴訟，該案於一八五九年最終審結，訴訟費用耗盡德魯森的整筆遺產。狄更斯小說《荒涼山莊》（*Bleak House*）中著名的詹狄士訴詹狄士案（Jarndyce vs. Jarndyce），便是以此為藍本。[3]

十八世紀末湧現一些有關複利力量的興奮評論。一七七二年，數學家派思（Richard Price）在一本小冊子中寫了一段後來令馬克思覺得有趣的話：「可獲得複利的錢，起初緩慢增加。但因為增加的速度持續加快，一段時間之後，它的增速快得超乎所有人的想像力。耶穌誕生時拿出一便士，如果保持五%的複利，現在它的價值等同一億五千萬個地球的實心黃金。但如果只是單利，則不過是變成七先令四個半便士而已。」[4]我們在這裡再度看到，人們對於複合成長可

[3] 德魯森的案例可參考Hudson, *The Bubble and Beyond*。

[4] 馬克思在《資本論》中引用了這段話，見Karl Marx, *Capital*, Volume 3, Harmondsworth, Penguin, p.519。

以產生「超乎所有人想像力」的結果感到驚奇。如今我們是否也將為複合成長可以產生的結果感到震驚呢？有趣的是，派思的主要觀點（與當前的一批憂心忡忡者大不相同）是利用複利的力量，既有的公債可輕易償清（一如德魯森的案例顯示）！

麥迪森（Angus Maddison）煞費苦心地嘗試計算數個世紀間的全球經濟產出成長率。很顯然，他追溯到愈久遠的年代，相關資料愈不可靠。當中重要的一點是，一七〇〇年之前的資料愈來愈仰賴利用人口估計數推算總體經濟產出。不過，即使在當前年代，我們也有很好的理由去質疑原始資料，因為當中包括一些「國家壞事」（例如交通意外和颶風的經濟後果）。一些經濟學家以許多測量方式導人於盲為由，有力地鼓吹改變國家經濟產值的計算方式。但如果我們接受麥迪森的研究結果，則資本自一八二〇年以來的複合成長率為二．二五%。這是全球平均數。[5]顯然歷史上有某些時期（例如大蕭條時期）和某些地方（例如當代的日本），成長率微不足道或甚至是負數，但也有一些時期（例如一九五〇和一九六〇年代）和一些地方（例如過去二十年的中國），成長率遠高於長期平均數。上述平均數略低於財經媒體和其他地方普遍認為可接受的最低成長率三%。成長率低於三%時，人們會說經濟疲軟；成長率跌破零則被視為經濟衰退的指標，成長率長期低於零則被視為經濟蕭條。在「成熟經濟體」（也就是並非當代中國），成長率顯著超過五%往往被視為經濟「過熱」的跡象，這種情況總是伴隨著通膨失控的威脅出現。近年即使在二〇〇七至〇九年的「崩壞」時期，全球經濟成長也相當穩定，保持約三%的水準，雖然大部分成長是新興市場（例如：巴西、俄羅斯、印度和中國這四個「金磚國家」）貢獻的。二〇〇八至二〇一二年間，「先進資本主義經濟體」的成長率跌至一%或更低。

根據麥迪森的估算，如果以一九九〇年的美元幣值計算，全球經濟產出一八二〇年為六九四〇億美元，一九一三年時增至二・七兆美元，一九七三年時為十六兆美元，二〇〇三年時接近四十一兆美元。德隆（Bradford DeLong）提出不同的估計數（同樣以一九九〇年的美元幣值計算）：一八五〇年為三五九〇億美元，一九二〇年增至一・七兆美元，一九四〇年是三兆美元，一九七〇年是十二兆美元，二〇〇〇年是四十一兆美元，二〇一二年為四十五兆美元。德隆估計的最初經濟規模較小，複合成長率則較高。雖然兩組數字差異頗大（證明這種估算十分困難，往往相當隨意），複合成長效應在兩者均清楚可見（雖然有顯著的時間和地域差異）。❻

那麼，我們就以三%的複合成長率為基準。在這成長率下，多數（甚至是全部）資本家可以從他們的資本上獲得正數的報酬率。眼下要維持令人滿意的成長率，我們一年必須為額外的二兆美元找到有利可圖的投資機會，而在一九七〇年必須照顧的「僅為」六十億美元。到二〇三〇年時，全球經濟產出估計將超過九十六兆美元，屆時我們將必須替近三兆美元找到有利可

❺ Angus Maddison, *Phases of Capitalist Development*, Oxford, Oxford University Press, 1982; *Contours of the World Economy*, 1–2030 AD, Oxford, Oxford University Press, 2007.

❻ Bradford DeLong, 'Estimating World GDP, One Million B.C.–Present'. 估計數見維基百科Gross World Product詞條。

圖的投資機會。此後的金額更是天文數字。情況有如我們到了棋盤上的第二十一格，然後無法繼續下去。這看來完全不像是可行的成長軌跡，至少站在我們目前的位置看來是這樣。想像一下，如果資本的複合成長率持續下去，物質基礎設施、都市化、勞動力、消費以及產能自一九七〇年代以來的巨大擴張，相對於未來一個世代的擴張將顯得微不足道。看看最接近你的城市一九七〇年的地圖，再對照今天的情況，然後想像一下：如果未來二十年間，它的規模和密集度增加三倍，情況會是怎樣？

不過，如果我們假定人類社會演化是由某條數學公式決定，那將是嚴重的錯誤。馬爾薩斯（Thomas Malthus）一七九八年首度提出他的人口論時，正是犯了這種大錯誤（大約就在那時候，派思等人則在歌頌人類事物指數型成長的力量）。馬爾薩斯的論點與本章的議題直接相關，同時也有警世意味。他指出，一如所有其他物種，人類的數目傾向指數型成長（也就是複合成長），而以當年普遍的農業生產力狀況，糧食產出最多只能算術式增加。久而久之，隨著勞動力投入農業的報酬遞減，人口成長率很可能將進一步拋離糧食供給。兩條曲線的距離擴大，被視為反映人口造成的資源壓力日增。馬爾薩斯認為，隨著糧食供給缺口擴大，多數人類將無可避免地面臨饑荒、貧窮、傳染病流行、戰爭，以至各式各樣的疾病。這些狀況是一種殘酷的制衡，使人口成長保持在自然承載力理論上允許的限度內。馬爾薩斯的反烏托邦預測落空了。有鑒於此，他後來擴充他的理論，納入人類在人口相關行為上的變化，也就是所謂的「道德制約」，例如，較晚結婚、節制性欲，以及其他控制人口的（心照不宣的）手段。這些做法可抑制、甚至是扭轉人口指數型成長的傾向。[7]馬爾薩斯另外的重大失敗，是沒能預料到農業的工業化發展，以及殖民擴張之下，先前不事生產的土地（尤其是美洲）投入生產糧食，使得全球糧食產出快速增加。

我們訴諸資本積累指數型成長的傾向，是否有可能重蹈馬爾薩斯的覆轍，假定人類社會的演化遵循某條數學公式，而非反映能適應新環境的靈活人類行為？果真如此，資本一直以來以及目前是否正以某些方式，去容納必然是指數型成長的積累過程（假設是這樣）與可能限制指數型成長的情況之間的差異？

不過，我們還有一個問題必須先處理。如果人口成長是指數型的（如馬爾薩斯假定），則經濟必須保持相同的成長速度，生活水準才能維持下去。那麼，人口成長軌跡與資本積累動態之間有什麼關係？

目前人口複合成長率達三%或以上的國家，只能在非洲、南亞和中東找到。東歐的人口成長率是負數，日本和歐洲大部分地方的人口成長率低到無法保持人口穩定。這些國家正出現經濟問題，因為本地勞動力供給不足，而且人口老化造成的經濟負擔愈來愈重。這些國家的勞動人口往往日趨萎縮，而他們必須產生足夠的價值去應付規模日增的退休人口養老金。此一關係在世界某些地區仍然十分重要。在資本的早期歷史階段，人口快速成長，或大量尚未利用和

[7] Thomas Malthus, *An Essay on the Principle of Population*, Cambridge, Cambridge University Press, 1992.

城市化的受薪勞動力儲備，無疑有助促使資本快速積累。事實上，我們或許可以宣稱，從十七世紀初起，人口成長是資本積累的一個先決條件。戈登所稱的「人口紅利」促進經濟成長的作用，過去顯然重要，未來也仍將如此。一九四五年之後，北美和歐洲大量女性加入勞動力大軍，便是一個很好的例子，但這是可一不可再的事。一九八〇至二〇〇九年間，全球勞動力增加十二億人，印度和中國便貢獻近半的增幅。這種成長同樣很難再來一次。但在世界許多地方，人口快速成長與資本快速累積之間的關係已走到尾聲，因為人口成長遵循S形曲線型態：起初緩慢成長，然後呈指數型加速成長，最後快速放緩，回到人口持平甚至是萎縮的狀態（例如義大利和東歐）。這些零成長的人口真空地區吸引大量移民，但這難免會遇到政治阻力，產生一些社會亂象和許多文化衝突。

即使只是預測中期的人口也很困難（這種預測可能每年均有顯著變化），不過目前的希望是全球人口本世紀將穩定下來，世紀末之前在不超過一百二十億（可能低至到一百億）的水準觸頂，隨後達到零成長的穩定狀態。就資本積累的動態而言，這顯然是個重要問題。例如在美國，二〇〇八年以來新增職位未能追上勞動力的擴張。美國失業率下跌，是反映勞動年齡人口試圖加入就業市場的比例下降。但無論如何，未來的長期資本積累要維持或促進它的複合成長，可以仰賴人口成長的程度顯然將愈來愈低，而生產、消費和資本實現的動態顯然將必須調整，以適應新的人口狀況。這種情況何時發生難以斷定，但多數估計認為，約一九八〇年之後全球受薪勞動力大幅增加的情況，到二〇三〇年左右無以為繼之後將很難再來一次。某種程度上這是好事，因為如我們所見，科技變遷傾向產生愈來愈多過剩甚至是可棄的較低技術勞工。[8]高技術勞工不足，失業且愈來愈難就業的中低技術勞工則非常多，兩者的差距看來正在擴大，而技術的定義則正快速演變。

那麼，資本積累是否可能超越兩個世紀以來的指數型成長階段，過渡至S形軌跡（一如許多國家的人口那樣），達到資本主義經濟體的零成長穩定狀態？這問題的答案是響亮的「不能」，而了解此中的原因非常重要。最簡單的解釋，是資本一心追求利潤。如果所有資本家要獲得利潤，那麼期末的價值必須大於期初。這意味著社會勞動的總產出必須擴大，不擴大就不可能有資本。零成長的資本主義經濟體是一個邏輯上和排他性的矛盾，根本就不能存在。這就是為什麼零成長意味著資本的危機。一九三〇年代世界多數地區普遍的零成長狀態若持續下去，資本主義的喪鐘就會響起。

那麼，資本可以如何以複合成長的方式，無止境地積累和擴張下去？若要這樣，過去四十年來地球上驚人的物質變化，看來必須以雙倍甚至是三倍的規模發生，但這又如何辦得到呢？過去四十年來中國戲劇性的工業化和城市化，預示了我們為求資本能繼續累積下去，未來必須完成的任務。過去一個世紀中的大部分時候，世界很大一部分地區是在嘗試模仿美國的成長路

[8] McKinsey Global Institute, 'The World at Work: Jobs, Pay and Skills for 3.5 Billion People', *Report of the McKinsey Global Institute*, 2012.

徑。未來一個世紀，世界多數地區將必須模仿中國的成長路徑（而且像中國那樣承受可怕的環境後果），但這對美國和歐洲來說是不可能的事，對幾乎所有其他地方也是不可想像的（少數例外包括土耳其、伊朗和非洲部分地區）。我們也應記住，過去四十年間，世界曾發生多次慘痛的危機，通常是地區性的，但也有波及全球的：從一九九七年的東南亞到一九九八年的俄羅斯和二〇〇一年的阿根廷，以至二〇〇八年動搖資本世界根基的全球金融危機。

但正是在這裡，我們應停下來想想馬爾薩斯錯誤的反烏托邦展望的警世意義。我們必須思考以下問題：資本積累可以如何改變它的性質，以求適應看似危急的狀況，並自我繁衍下去？事實上，一些關鍵的調整適應已經展開了。資本積累能排除種種困難嗎？如果辦得到，這是可以無限期持續下去的嗎？資本積累的動態可以藉由哪些行為調適（類似馬爾薩斯的「道德制約」，雖然「道德」一詞很難說是恰當的）重塑，同時保存複合成長的必要本質？

資本確實能以一種形式無限積累，那便是貨幣的形式。之所以如此，是因為貨幣如今可以不受任何物質上的限制，例如商品貨幣產生的限制（商品貨幣的例子包括金屬貨幣如黃金和白銀，它們賦予非物質的社會勞動一種物質形式，而且其全球供應是大致固定的）。國家發行的法定貨幣可以無限創造出來。當代貨幣供給的擴張，如今是由某種組合的民間活動和國家行為完成（後者由財政部和中央銀行構成的國家金融連結體負責）。美國聯準會執行量化寬鬆政策時，就像變戲法那樣，想要多少流動資金就創造多少。央行要替貨幣流通量加幾個零，是完全做得到的。當然，這麼做的危險是通膨可能失控。這種危機並未發生，是因為聯準會基本上是在填補銀行體系出現的大洞；這個洞會出現，是因為二〇〇八年時，民間銀行之間的互信崩潰，銀行體系中創造大量貨幣的銀行同業拆借市場癱瘓了。通膨並未加劇的第二個原因，是勞工組織在這種時候替勞工爭取加薪的力量近乎零（因為就業市場有大量的過剩勞動力），因此不會進而影響物價（雖然中國的階級鬥爭使那裡的勞工成本略微增加）。

但是，如果沒有其他的調適，藉由大量創造貨幣，使資本以指數型成長的方式無限積累，幾乎肯定將以災難告終。我們先來看一些此類調適，再來斷定它們能否造就無止境複合成長下的資本永續再生產。

資本不僅涉及價值的生產與流通，還涉及資本的毀滅或貶值。在資本流通的正常過程中，隨著較便宜的新機器和固定資本出現，某比例的資本被毀滅了。重大危機的特點往往在於創造性破壞；商品、迄今具生產力的廠房和設備、貨幣和勞動力在這種破壞中大幅貶值。因為技術變遷，成本較低的事物取代成本較高者，新設備淘汰仍可使用的舊設備，這必然涉及某種程度的資本貶值。一九七〇和一九八〇年代北美和歐洲老工業區迅速去工業化，便是一個明顯的例子。發生危機、戰爭或天災時，資本貶值的規模可以很大。一九三〇年代和第二次世界大戰期間，資本損失相當大。國際貨幣基金組織（ＩＭＦ）估計，在爆發金融危機的二〇〇八年，全球的淨損失幾乎等同全球一整年的商品與服務產值。但儘管損失如此重大，它們也只是短暫中斷複合成長而已。無論如何，隨著房產價值收復失地，尤其是在危機期間房價重挫的美國和英國，許多資產的價值也回到危機前的水準（只是一如既往，它們如今集中在有錢人手上，因此促進大規模的累退式財富再分配；危機發生時，若無革命性的干預措施，這種再分配往往便會發生）。資本貶值如果要真正產生作用，規模必須遠大於二〇〇八年，持續時間也必須長得多（或許必須接近一九三〇和一九四〇年代的情況）。

貶值情況不均的問題，以及圍繞著貶值代價由誰承受的地緣政治鬥爭均有重要意義，部分原因在於這往往與社會不安和政治動盪的散播有關。因此，雖然貶值作為全球複合成長問題的解藥效果不是很好，其地域上的集中確實與反資本主義情緒和鬥爭的動態有重要關係。拉丁美洲多數地區在發展上的「失落二十年」，造就了對抗新自由主義的政治氣候（雖然未必是反資本的），而這對保護該地區在二〇〇八年的全球貶值危機中免受嚴重衝擊有重要作用。一些地方，例如希臘和其他南歐國家，被迫承受特別大的損失，這現象等同貧富之間財富再分配的地域版本。

相反的，公共資產私有化、新市場的創建，以及公有資源的進一步圈占（從土地、水到智慧財產權），已擴大資本可自由運作的領域。供水、社會住宅、教育、醫療，甚至是戰爭任務民營化，碳交易市場的創立，以及遺傳物質專利化，已經使資本得以進入之前無法進入的經濟、社會和政治生活領域。作為複合成長的出口，這些額外的市場機會發揮了重要作用，但一如資本貶值，我不認為它們有足夠的潛力去消化複合成長，尤其是在未來（不過我認為它們在一九八〇和一九九〇年代確實發揮了重要作用）。此外，等到一切都已商品化和貨幣化時，這種擴張過程便將遇到無法超越的極限。我們目前有多接近這種極限難以斷定，但近四十年的新自由主義私有化政策已完成大量任務，世界許多地區已沒有多少資源可供圈占和私有化。此外，許多跡象顯示，進一步圈占公有資源、生命型態進一步商品化已遇到政治阻力，而當中一些抗爭（例如，反對基因專利和義大利反對供水民營化的運動）是成功的。

想想最終消費和資本實現可能遇到的極限。資本適應複合成長的方式之一，是根本改變最終消費的性質、型態、類型和質量（這過程當然受助於人口成長）。經濟上的極限取決於有效總合需求（約等於薪資加上資產階級的可支配所得）。近四十年來，私人和公共債務增加大大增強了需求。不過我在這裡集中探討取決於消費品周轉時間的一項重要物質限制：消費品可用多久？它們多快必須替換？

資本有系統地縮短消費品的周轉時間，手段包括生產不耐用的商品，強力推動商品按計畫報廢（有時甚至是即時報廢），快速創造新產品線（例如近代的電子產品），動員時尚和廣告的力量，強調新的有價值、舊的很寒酸。近兩百年來，資本一直在動用這些手段，過程中造成巨大的浪費。但這趨勢已經加速，過去四十年來明顯地操控和傳播大眾消費習慣，尤其是在先進的資本主義經濟體。中國和印度等國家的中產階層消費主義變化也相當顯著。銷售和廣告如今是美國經濟中最大的產業之一，而它的主要工作是致力加快消費週期。

但是，許多商品（例如手機和時裝）能多快周轉，仍有物理上的限制。因此，更重要的是社會走向生產和消費奇觀；這種商品壽命短暫，必須即時消費。一九六七年，德波（Guy Debord）出版了極有先見之明的著作《奇觀社會》（*The Society of the Spectacle*）。[9]資本的代表彷彿是非常仔細地讀了這本書，並以書中的論點作為他們的消費主義策略的基礎。奇觀商品多種多樣，包括電視節目和其他媒體產品、電影、音樂會、展覽、運動賽事和大型文化節目，當然還有旅遊觀光。這些活動如今主導消費主義這領域。更有趣的是，資本動員消費者透過YouTube、臉書、推特和其他社群媒體，製造自己的奇觀。這一切皆可即時消費，它們占用了人們大量閒暇時間。消費者生產資訊，媒體擁有者挪用這些資訊服務自己的目的。公眾因此既是生產者也是消費者，托佛勒（Alvin Toffler）曾稱之為「生產消費者」（prosumer）。[10]此處有個重要推論，觸及一個我們將在別處遇到的主題：在這些領域，資本獲利並不是靠投資在生產上，而是靠占有使用資訊、軟體和它建造的網絡所產生的租金和權利金。這只是指向以下結論的數個當代跡象的其中一個：資本的前途主要掌握在食租者階級而不是工業資本家手上。

消費領域的這些轉變，似乎正是哈德（Michael Hardt）與納格利（Antonio Negri）提議資本的運作從物質勞動大幅轉移到非物質勞動時所著眼的。[11]他們認為資本與消費者之間的關係不再是以物質為介體，如今介體是資訊、影像、訊息往來，以及著力於整個族群的政治主體性的符號形式之增生和行銷。這相當於資本和國家嘗試參與族群的生命政治操作和新政治主體的生產。當然，我們是什麼類型的人，向來取決於我們所居住的商品世界。例如，郊區居民（suburbanites）是特別的一類人，其政治主體性由他們的日常生活經驗塑造出來，一如遭囚禁的義大利共產主義領袖葛蘭西（Antonio Gramsci）曾設想，他所稱的美國主義和福特主義（Fordism）會藉由工廠勞動塑造出一種新類型的人。[12]當代藉由從潛意識廣告到直接宣傳等種種手段製造「新」政治主體的活動，無疑形成了資本投資的一個巨大領域。將這種活動稱為「非物質勞動」有點可惜，因為它們其實涉及大量物質勞動（支撐這類活動的物質基礎設施更是極其重要），即使它們發生在網路空間和主要影響人們的思想和信念也是這樣。製造奇觀涉及大量的物質社會勞動（例如奧運會的開幕典禮，你會發現歷年來日益盛大，它們的操作方式相當符合這裡的論點）。

這些現正流傳的有關資本積累主要形式的內部革命的見解，與有關「資訊社會」興起和「基於知識」的資本體制之發展的許多當代評論類似。許多評論者似乎迫切需要證明資本近來已如何改變它的性質。假定我們正面對一種全新的資本主義秩序誕生時的陣痛（在這種新秩序中，首要的產品不是物質，而是知識、文化和生命政治（不管它到底是什麼）），藉此解釋近來資本運作中的壓力，或許可令人感到欣慰。雖然這種解釋無疑有真實的地方，認為我們可以與過去斷然決裂是錯誤的，而假定新秩序可避開複合成長的矛盾則是錯上加錯。例如，奇觀向來是資本積累的重要工具，而何曾有一種資本秩序是知識和資訊優勢不能產生超額利潤的？此外，什麼時候債務和財源會無關緊要？當前的金融化時期為什麼會與以前發生過的，例如十九

9. Guy Debord, *The Society of the Spectacle*, Kalamazoo, Black & Red, 2000.
10. Alvin Toffler, *The Third Wave: The Classic Study of Tomorrow*, New York, Bantam, 1980.
11. Michael Hardt and Antonio Negri, *Commonwealth*, Cambridge, MA, Harvard University Press, 2009.
12. Antonio Gramsci, *The Prison Notebooks*, London, NLR Books, 1971.

世紀末的情況那麼不同？因此，雖然奇觀、影像、資訊和知識的消費性質上異於物質商品（例如房屋、汽車、麵包和時裝）的消費，我們有必要認識這些領域的活動之所以快速擴張，根源在於我們認為有必要掙脫複合成長的物質限制，但這只是徒勞一場（我很快就會解釋原因）。所有這些另類形式，均受制於資本力求承受其必要的永久複合成長的掙扎。

在我看來，貨幣創造因為與黃金和白銀等商品掛鉤而受到的限制於一九七〇年代初解除，絕非出於偶然。資本在它的發展史上走到那時候，指數型擴張對金、銀等金屬實質固定的全球供給的壓力，根本是資本體制無法承受的。這種限制解除後，我們便處於理論上可以無限創造貨幣的世界。一九七〇年代之前，資本的主要出路，是投資在製造、採礦、農業和都市化等領域的價值與剩餘價值的生產上。雖然這類活動大多是靠債務融資，當時的普遍假定是社會勞動應用在房屋、汽車和冰箱等商品的生產上，產生的價值最終可以還清相關債務，而這種假定並沒有錯。即使是基礎設施（例如道路、公共工程、都市化）的長期融資，人們也合理地假定這種建設可以提升社會勞動的生產力，因此相關債務最終可獲得清償。此外，我們也可以合理地假定這一切將推高人均所得。美國一九六〇年之後三十年間興建的州際公路系統，對總勞工生產力有巨大助益，產生非常豐厚的報酬。戈登認為這是資本歷史上最強勁的一波創新。[13]

可稱為「虛擬資本」（fictitious capital）的重要圈子一直存在，這些資本投資在房貸、公共債務、城市和國家基礎設施等標的上。這些虛擬資本的流動不時失控，形成投機泡沫，而泡沫最終破滅，則造成嚴重的金融和商業危機。以往的例子包括十九世紀著名的鐵路興衰事跡，以及美國一九二〇年代的土地和房地產熱潮。金融業者促進這些投機活動時，經常以扭曲、創新（往往也很可疑）的方式集合、引導資本，以求獲取短期利潤（舉個例子，對沖基金很早便已出現），即使相關的長期投資以失敗告終。各種瘋狂的金融詭計盛行，馬克思因此指信貸系統是「所有瘋狂做法之母」，並形容法蘭西第二帝國時期主要銀行家貝海荷（Emile Pereire）具有「騙子和先知的迷人特質」。[14]這看來是描述華爾街「宇宙主人」的好方式；他們相當自負，例如，高盛執行長貝蘭克梵（Lloyd Blankfein）被美國國會一委員會批評沒有做好人的基本事務時，便宣稱銀行是在做上帝的事。

一九七〇年代初貨幣創造的解放，發生在生產活動的利潤前景特別悲觀的時候，當時資本開始受到指數型成長軌跡上的一個轉折點影響。剩餘資金流向何處呢？出路之一是將錢借給開發中國家的政府（這是虛擬資本流通非常特別的一種形式），因為如李世同（Walter Wriston）的名言指出：「國家不會消失，你總是知道去哪裡找到它們。」但國家不會成為具生產力的企業。結果數年後便爆發一場人們怨聲載道的第三世界債務危機，從一九八二年延續到一九九〇年代初。必須注意的是，這場危機的最終解決方式，是將可能永遠不會獲得償還的實際債權換成所謂的「布雷迪債券」（Brady Bonds）；它們是IMF和美國財政部支持的債券，可以獲得

[13] Gordon, 'Is U.S. Economic Growth Over? Faltering Innovation Confronts the Six Headwinds'.
[14] Marx, *Capital*, Volume 3, p..573.

償還。除了少數例外，相關放款機構決定接受新債權，而不是堅持討回虛幻的全額資本。在這個案例中，債權人被迫接受「削髮」，也就是接受他們發放出去的虛擬資本打折償還（損失幅度通常在三〇％至五〇％之間）。[15]

剩餘資本的另一項出路是用來購買資產（包括債權），而不是投資在生產上。資產不過是一種資本化的財產權，資產的價值是基於對它未來可獲得的收入或其稀罕程度（例如黃金或畢卡索的作品）的預期。投資資金流入的結果，是資產的價值普遍上升——從土地房產到天然資源（石油當然是特別重要的一項），以至城市債權和藝術品等等。與此同時，金融體系本身也創造出全新的資產市場，例如：貨幣期貨、信用違約交換（ＣＤＳ）、債務擔保證券（ＣＤＯ），以及許多其他金融工具；它們理論上應該有助於分散風險，但實際上卻是增強了風險，使得波動的短期交易成為聰明人投機獲利的管道。在這種操作中，虛擬資本衍生了更多虛擬資本，而參與者完全不關心交易的社會價值基礎。這種脫離社會價值的資本操作能盛行，恰恰是因為代表價值的貨幣與它理論上代表的社會勞動的價值愈來愈疏遠。問題不在於虛擬資本的流通（這種流通對資本積累的歷史向來很重要），問題在於虛擬資本流通的新管道是一個各種相互抵銷的權利的迷宮，它的價值幾乎是不可能評估的，要評估只能靠結合對未來的預期、信念，以及在不受規管的市場、長期無望回收的、根本瘋狂的短線押注（著名的安隆破產事件便是這麼一回事，雷曼兄弟破產和二〇〇八年的全球金融危機是重蹈覆轍）。

二〇〇八年金融市場崩盤之前實現的複合成長，很大程度上是靠連續的資產泡沫造就的投機所得（一九九〇年代出現網路公司熱潮和崩盤，之後是美國二〇〇〇年代的房市熱潮和崩盤）。不過，這種投機泡沫掩蓋了一九七〇年代之後投資行為方面一些非常重要的實際轉變。人們購買的一些資產，例如土地房產和天然資源，是穩當可靠的，可以長期持有以等待獲利。市場的急升暴跌因此對長線投資人特別有益，他們可以在市場崩盤之後以「跳樓大拍賣」的價格購買資產，有望因此獲得巨額的長線利潤。這正是一九九七至九八年東南亞經濟危機期間許多銀行和外資所做的事，而美國房市崩跌之後，一些投資人也在加州等地買進大量便宜的法拍屋，在等待房市復甦之際將這些房屋出租。對沖基金在虛擬資本市場放空時，也是在做這種事，雖然它的操作環境不太一樣。

不過，這也意味著愈來愈多資本投資在追求租金、利息和權利金的活動上，而不是投資在生產活動上。各種智慧財產權（包括遺傳物質和種子等等）榨取權利金的力量日益強大，助長了資本轉向「食租者」型態的趨勢。難怪美國政府如此熱烈地經由國際體制爭取保護智慧財產權，並致力將相關制度強加在其他國家身上（藉由世界貿易組織架構內與貿易有關的智慧財產權協定〔TRIPS〕）。

但是，這一切真的足以支撐複合成長嗎？基於大規模轉向非物質生產的理論，是在宣傳

⓯ 此事的概述可參考本書作者的以下著作：David Harvey, *A Brief History of Neoliberalism*, Oxford, Oxford University Press, 2005.

一個危險的幻覺：我們不必克服任何嚴重的物質困難，就能實現無止境的複合成長。如今愈來愈多資本以虛擬形式流通，而電子貨幣原則上是可以無限創造出來的（它們只是螢幕上的數字）。因此這領域的無限成長並無障礙。奇觀和知識生產經濟作為資本實現的一種形式，顯然降低了對物質商品和資源的需求之擴張速度。但是因為我們還是需要龐大的物質基礎設施，而且必須產生愈來愈多可用的能源，生產活動是否真的能實現非物質形式大有疑問。如果消費僅限於這種非物質形式，金錢的權力將無法釋放給低收入人口（他們需要基本物質商品才能活下去），必須集中在有能力以這種虛擬方式消費的少數人手上。資本可以採用的政治模式很可能只有壓制型寡頭政體。在這方面，二〇〇八年金融危機之後蓬勃發展的新興經濟體有獨特的優勢：中等收入國家產出和所得成長造就的市場，很大程度上是在致力滿足規模日大的人口之物質需求。例如高茲（André Gorz）早早指出，轉向非物質生產和奇觀經濟比較像是資本的最後掙扎，而非開創無限積累的新境界。

我們必須維持無止境的經濟複合成長，但又沒有可以支撐這種成長的明確物質基礎，那該如何是好？如我們所見，資本體制正出現各式各樣的調整，但我們愈仔細檢視這些調整，愈清楚看到它們像是根本問題的徵象，而不是長遠解決問題的希望。當然，資本可以建造一個虛擬經濟體，以一個基於不可持久的層層虛構事物、迷戀幻想的世界為基礎（這件事某種程度上已經發生）。我們或許將見識到一個使所有其他騙局黯然失色的終極龐茲騙局。諷刺的是，在我們這年代，可茲利用的創新技術，往往被輕易用來助長而不是抑制投機活動，奈秒間即可完成的股票高頻交易便是一個例子。這樣的經濟體在最終結局出現前，將不時發生「火山爆發」和崩盤。在這種情況下，資本結束時既不是一聲轟鳴也不是一陣嗚咽，而是在萎靡資本積累的參差地域景觀下，無數資產泡沫破滅的聲音。這種崩潰幾乎肯定將與資本主義社會表面之下沸騰的普遍不滿一併發作。一陣陣如火山爆發的民怨已經在我們眼前上演，例子包括二〇一一年的倫敦、二〇一三年的斯德哥爾摩、伊斯坦堡和一百個巴西城市。必須注意的是，這種不滿並非只是聚焦於資本未能兌現創造消費者天堂和充分就業的技術性失敗，而是反映人們愈來愈強烈反對資本和日趨專橫的資本主義政體強加的非人性化社會規則和規範，因為它們損害所有被迫屈服者的人格。

複合成長對本書闡述的許多（甚至是全部）其他矛盾很可能具有傳染性的影響，基於這種影響的說法有特別悲觀的一面。例如我們很快將看到，複合成長對環境矛盾的影響很可能非常大。資本重新平衡生產與實現，以及貧與富之間關係的能力已見衰退，而隨著愈來愈多虛擬資本必須在高得多的風險溢價水準創造出來，以求維持複合成長，金錢與它理應代表的社會勞動日趨疏遠。要在避免大幅縮減資本積累領域的情況下，扭轉所有使用價值的商品化、貨幣化和市場化同樣極其困難，甚至是不可能的。不顧後果地促使成長加速，以及隨之而來的貶值（藉由參差的地域發展中愈來愈高的波動性產生作用）將變得較難控制。就是這樣！資本的種種矛盾將不再像以前某些時候那樣彼此約束、避免失控，而是很可能將在必須維持複合成長的壓力日增下，彼此感染、失控爆發。隨著交換價值在投機狂熱中暴增，使用價值勢必將變成更微不足道的因素，而這可能會衍生出一些相當驚人的結果。

例如，有項威脅的一條線索，或許是我的論點的一個小註腳，但它與很久以前政治經濟學家對資本的前途表達的恐懼有奇怪的共鳴。當年李嘉圖表示，一旦土地和天然資源變得非常稀有，以致所有收入都必須用來支付負擔昂貴食物所需的薪資，或是權勢極大但不事生產的食租者所要求的租金，資本便走到它的末路。這個不具生產力的階級將嚴重壓榨工業資本，使後者無法維持生產作業。寄生的食租者階級將吸乾工業資本，使得社會勞動無法動員，價值無法生產。無法生產社會價值意味著資本的末日。李嘉圖做此預測時，十分倚賴馬爾薩斯有關土地勞動報酬遞減的錯誤假設。後來的經濟學家因此普遍駁斥利潤率遞減的觀念（雖然馬克思訴諸一種截然不同的機制，嘗試挽救這理論）。例如，生活環境大不相同的凱因斯，便樂觀地期望食租者的安樂死，以及國家支持的永續成長體制的建設（這種可能性在一九四五年之後的一段時期內得以局部實現）。

如今特別引人側目的，是不具生產力的寄生食租者權勢日增，不僅是擁有土地和土地中資源的人，還包括資產的擁有者，最強大的債券持有人，獨立金錢權力（本身已成為最重要的生產工具）的擁有人，以及專利和知識產權的所有人（他們有權從社會勞動中索取價值，但完全沒有義務動員社會勞動從事生產）。資本的寄生型態如今正在崛起。我們看到在世界的所有國際大城市（例如：紐約、倫敦、法蘭克福、東京、聖保羅、雪梨等等），寄生資本的代表乘坐豪華大轎車在街上穿梭，光顧各種高級餐廳，住在豪華公寓頂層。在這些所謂的創意城市，創造力的衡量標準在於「宇宙主人」能多成功地從全球經濟中吸取生命力，以支持一個一心擴大自身本已巨大的財勢階級。紐約便是創意人才高度集中的城市，這裡有富創意的會計師和稅務律師，掌握華麗的新金融工具、富創意的金融業者，富創意的資訊操縱者，富創意的騙子和寶藥黨，富創意的媒體顧問；這裡因此是一個神奇的地方，可以研究資本所能製造的每一種拜物對象。二〇〇九年之後所謂的經濟復甦僅惠及頂層的一％人口，而大眾在不景氣中經濟狀況遠遠落後卻沒有強烈抗議，由此可見這些創意人才和寄生資本多麼成功。寄生階級已贏得戰役。債權人和中央銀行家統治世界。他們的成就必將如鏡花水月，他們不可能贏得資本的生存戰爭，但這事實不曾引起他們的一絲疑慮。如彼得．巴菲特（股神巴菲特的小兒子）所說，財勢寡頭與他們的慈善同儕花多天時間「洗滌良心」，嘗試以他們的右手彌補他們的左手之前造成的損害，然後晚上便能安穩地睡覺。他們未能看到自己有多接近災難，令人想起法國國王路易十五，據稱他曾講過一句頗有先見之明的話：「在我身後，洪水滔天。」資本終結時，可能不會有洪水。世界銀行喜歡安慰大家說：經濟發展將產生水漲船高的作用，惠及所有人。但是，較真實的比喻可能是：海平面暴漲和暴風雨加劇，必將令所有船隻沉沒。

矛盾16

資本與自然界的關係

資本主義因為環境危機將至，而面臨一個致命矛盾，這想法在某些圈子中廣為流傳。我認為這論點有一定的道理，但也是有爭議的。其道理主要在於資本的指數型成長累積了一些環境壓力，懷疑它則有四大理由。

首先，資本有成功解決其生態困難的悠久歷史，無論這種困難是關於「自然」資源之使用、承受環境汙染的能力，還是棲息地退化、生物多樣性衰減，空氣、土地和水品質下降的問題。以前有關自然資源稀缺和天災將毀滅文明與資本體制的預測，如今看來相當可笑。縱觀資本的歷史，太多悲觀者太快和太常高呼「狼來了」。如前所述，馬爾薩斯一七九八年便錯誤地預測，隨著人口的指數型成長拋離食物供給增加的能力，社會將發生大災難（饑荒、疾病和戰爭蔓延）。在一九七〇年代，環保運動領袖艾利希（Paul Ehrlich）曾表示，一九八〇年之前將發生大饑荒，但事實不然。他還與經濟學家西蒙（Julian Simon）打賭，認為自然資源的價格很快將因為稀缺而暴升，結果他輸了。[1]當然，歷年來這類預測大量落空，不代表未來不會發生災難，但這確實是懷疑這類預測的有力理由。

第二，我們據稱正在剝削和消耗的「自然」（據稱將限制甚至「報復」我們），實際上在資本的流通和積累中被內化了。例如，一株植物的生長能力被納入農業企業追求利潤的計畫中，這株植物第二年能繼續生長，是拜利潤再投資所賜。自然事物在資本積累過程中的每一個點都是活躍因素。資金流動是一種生態變量，而經過生態系統的養分轉移，也可能構成一種價值流動。

雖然物質是無法創造或毀滅的，物質的型態卻是可以根本改變的。基因工程、新化合物的創造，以及大規模的環境改造（藉由都市化及農場、礦場和工廠的資本投資，創造出全新的生態系統），如今遠遠超過長久以來人類引起的環境改造。歷年來，這些環境改造努力，已經使地球整體而言變得遠比以前適合人類居住，而近三百年來也使地球變得遠比以前適合從事營利活動。許多生物會積極創造有利於自身繁衍的環境，人類也不例外。資本作為人類活動的一種具體形式，也會做同樣的事，但愈來愈傾向以資本而非人類的名義。

這項概念架構容不下自啟蒙運動以來（從笛卡兒的著作開始），在科學著作和大眾的想像

---

[1] Paul Sabin, *The Bet: Paul Ehrlich, Julian Simon, and Our Gamble over Earth's Future*, New Haven, Yale University Press, 2013.

中有廣泛影響力的「支配自然論」。這對我們深入思考資本與自然的關係造成一些問題。笛卡兒理論錯誤地將資本和自然視為彼此有因果互動的兩個獨立實體，然後錯上加錯地假定資本支配自然或自然「報復」資本。較縝密的版本會納入回饋環路（feedback loops）的概念。這裡提出的替代理論起初不容易理解。資本是運作中和演變中的一個生態系統，自然和資本在這系統中不斷被生產和再生產出來。這是思考這問題的正確方式。[2]那麼，有意思的問題便只剩下：資本是什麼類型的生態系統？它正如何演變？為什麼它可能容易發生危機？

生態系統由資本與自然的矛盾統一構成，一如商品是使用價值（其物質和「自然」型態）與交換價值（其社會評價）之間的一種矛盾統一。此外，如前所述，技術是人類利用自然事物和過程促進生產的手段。由此產生的自然，不僅會不可預料地自行演變（拜演化過程中的自主隨機突變和動態互動所賜），還會不斷被資本的行動改造和再造。這便是史密斯（Neil Smith）所稱的「自然的生產」，而這種生產如今已精細到分子生物學和DNA定序的層次。[3]這種自然生產的方向如何，是一個沒有定論的問題。此外，早就很明顯的一個事實，是這過程中充滿意外後果。冷凍技術方便我們為日益膨脹的城市人口供應生鮮食品，但許多年後我們發現這會釋出大量氟氯碳化物（CFCs），破壞保護我們免受過量太陽輻射傷害的臭氧層！

第三，資本已經將環境問題轉化為大生意。環境技術股如今在許多證交所是重要的類股。在這種情況下，一如技術的普遍情況，這種自然代謝關係工程便成了一種與實際既有需求有關的自主活動。如史密斯所言，自然變成「一種積累策略」。例如，一種新藥或減少碳排放的新技術發明出來後，我們便必須替它們找到用途。這可能涉及創造需求而非滿足需求。百憂解（Prozac，一種抗憂鬱藥）起初便沒有它可以醫治的病，我們因此必須替它發明一種病，所謂的「百憂解世代」由此而生。科技變遷中盛行的「組合演化」也在此出現。新藥產生的副作用必須以其他藥物控制，新環境技術造成的環境問題則需要其他技術來解決。

為了自身的利益，資本試圖掌握有關我們只能藉由改變世界改變自己（反之亦然）的辯證。所有生態和環境計畫都是社會經濟計畫（反之亦然）。如此一來，一切皆取決於社會經濟和生態計畫的目的——是為了人類福祉還是利潤率？在公共衛生和供水等領域，這種辯證造福人類，有時犧牲了利潤。大眾對大企業投入環保的支持，因此對資本和環境政治均是有益的。令人遺憾的是，部分這類政治運作只是象徵性的。這就是所謂的「漂綠」（greenwashing）——將追逐利潤的計畫，偽裝成目的在提升人類的福祉。在環保人士嘗試因應全球暖化做些事時，高爾（Al Gore）送給環保運動的大禮，是創造一個碳交易新市場；結果帶給對沖基金大量的投機獲利，對抑制全球碳排放總量卻幾無貢獻。有人因此懷疑，投機獲利根本就是設立碳交易市場的初衷。另一方面，目的在保護魚類資源的新組織型態，則涉及一種優待大型金融和企業資

❷ 我在以下著作中對此有詳細的議論：David Harvey, *Justice, Nature and the Geography of Difference*, Oxford, Basil Blackwell, 1996。

❸ Neil Smith, 'Nature as Accumulation Strategy', *Socialist Register*, 2007, pp..19–41.

本、犧牲小規模漁業的私有化模式。

第四，這也可能是最令人不安的一點：即使是在環境災難中，資本也完全有可能繼續流通和積累。環境災難為「災難資本體制」創造出獲得豐厚利潤的大量機會。不受保護的弱勢族群餓死，或他們的居住地遭到大規模摧毀，未必會困擾資本（除非這種情況激起叛亂和革命），而這恰恰是因為世界上很多人口已變得多餘和可棄。資本從來就不畏懼為了逐利而摧毀人類。最近的一個例子，是孟加拉發生的可怕悲劇：成衣工廠大樓失火倒塌，導致超過一千名工人死亡。有毒廢棄物的棄置場高度集中在貧窮、脆弱的社區（美國最惡劣的一些棄置場設在印第安人保留區）或世界上的貧困地區（有毒的舊電池被運到中國，以損害人類健康的方式處理；報廢的船隻被送到印度和孟加拉的岸邊拆解，當地人為此付出相當大的人命代價）。中國北方空氣品質愈來愈差，據稱自一九八〇年以來導致當地人口的預期壽命縮短逾五年。這種環境損害方面的分擔不公，可能替環境正義運動注入更多動力。但迄今為止，由此衍生的社會抗爭對資本仍未構成重大生存威脅。

根本的大問題是：在什麼情況下，這些內部困難對資本的再生產會是危險，甚至是致命的？為了回答這問題，我們必須更充分地了解資本與自然之間的矛盾統一如何運作。檢視資本的七個根本矛盾如何影響物質對此有幫助。在資本眼中，自然無非是潛在使用價值的一個巨大倉庫；這些潛在使用價值是一些過程和事物，可以直接或間接（經由科技）用在商品價值的生產和實現上（我必須強調，資本體制整體而言對自然的看法可能非常不同，實際上目前的看法便非常不同）。自然是「一個巨大的加油站」（馬丁・海德格的說法），自然的使用價值被貨幣化、資本化和商業化，以商品的形式被拿來交易。只有這樣，資本的經濟理性才能加諸世界。自然被分割為國家保障的私有產權。私人財產必然涉及圈占自然的公有資源。雖然某些自然事物很難圈占（例如我們呼吸的空氣和捕魚的海洋），人類可以想出各種替代方法（通常是在國家的協助下）將所有的自然公有資源貨幣化，使它們可以拿來買賣。國家也往往藉由干預糾正市場失靈現象。雖然這些干預可能看似進步，其作用是促使市場程序和市場評價進一步滲透我們生活的所有面向。碳交易，以及規模日大的汙染權和生態補償市場便是這樣。自然公有資源被私有化時，當中的所有事物和過程便會被標上一個價值（有時是官僚藉由指令任意設定的），無論是否已有任何社會勞動花在它們身上。資本便是這樣創造出自己的獨特生態系統。

在這種情況下，民間個體便可從他們擁有的商品化自然資源中自由榨取社會財富，甚至可以將它資本化為貨幣財富。這為可能十分強大的食租者階級（包括地主）的形成創造了基礎，這階級憑藉其階級壟斷力和它從土地榨取的租金，管理使用價值倉庫的利用情況。這階級「擁有」我們賴以為生的自然，可以藉由獨占所有財富，威脅資本的永存。如前所述，李嘉圖（在馬爾薩斯之後）認為資本必將完蛋，因為隨著租金和食物價格日增，利潤率必將下跌。食租者的力量因為以下事實而放大：許多資源出現在特定地點，受制於壟斷性競爭，食租者因此可榨取壟斷租（monopoly rents）。城市的土地和房產市場，以及所謂的「自然」資源世界，是茁壯成長的食租者階級積聚愈來愈多財富和權力的豐饒所在。食租者的這種權力延伸到在資本的流通中被內化為科技的自然事物上。專利和所有權已在那些以新科技的形式生產自然事物的人指示下建立起來。私人擁有的遺傳物質（例如種子）、新方法，甚至是新的組織系統被私下授權給其他人，換取壟斷租。近數十年來，智慧財產權已成為資本積累的一個關鍵領域。

食租者階級（例如地主，以及礦物、農業和智慧財產權的主人）因為控制了所謂的「自然」資產與資源，得以製造和操控匱乏現象，以及針對他們控制的資產的價值做投機買賣。這種力量早已明顯可見。例如，如今人們普遍認同近兩百年來，幾乎所有饑荒都是人禍而非天災。每次油價上漲引發一波有關「油產見頂」（peak oil）這種自然限制的評論後，人們就會因為認識到是投機客和產油國聯手推高油價而懊惱一段時間。如今世界各地（尤其是非洲）出現的「搶地」現象，主要是因為各方壟斷食物鏈和資源的競爭加劇（希望藉由壟斷榨取租金），而不是因為害怕食物生產和礦物開採的自然限制將至。近年來引發大規模社會不安（包括北非的革命）的食物價格上升現象，主要可歸因於資本為了利潤而操控交換價值系統。

資本將自然視為不過是一種物化的商品，這種設想並非不受質疑。資本構想和利用自然代謝關係建造自身生態系統的方式，與公民社會以至國家機器中對自然的不同概念和態度，一直處於交戰狀態。不幸的是，資本無法改變它將自然分割為商品和私有產權的方式。質疑這種方式等同質疑資本體制經濟引擎本身的運作，等同否定資本的經濟理性適用於社會生活。這就是為什麼環保運動一旦超越表面工夫或政治改良的層次，必須是反資本的。支撐各種環保哲學的自然觀，與資本為了自身的再生產而必須加諸世界的自然觀，根本是互相矛盾的。環保運動與其他力量聯手，或許能嚴重威脅資本的再生產。但是，因為各種原因，環境政治迄今在這方面未有重大發展。它往往選擇完全忽略資本正在建造的生態，著眼於可以與資本運作核心動力分離的議題。抗議設立某個垃圾場或拯救某個瀕危物種或寶貴的棲息地，不可能對資本的再生產構成致命威脅。

現在我們可以更好地了解兩件事。首先，資本極有必要奪取環保運動的衣缽，作為未來大企業環保運動的正當基礎。如此一來，資本便可以支配生態論述，也就是以自己的方式定義自然（通常是貨幣化的，會借助成本效益分析），並試圖以符合資本階級廣泛利益的方式，處理資本與自然之間的矛盾。第二，資本的經濟引擎在構成資本主義世界的各種社會型態中的支配力愈強，資本與自然的代謝關係的規則愈有必要支配公共論述、政治和政策。

那麼，我可以基於什麼理由，將資本與自然改變中的代謝關係提升為一個危險、甚至可能致命的矛盾？資本以往成功克服這項困難，不代表這一次也必將成功。當然，這裡的「成功」是站在資本的立場而言，意味著能持續賺取利潤。這是一個重要的限定，因為我們仍將面對資本以往的調適累積下來的負面生態影響，包括以前的損害後果。歷史每邁出一步，資本生態系統運作的基準皆大不相同。例如，大面積的熱帶雨林已經消失，大氣中的二氧化碳濃度已上升了一段時間。郊區化和郊區生活方式正在擴張（例如在中國各地）。這種生活方式深植於特定的文化偏好、人類心理和物理景觀中，它們仰賴高能源消費及揮霍的土地、空氣和水的使用方式，來發揮潤滑作用。

這次不同的是，我們如今處於資本活動指數型成長中的一個關鍵轉折點。這種活動的成長正對資本生態中的環境壓力和危難的程度產生巨大影響。首先，它使我們有巨大的壓力去將生活世界中愈來愈多方面（甚至是生物本身）商品化、私有化和納入資本運作的範疇。如今連基因鑑定也有人宣稱是私有財產。它也導致某些方面的壓力加劇，最明顯的是氣候變遷、棲息地多樣性受損，以及不穩定的公共衛生（確保食品安全和有足夠能力對付新疾病）能力。我認為有明顯的跡象顯示，資本的生態系統正日趨惡性地擴散和退化。這在很大程度上也與快速的城市化和非常劣質的人造環境（有時稱為「第二自然」）的建造有關（亞洲近年的快速城市化正是這樣）。

資本內部圍繞著如何改善自身生態環境的鬥爭，正在進行且日趨尖銳。資本主義企業經歷的生態效應，往往是以成本轉移或經濟學家所稱的「外部性」出現；所謂外部性，是指資本不必支付的實際成本（例如，公司造成環境汙染，但後果由其他人承受，公司不必付出代價）。連右翼經濟學家也承認，這方面有市場失靈的問題，政府干預、補償稅和監理行動因此是有正當理由的。但是，一如既往，在這種問題上採取行動或無所作為，均涉及不確定性和意外後果。最大的危險在於，必要的行動將因為頑固的政治和企業勢力反對而耽擱，而我們可能在辨明（遑論解決）問題之前，便越過不可逆轉的臨界點。例如，加州近海沙丁魚的繁殖週期無人知曉，一九三〇年代歡樂的過度捕撈，持續到沙丁魚終止繁殖，此時才有人意識到可能出了問題。這海域此後再也見不到沙丁魚。[4]在《管制破壞臭氧層物質的蒙特婁議定書》這個例子中，時程相當長，因為平流層中的氟氯碳化物需要很多年才會消散。資本不善於處理這種時程，是可以理解的。這是與氣候變遷和生物多樣性衰退的長期後果作戰的一大問題。

在指數型成長持續的壓力下，惡性退化很可能將加速。我不排除這過程中將出現末日般的時刻。例如，極端氣候現象正日趨頻密。但因為掠奪式的「災難資本體制」樂於發揮作用，資本可以輕易適應局部的災難事件。事實上，在局部環境災難造成的波動中，資本茁壯成長和演化。這些災難不但衍生新商機，還賦予資本掩飾自身缺點的方便口實：雖然這些災難主要是資本製造出來的，資本可以將它們歸咎於不可預測、善變任性的悍婦「自然母親」。相對之下，環境生態長期以來的惡性退化，才是資本幾乎毫無準備的大問題，而我們也仍未創造出新的體制和權力去處理這問題。

資本生態系統的時間尺度和地域規模已在改變，以因應指數型成長。以前的問題往往是局部的（這裡有一條河遭到汙染，那裡有嚴重的霧霾），如今問題日趨區域性（酸性沉降、臭氧濃度偏低，以及臭氧層破洞）或全球性（氣候變遷、全球城市化、棲息地遭破壞、物種滅絕和生物多樣性衰退，海洋、森林和陸地生態系統退化，以及在副作用和對土地與生物的影響未明之下，不受控制地使用人工化合物，如肥料和殺蟲劑）。在許多情況下，地方的環境改善了，

❹ Arthur McEvoy, *The Fisherman's Problem: Ecology and Law in the California Fisheries, 1850–1980*, Cambridge, Cambridge University Press, 1990.

但區域或全球的問題則惡化了。因此，資本與自然的矛盾如今已不是傳統的管理和因應手段所能應付。相關問題以往仰賴市場力量與國家權力的某種結合處理，例如，面對一九五二年的倫敦霧霾災難，當局的補救措施之一是建造巴特西發電站，將燒煤產生的含硫汙染物排放到高層大氣（後來導致斯堪的納維亞的酸性沉降區域問題，必須靠複雜的跨國區域協議來處理）。汙染問題不僅會被轉移到別處，還會被藉由分散或改變尺度的方式處理掉。桑默斯擔任世界銀行首席經濟學家時，便曾提出這種建議。當時他說非洲「汙染偏低」，利用非洲來處理先進國家的廢棄物因此是有道理的。因為許多矛盾近數十年來已「全球化」，可用的閒置空間也就愈來愈少（外太空棄置垃圾除外）。隨著複合成長加速，這可能將成為一個嚴重問題。

全球規模的複雜互動問題如今由誰代表發言，又由誰採取有效行動？討論環境問題的週期性國際會議往往沒有結果。偶爾會有問題能達成跨國協議（例如，酸性沉降和氟氯碳化物的問題），此時便有可能採取有效行動。但是，相對於資本的全球生態系統中逐漸浮現的大問題，這些只是杯水車薪。如果資本未能成功處理這些矛盾，那不會是因為自然界的障礙，而是因為資本本身在經濟、政治、體制和意識型態方面的缺點。例如，就氣候變遷而言，問題不在於我們不知道發生了什麼事或大致該怎麼做（儘管應對方案可能很複雜）。問題在於某些資本勢力（以及某些資本主義國家的政府及其機器）的傲慢和既得利益，他們有能力質疑、破壞和防止威脅其營利能力、競爭地位與經濟權力的行動。

當然，資本的生態系統向來是全球性的。商品國際貿易必然涉及投入要素（水、能源、礦物、生物質和養分，以及人類勞動力的作用）從一地至另一地的實質或虛擬轉移。這種貿易是凝聚資本生態系統的黏著劑，而該生態系統中的活動之擴大和增強，正是靠這種貿易的擴張。虛擬生態轉移的類型很重要。舉個例子，加拿大煉鋁耗用的能源，以鋁商品的形式出現在美國（而不是經由電網或輸油管，直接將能源從加拿大轉移到美國），便是一種虛擬轉移。這種轉移不均衡，正是資本生態系統中充斥著不平等和地域發展不均衡現象的原因。好處集中在世界某些地區，代價則由其他地區承受。地區之間的生態效益轉移支撐地緣政治張力。這也有助解釋，玻利維亞人利用他們的自然資源的方式，為何與美國截然不同。玻利維亞人希望將石油留在地下。他們允許這些石油開採出來，供其他國家（如美國）使用，只能獲得微薄的權利金，那為什麼要這麼做呢？為什麼要用我的資源來補助你的生活方式呢？

自然資源獲得的價值評估（用生態經濟學家的說法則是：自然為資本提供的服務所獲得的貨幣價值評估）是任意的。這有時會導致資本濫用自然可提供的使用價值，最終引發生態崩潰。資本經常耗盡、甚至是永久摧毀特定地點的自然資源。當資本可以在地域間流動時，情況尤其如此。美國南部的棉農或巴西的咖啡種植者耗盡他們土壤的肥力時，便遷往更容易營利的肥沃土地。殖民者開採殖民地的資源，不顧當地人（往往是原住民）的福祉。礦物、能源與森林資源的開採遵循類似理念。但是，生態後果由在地社區集中承受，留下滿是廢棄礦鎮、貧瘠土壤、有毒垃圾場和貶值資產的參差地貌。生態效益則由其他地方享受。

在帝國和殖民統治制度之下，這些掠奪資源的做法是加倍的貪婪和暴力。採礦、土壤流失和不受管制的資源開採，在世界的地貌上已留下巨大的瘡疤，有時還不可逆轉地摧毀人類生存所需的使用價值。在某些地方，我們有時可以結合健全的環境管理和持續營利原則，建立比較良性的資本主義邏輯。例如，一九三〇年代美國發生黑色風暴（Dust Bowl，嚴重損害生態和農業的連串沙塵暴）後，國家贊助的土地保育做法，和較可持續的農業經營方式便開始流傳，儘管這種經營方式類似當代賺錢的農業企業那一套：資本密集，高耗能，使用大量化肥和殺蟲劑。

某地出現破壞生態系統的做法，不代表其他地方也會出現這種做法（反之亦然）。悲觀者強調破壞生態的貪婪行為，樂觀者則表示別處有維持生態平衡的健全做法。事實上，兩者共存於資本生態系統的動態中。不幸的是，我們的知識和工具不足，無法全面計算地球的得失，無論我們講的是使用價值還是貨幣價值（雖然衛星影像對估算前者有些幫助）。地區間商品貿易所涉及的實質和虛擬生態轉移，也極難計算。英國雪菲爾和美國匹茲堡的鋼廠關門，當地空氣品質在大量勞工失業之際神奇地改善；另一方面，中國增加了許多鋼廠，空氣汙染因此嚴重惡化，縮短當地人的預期壽命。這又是汙染問題沒有解決而轉移到別處的例子。但是，在得失分配不均之下，受惠的總是有錢有勢者，貧窮弱勢者的景況則大大惡化。畢竟掠取資源的帝國主義向來便是這麼一回事。

因為缺乏有關資本生態系統實際整體運作的可靠知識，我們很難就資本進一步持續擴張造成的環境退化有多致命做出清晰的判斷。這情況本身或許便意味著一大危險：我們不僅沒有準備好必要的手段去妥善管理資本的生態系統，連必須處理哪些社會生態問題也相當不確定。我們確實知道的是，目前正浮現的環保問題的空間與時間規模已根本改變，而應付這種規模的問題之制度架構，則顯然未能追上時代的需求。我們也知道，即使爭議各方有採取預防措施的政治意願，我們也未必能及時設計和執行防止災難的必要方案。

面對這些問題，明智的立場看來是這樣：所謂的自然災難一點也不自然，人類的知識大致足以緩和或應付多數（雖然永遠不是全部）環境災難的威脅。但是，資本若要採取必要的行動，估計必須先經過一些鬥爭——資本交戰各派之間的鬥爭，以及受極其方便的成本轉移做法影響的人與資本的鬥爭。問題遲遲無解，原因在政治、體制和意識型態方面，不能歸咎於自然的限制。

如果資本與自然的關係有嚴重問題，這是資本的內部矛盾，而非資本外部的問題。我們不能一方面堅稱資本有能力摧毀它自身的生態系統，一方面任意否認資本有自我清理和解決（或至少適當平衡）它內部矛盾的潛力。在許多案例中，資本已成功處理這類矛盾，通常是在國家權力（在環境政策方面整體而言往往極度不一致）的敦促或命令下，或是在資本主義社會產生的普遍壓力影響下。相較於一個世代前，歐洲北部和北美的河流與空氣如今乾淨得多；即使是在中國北部，當地人的預期壽命也正普遍上升而非下跌。限制使用氟氯碳化物的《蒙特婁議定書》藉由國際協議，成功處理了一項嚴重的環境威脅（儘管談不上完美解決）。又例如滴滴涕（DDT）殺蟲劑的有害影響也已受到控制，而類似例子還有很多。在《蒙特婁議定書》這例子中，這項政府間協議之所以成功，有賴保守和擁護自由市場的柴契爾夫人改變想法，成為積極的支持者（部分原因在於她有化學專業背景，了解相關的技術問題）。氣候變遷方面，掌權的「否認者」太多，改善行動因此無法推行，而至今仍未出現像柴契爾夫人這樣的人才來拯救大局。我們只能靠一些比較貧窮和立即受威脅的國家，例如玻利維亞和馬爾地夫，出來呼籲國際社會支持氣候正義。我們因此無法得知資本是否能達成有效處理這問題所需的巨大調適。

目前大部分證據不支持資本體制因為環境威脅而即將崩潰的說法。即使油產見頂，我們也不會沒有能源可用；即使面對指數型成長，未來許多年土地和水仍足以養活日增的人口。如果某些資源真的即將出現匱乏現象，我們將有足夠的智慧找到替代品。所謂資源，是對自然中使用價值的技術、經濟和文化評價。如果某些自然資源看似不足，我們可以因應情況改變我們的技術、經濟和文化信念。即使是全球暖化、生物多樣性衰退和新疾病的問題（如今我們必須視它們為對人類生命的首要威脅），如果我們能克服自身短視和政治方面的缺點，它們也是可以適當處理的。當然，這對我們的政治體制是很高的要求。因此，未來無疑將有資源戰爭，某些地方將發生饑荒，有些地方將出現數以百萬計的環境難民，而商業運作將常常受到干擾。但這一切都不是自然界中的限制所能決定的。如果多數人類淪落到赤貧和饑餓的狀態，我們只能怪自己。果真發生這種情況，它最主要是反映人類的愚蠢和腐敗。啊，但大量證據顯示，人類確實有很多愚蠢和腐敗的行為，而資本本身因此興盛，甚至助長這種行為。但這並沒有導致資本的末日。

由此就講到資本與自然的矛盾中，可能真正威脅資本的關鍵所在。我們的兩個答案可能有點出人意表。首先是食租者階級勢力日增，他們占有所有財富和收入，但完全不關心生產。土地私有和商品化及其「自然」稀缺性，令不具生產力的地主階級得以從生產資本身上榨取壟斷租，最終將利潤率降至零（因此也將再投資的誘因降至零）。如前所述，這種描述也適用於廣義的食租者，也就是包括傳統地主以外的各種產權擁有人；這些產權本身不具生產力，但能幫助它的主人占有財富和收入。食租者占有自然的力量和資本生態系統中的關鍵位置，有扼殺生產資本的危險。

資本與自然的矛盾可能變得致命的第二個原因，完全在一個不同的面向上，那就是人類對資本建造的生態系統的疏離反應。這生態系統是功能主義和技術主導型的，是設計和建造出來的。它是私有化、商業化和貨幣化的，傾向藉由製造和占有使用價值，盡可能產生最大的交換價值（特別是租金）。一如資本的所有其他方面，其運作日趨自動化。它是資本密集和高耗能的，涉及很少的勞動力投入。在農業方面，它傾向單一作物和榨取型運作方式，當然也傾向在指數型成長的壓力下不斷擴張。在城市化方面，郊區也傾向單一文化，生活方式強調以驚人揮霍的方式盡可能增加物質商品的消費量，而這會產生孤立和個體化的社會效果。資本支配我們集體甚至是個別與自然產生聯繫的方式。它漠視功能美學價值以外的一切。它以災難性的方式對待自然世界（人類是當中一部分）的純粹美麗與無限多樣性，展現出它自身極其貧瘠的特質。如果說自然是專注於不斷創造新事物的豐饒場所，那麼資本將這種創新特質切成碎塊，重新組合成純粹的技術。資本內部有一種力量，強烈傾向破壞自然世界的豐富多樣性，以及人類自由發展自身能力的潛力。資本與自然和人性的關係，是異化的極致。

資本不得不盡其所能，將自然的各方面私有化、商品化、貨幣化和商業化。唯有如此，它才能吸納愈來愈多自然事物（如今已延伸至人類的ＤＮＡ），使它們變成一種資本（這是資本的一種積累策略）。這種代謝關係必然因應資本的指數型成長而擴張和深化。它被強加到愈來愈有問題的領域。生命型態、遺傳物質、生物過程、有關自然的知識，以及有關利用自然的性質和力量的智慧（至於相關事物是人造的還是具有獨特人性，則完全不重要），全都被納入商業化的邏輯中。資本正加快它對人類生活世界的殖民。隨著資本日趨盲目地以指數型成長的方式不斷積累，資本的生態也日趨盲目地在我們的生活世界中不斷擴張。

這激起各種反應、強烈的反感和抵抗。觀賞日落的喜悅、雨水的清新味道、風暴的奇觀，甚至是龍捲風的暴行，不能粗暴地化約為某種貨幣價值。波蘭尼控訴將商品形式強加在自然世界不僅「怪異」，本質上還是破壞性的；這控訴遠比以下批評深刻：自然力量被擾亂和破壞，以致變得對資本無用。被摧毀的是違背資本的要求和命令，保存人性的能力。許多人認為這是對「真正」自然的傷害，而這不利於我們實現更好的另一種人性。

人類早就認識到，資本的運作必然涉及摧毀正派、敏感的人性。這種認識早期引發一場以浪漫主義運動為首的美學起義，反對以純科學方式邁向資本主義現代性。在深層生態學中，這衍生了一種並非以人類為中心的視野，應用在人類對自身與周遭世界關係的理解上。在社會與政治生態學中，它衍生了反資本主義分析的嚴厲批判形式。在法蘭克福學派的批判工作中，它促成一種較為生態敏感、十分重視自然的辯證和「反叛」的馬克思主義。[5]所謂「自然的反叛」不是指憤怒、不舒服的「自然母親」對人類的反撲（如某些原住民所相信，而現在的氣象主播也喜歡這麼說）。這其實是人性的一種反叛，是對我們為了在資本生態系統中生存而必須承受的人性扭曲的反叛。這種反叛是跨政治光譜的——對於自然的各方面被商品化、貨幣化和商業化，農村的保守主義者與城市的自由主義者和無政府主義者一樣憤怒。

人道主義反叛的種子已經播下，它反抗的是將自然和人性化約為純商品形式的不人道本質。疏遠自然等同疏遠人類的潛力。這釋放出一種反叛精神。在這場反叛中，尊嚴、尊重、同情、關懷、愛心等詞語變成革命口號，求真和求美的價值觀取代了社會勞動的冷酷計算。

[5] Arne Naess, Ecology, *Community and Lifestyle*, Cambridge, Cambridge University Press, 1989; William Leiss, *The Domination of Nature*, Boston, MA, Beacon Press, 1974; Martin Jay, *The Dialectical Imagination: A History of the Frankfurt School and the Institute of Social Research, 1923–50*, Boston, MA, Beacon Press, 1973; Murray Bookchin, *The Philosophy of Social Ecology: Essays on Dialectical Naturalism*, Montreal, Black Rose Books, 1990; Richard Peet, Paul Robbins and Michael Watts, *Global Political Ecology*, New York, Routledge, 2011; John Bellamy Foster, *Marx's Ecology: Materialism and Nature*, New York, Monthly Review Press, 2000.

矛盾17

人性的反叛：普遍的異化

資本並非完全不可能在付出某種代價後，承受本書迄今檢視的全部矛盾並存活下來。例如，資本可以藉由以下手段做到這件事：資本主義寡頭菁英監督大規模的種族滅絕，消滅世界上大部分過剩和可棄的人口，然後奴役倖存者，並建立設有門禁、大規模的人造環境，保護人類免受變得有毒、荒蕪、桀驁不馴的外部環境蹂躪。目前已有大量反烏托邦故事描述這類世界的種種可能模樣，如果我們認為人性貶損後的人類未來不可能活在這樣的世界，那將是錯誤的。事實上，有些反烏托邦故事有可怕的相似之處，例如柯林斯（Suzanne Collins）的青少年暢銷三部曲《飢餓遊戲》（*The Hunger Games*），以及米契爾（David Mitchell）的未來反人道主義故事《雲圖》（*Cloud Atlas*）中描述的社會秩序。那樣的社會秩序可以存在，顯然只能仰賴法西斯式思想控制、警察日常監視和暴力的持續運作，以及不時的軍事化鎮壓。任何人如果看不到這些反烏托邦世界的要素已出現在我們周遭，他是在以最殘忍的方式欺騙自己。

因此，問題不在於資本無法在它的矛盾中存活下去，問題在於資本存活下去的代價將是多數人類無法接受的。希望在反烏托邦趨勢嚴重惡化之前，也就是遠在各地的局部問題（甲地稀稀落落的無人飛機轟炸，乙地瘋狂的統治者偶爾利用毒氣對付自己的人民，丙地以凶殘和矛盾的政策對付各種反抗，丁地發生環境災難和大規模饑荒）演變成武裝力量災難性不對等的抗爭真正全面湧現，貧與富對立，享有特權的資本家及其怯懦的助手與其餘的人對立之前，社會和政治運動將興起，人們高喊：「夠了！」然後改變我們生活和相愛、生存和繁衍的方式。我們如今應清楚看到，這意味著我們必須換掉資本的經濟引擎和它不合理的經濟理性。但是，在當前的時代思想狀態下，公眾針對這問題的富想像力議論少得可憐，我們應該如何完成上述任務一點也不清楚，而資本的經濟引擎可用什麼東西代替就更不清楚了。分析這問題時，了解資本的矛盾是大有幫助的，因為正如德國劇作家布萊希特（Bertolt Brecht）曾說過：「希望潛伏在矛盾之中。」

發掘這些潛在希望時，我們必須先接受一些基本論點。在《資本之謎》（*The Enigma of Capital*）中，我的結論是：「資本主義永遠不會自行崩潰。它必須受到外力逼迫。資本的積累永遠不會停止。它必須由外力終止。資本家階級永遠不會自願交出權力。他們的權力必須由外力奪取。」[1]我仍然堅信這觀點，並認為其他人也有此認識極其重要。這項任務顯然需要一場強大的政治運動，以及許多個人的決心來承擔。這樣一場運動如果想發揮作用，必須有一個具說服力的、可以與集體的政治主體性結合的宏願。怎樣的願景才能激勵這樣一場政治運動呢？

我們可以支持矛盾中的一方（例如使用價值）而非另一方（例如交換價值），或是設法削弱並最終消除某些矛盾（例如允許人們利用金錢將社會財富私有化），藉此嘗試一步步地逐漸改變世界。我們可以嘗試改變變動的矛盾限定的發展軌跡（以非軍事技術和民主自由世界中更大程度的平等為方向）。如我在本書中一再嘗試指出，了解資本的矛盾有助於我們建立有關整體發展方向的長遠願景。一如一九七〇年代起新自由主義崛起，改變了資本的發展方向（私有化和商業化趨勢加劇，交換價值的支配力增強，人們不惜一切瘋狂追逐金錢權力），一場反新自由主義運動可在未來數十年引導我們走向截然不同的策略方向。文學作品和社會運動透露的跡象顯示，人類至少願意嘗試重新設計資本體制，考慮更多生態敏感關係，並大幅提高社會正義和民主治理的水準。[2]

這種漸進式的做法是有優點的。它提議以和平非暴力的方式推動社會變革，一如近年來開羅、雅典和伊斯坦堡的廣場群眾運動初期所要求的——雖然在這三個例子中，國家機器很快便以驚人的暴力回應群眾，大概是因為這些運動越過當局壓迫性包容的邊界之膽量。這種做法試圖以有限的共同議題，策略性地凝聚群眾。當具傳染力的影響從一種矛盾蔓延至另一種矛盾時，這種做法也能產生廣泛的作用。想像一下，如果交換價值的優勢和凱因斯描述的追逐金錢權力的異化行為同時減少，以及民間個體利用社會財富獲利的能力受到充分地約束，世界將會如何？想像一下，如果種種異化現象（工作的異化，永遠無法滿足人的補償消費的異化，空前的貧富差距和與自然的不和諧關係）因為大眾對資本當前種種離譜現象的不滿升高而減少，世界將會如何？果真如此，我們將生活在一個較為人道的世界，社會不平等和衝突、政治的腐敗和壓迫將大大減少。

但是，這並未告訴我們，非常零散但為數眾多的反對運動，可以如何凝聚為一場較統一和團結的反資本支配運動。漸進式的做法未能處理資本的各項矛盾如何彼此聯繫、形成一個有機整體的問題。我們迫切需要一些具催化作用的構想，來賦予政治行動基礎和活力。如果想要對抗和戰勝資本的勢力，我們必須將集體的政治主體性與一些有關如何建構另一種經濟引擎的基本概念結合起來。如果不這麼做，我們將無法奪取資本的權力，也無法取代資本的體制。就此而言，我認為最合適的概念是異化（alienation，又譯作疏離）。

異化的動詞alienate有多種意思。作為法律用詞，它是指將產權轉讓給別人。例如，當我把一塊土地賣給別人時，便是將它的產權轉讓了出去。在社會關係方面，它是指對某個人或體制或某項政治事業的感情、忠誠和信任變淡，可能轉移至另一標的上（有時可能是在有心人的引導下）。對人或體制（例如法律、銀行、政治制度）的信任異化（也就是喪失），可能極其嚴

❶ David Harvey, *The Enigma of Capital*, London, Profile Books, 2010, p. 260.

❷ 請參考以下著作中的辯論：Immanuel Wallerstein, Randall Collins, Michael Mann, Georgi Derluguian and Craig Calhoun, *Does Capitalism Have a Future?*, Oxford, Oxford University Press, 2013。

重地損害社會結構。作為被動的心理現象，異化是指疏遠某些重要關係，變得孤立。我們為了某些無法說清、無可挽回的損失感到悲痛時，便是體驗到和內化了這種異化。作為主動的心理狀態，異化是指對於自己實際或覺得被壓迫或剝削感到憤怒和充滿敵意，並以行動發洩這種憤怒和敵意，有時會在沒有明確原因或合理目標的情況下，以激烈行為宣洩對世界的不滿。例如，當人們因為生活中缺乏機會或努力追求自由、但結果受人宰制而感到沮喪時，便可能會出現異化的行為。

這種含義的多樣性是有用的。勞工合法地將約定時間內的勞動力轉讓給資本家，以換取薪資。在這段時間內，資本家要求工作者忠誠地服務，而且要相信資本主義是產生財富和造福人類的最佳體制。但是，在勞動合約期間（因為工作辛苦，通常還包括勞動之後的一段時間），工作者疏離了他的產品、其他職工、自然和社會生活的其他方面。工作者自身的創造本能受挫，感到失落和悲傷，便體驗到和內化了這種剝削與剝奪。最後，這名工作者不再悲傷憂鬱，轉為對他的異化直接來源動怒，可能是對使他過度勞累的老闆，也可能是對不體諒他的疲累而提出食色要求的伴侶。當他處於極度異化的狀態時，這名工作者會破壞他工作場所的機器，或是對家裡的伴侶砸東西。

異化這主題存在於本書已檢視的許多矛盾中。在交換價值的支配下，與商品的有感接觸（其使用價值）喪失了，與自然的感官關係被阻斷。勞動的社會價值和意義在金錢的代表形式中變得模糊。以民主方式達成集體決定的能力，在孤立的個人利益與國家權力彼此矛盾的理性的永恆交戰中喪失。社會財富因為流入私人口袋而消失（製造出一個財富私有、汙穢公有的世界）。價值的直接生產者與他們生產的價值變得疏離。階級的形成使人與人之間出現不可弭平的鴻溝。分工盛行之下，我們愈來愈難從日趨零碎的部分看到整體。即使「法律面前人人平等」被大肆吹捧為資產階級的最高美德，社會平等和社會正義的希望已告幻滅。資本實現領域中的剝奪式積累（例如，藉由迫遷或在房貸違約時沒收房屋）衍生的積怨已經沸騰。自由變成了宰制，奴役便是自由。

這一切衍生的具催化作用的政治問題，是設法辨明、正視和克服資本的經濟引擎產生的許多形式的異化，並將壓抑已久的相關能量、憤怒和挫折感導向一股一致的反資本主義力量。對於我們與自然、我們彼此之間、我們與工作的關係，以及我們生活和相愛的方式，我們敢盼望一種非異化（或至少較不異化、較可接受）的狀態嗎？要做到這一點，必須了解異化的根源，而學習資本的矛盾正是對此大有幫助。

對於實現社會主義／共產主義的革命性變革，傳統的馬克思主義取向是集中關注生產力（技術）與社會（階級）關係之間的矛盾。在傳統共產主義政黨的理論中，這項變革被視為一個科學和技術問題，而不是一個主觀、心理和政治問題。異化被排除在考慮之外，因為它是一個非科學概念，帶有青年馬克思在《一八四四年經濟學哲學手稿》中闡述的人文主義和烏托邦渴望的意味，未經《資本論》的客觀科學闡釋。儘管共產主義事業的追隨者熱情地信奉相關理論，這種科學主義立場未能捕捉到各種可行的替代方案的政治想像。它也未能為在反資本主義的汪洋中動員武力提供任何精神上令人信服和主觀（而非科學上必要和客觀）的理由。它甚至無法對抗流行的經濟和政治理性的瘋狂（部分原因在於科學共產主義信奉這種經濟理性的大部分內容，接受它那為生產而生產的拜物執著）。事實上，它未能完全揭露統治階級為了保護自己免受傷害而鼓吹的拜物主義和虛幻事物。因此，傳統的共產主義運動永遠處於無意間複製這些虛幻事物和拜物主義的危險中。此外，這種運動也受一個全能先鋒黨的領導層停滯和教條式的觀點所害。在反抗階段和受暴力鎮壓的可怕時刻往往運作良好的民主集中制，在運動接近可行使合法權力時，卻成了一種災難性的負擔。一場尋求自由的運動結果產生了宰制。

但是，以下見解其實大有道理：生產力革命與互有衝突的相關社會關係之間，有個核心矛盾。如我們檢視矛盾8時看到，資本的技術演化與工作和社會價值的根本變革有深刻的聯繫。不過，當我們從異化的角度檢視這種矛盾和其他矛盾（例如源自分工的矛盾）時，可以看到更多涵義。高茲（André Gorz）是這種分析的先驅，以下我將採用他的說法。

高茲寫道，隨著技術力量的資本主義發展而出現的「工作的經濟理性化」，產生「在工作中遭異化的個體，他們在其消費上也必將異化，而他們的需求最終也將異化。」個體可以掌握的錢愈多（而如本書稍早所述，即使只是在個人銀行帳戶中，金錢有無限增加的潛力），他們的需求必須相應增加愈多，如此方能發揮他們作為「理性消費者」的經濟作用（所謂「理性」，當然是站在資本的角度）。對金錢的渴望與在社會秩序中促進需求的經濟結構，建立了一種辯證關係（一種互動螺旋）。穩定和簡樸好生活的觀念，被為了不斷增加消費、永不滿足地追求金錢權力的觀念取代。結果是「自由和存在自主的古老觀念」被徹底壓倒，人們捨棄真正的自由，換取無止境致力參與和打敗市場的有限自由。[3]

以下詳細闡述這說法。高茲寫道：「根本問題在於工作所利用的技術和能力，在多大程度上構成一種職業文化，以及職業文化與日常生活文化——工作與生活——在多大程度上是一致的。換句話說，根本問題在於參與工作在多大程度上豐富或犧牲了當事人的個體存在。」工作的技術表面上與此問題完全無關，但如我們所見，技術發展往往被精心設計來剝奪工作者的權力和削弱工作者的力量。這種創新軌跡與豐富工作者的生活有深刻的矛盾。技術並未產生一種超越它本身控制的獨特文化，實際上也沒有這種能力。技術的暴力在於它切斷人與世界感覺互動的方式。高茲指出，這是「否定人類感性的一種壓迫」。它不允許溫柔和同情。如前所述，自然被當作工具對待，「自然、我們自己和其他人的身體」因此遭受「暴力」對待。「日常生活的文化是一種暴力文化（這種矛盾產物有令人不安的模糊性，包含了一種暴力文化），在它的極端狀態是一種系統性的、經深思熟慮的、經過昇華的、加重的野蠻文化。」[4]當我們想到無人飛機的攻擊和毒氣室時，這種暴力當然至為明顯。但高茲主要是想指出，這種暴力透過我們日常生活中運用的工具，包括我們工作中使用的那些，已經深深滲透到日常生活的核心中。

---

❸ André Gorz, *Critique of Economic Reason*, London, Verso, 1989, p. 22.

❹ 同上，p. 86。

流行文化中顯然有一種深刻的渴望，希望以某種方式令這種貧瘠技術文化產生的影響人性化。例如，我們看到科幻電影《銀翼殺手》（*Blade Runner*）中的複製人學會感覺；《雲圖》中的複製人Sonmi-451學會一種表達感受的語言；電影《瓦力》（*Wall-E*）中的機器人學會關懷和流淚，而獲得補償性質的消費品、身材臃腫的人類，則生活在機器人試圖清理的毀壞世界上方，人人皆有自己的魔毯，被動地獨自漂浮；《二〇〇一太空漫遊》中的電腦ＨＡＬ則是一個負面例子：它變成了流氓。令技術人性化是個根本不可能的夢想，但這完全不妨礙人們一再表達該夢想。那麼，我們去哪裡找一種較為人性的方式，來重建我們的世界？

高茲堅稱：「工作並非僅是創造經濟財富，它也總是一種自我創造的手段。因此，關於工作的內容，我們也必須考慮以下問題：我們希望人類由工作產生的那種男男女女構成嗎？」我們知道，許多（甚至是多數）在職人士並不滿意自己的工作。例如，美國最近一項蓋洛普廣泛調查便顯示，約七〇%的全職勞工厭惡去上班或精神上完全不投入，因此實際上變成到處散播不滿情緒的破壞者，因為效率不彰而造成雇主的顯著損失。至於投入工作的三〇%勞工，則主要是高茲所稱的「重新專業化的」勞工（非常複雜的技術系統的設計師、工程師和管理者）。高茲問道，相對於比較傳統的勞工，這類勞工是否「比較接近一種可行的人性理想？分配給他們的複雜任務，是否可能滿足他們的生活、賦予它意義，同時不會扭曲它？簡而言之，這種工作如何實踐？」我們可以超越技術文化的暴力嗎？

高茲的答案令人沮喪。技術當然可以用來「提升勞動效率，減少辛勞和工時」。但這是有代價的。「它使工作與生活分離，使職業文化與日常生活文化分離；它使人類必須以自身遭受暴虐的宰制，換取自然免受進一步的宰制；它縮減了親身經驗和存在自主的領域；它使生產者與產品分離，以致當事人不再了解自身工作的意義。」如果這不是勞動過程中的徹底異化，那什麼才是呢？

高茲繼續寫道：「技術化必須省事省時，我們為此付出代價才是可以接受的。這是技術化公開宣稱的目標，而它也不能有其他目標。技術化就是要幫助我們以較少的時間和力氣，生產較多、較好的東西。」這裡並無以下雄心：「以工作填滿每個人的生活，而且使工作成為每個人的首要意義來源」。這定義了勞動過程中的矛盾核心。技術使工作省事省時，但也摧毀了工作者的全部意義。「一份工作的作用和目的如果是節省勞動，那麼它不能將勞動美化為個人認同和成就感的根本來源。當前技術革命的意義，不可能是復興工作倫理和個人對自身工作的認同。」技術革命要有意義，必須將勞工從工作中的苦役解放出來，使他們能參與非工作活動，而「所有人，包括新類型的勞工，都可以藉由這些活動發展那些在技術化工作中找不到出口的人性面向」。❺「工作為本的社會（也就是以經濟意義上的工作為基礎的社會）的危機，迫使個體在工作以外尋找認同和社會歸屬感的來源，無論它的形式是失業、邊緣化和缺乏工作保障，或是工時整體縮減。」只有在工作以外，工作者才有可能實現自我，獲得自尊，因而得到「其

❺ André Gorz, *Critique of Economic Reason*, London, Verso, 1989, pp. 87–8。

他人的尊重」。[6]

社會整體而言，被迫做一個有關存在的選擇。資本積累的經濟領域須受到約束，以便人類的能力可在市場和工作的「暴政」之外自由發展；「又或者經濟理性必須使消費者的需要至少能追上商品（和商品化服務）生產的成長速度。」這恰恰是馬丁福特（Martin Ford）辨識出來的問題，只是他完全避談資本主義經濟理性的替代選擇。不過，高茲指出，在後一個選項（社會的實際選擇）中，「消費必須〔加以組織以〕服務生產。生產將不再具有以最有效率的方式滿足既有需要的功能；反之，需要將日益具有使生產得以保持成長的功能。」結果是弔詭的：

> 資本〔實現上〕的無限最大效率，因此要求滿足需要上的無限最大無效率，以及消費上的無限最大浪費。需要（needs）、想要（wishes）和渴望（desires）之間的界限必須打破；對使用價值相同或較差但價格較高的產品的渴望必須製造出來；想要必須堅定地化為迫切的需要。簡而言之，需求必須製造出來，最有利可圖的產品的顧客必須創造出來；因此，新形式的匱乏必須在豐盛的中心不斷複製出來，手段包括加速創新和汰舊、在愈來愈高的層次複製不平等……[7]

創造需要比滿足多數人的需要更重要。

「經濟理性必須在不提升滿意度的情況下，不斷提高消費量；必須不斷縮減滿足者的疆域，維持無法滿足所有人的印象。」消費階層化對確保價值的實現變得至關緊要，而領導和控制這現象的是富裕、寄生的有閒階級的消費主義。這正是范伯倫（Thorstein Veblen）在一八九九年出版的《有閒階級論》（*Theory of the Leisure Class*）中精彩揭露的現象。但我們現在知道的是，如果這樣的階級尚未出現，資本體制必須創造一個出來。❽抑制薪資導致實際需求疲軟、技術發展導致大量勞工失業，這困境必須靠一種具異化作用的消費主義來解決。廣大勞工泡在炫耀性消費的汪洋中，不惜代價、瘋狂地試圖增加收入，不斷延長工作時間，以求滿足人為增加的需要，以及避免因為落後於人而顏面受損。

新技術的應用本來應該可以減少勞工的工作時數，但多數人卻發現自己的工作時間變長了。不過，這也有它的社會作用。允許愈來愈多人有空去追求自我實現，對資本而言是一件可怕的事，不利於資本繼續穩當地在職場和市場控制勞工。高茲寫道，資本主義「經濟理性容不下既不生產也不消費商業財富的真正閒暇。它不給受雇者閒暇，不是因為客觀上必須如此，而是它的源起邏輯使然；工資的設定，必須以誘使工作者盡最大努力為原則。」工會提出的工資要求「實際上是唯一不損害經濟體制的理性要求」。理性消費（理性是針對資本的不斷積累而言）變成是資本生存下去的絕對必要條件。「另一方面，與工作時間、工作強度、工作的組織

---

❻ André Gorz, *Critique of Economic Reason*, London, Verso, 1989, p. 100。
❼ 同上，p. 114。
❽ Thorstein Veblen, *The Theory of the Leisure Class*, New York, Oxford University Press, 2009 edition.

和性質有關的要求，則充滿顛覆性的基進主義（radicalism）；它們不能以金錢滿足，它們衝擊經濟理性本身，進而挑戰資本的權力。一旦人們發現不是所有價值皆可量化，不是所有東西都能用錢買到，而且錢買不到的還是必要、甚至是唯一必要的東西，『基於市場的秩序』便受到可能動搖根基的挑戰。」[9]如那個「無價」廣告所言：「有些東西錢永遠買不到，除此之外，萬事達卡為你達成。」

「使個體相信，他們獲得供應的消費品和服務，足夠補償他們為獲得這些商品而必須做出的犧牲，相信消費構成個人幸福的港灣並使他們與眾不同，往往是商業廣告這一行的工作。」在這領域，「廣告狂人」（廣告如今占美國經濟活動相當大一部分）成為主角，對社會秩序造成巨大破壞。他們的關注焦點是民間的企業和個人。他們的任務是說服人們消費「並非必要、甚至毫無用處」的商品。商品「總是被描述為含有奢華、豐盛和夢幻的元素；這些商品替它的購買者貼上『幸福和優越人士』的標籤，藉此保護他們免受理性化世界的壓力，不必承擔做個有用的人的義務。」高茲將這些商品定義為「補償型商品」，「人們渴望得到它們，可能主要是看中它無用的特質，而非它的使用價值，因為正是這種無用的特質（例如，一些非必要的小玩意和裝飾品）象徵著購買者逃離集體世界，進入個人可以完全自主的港灣。」[10]廣告狂人已證實精通推銷的，恰恰是這種過度的消費主義和無用特質。這種過度的消費主義與滿足人類的需要和渴望是有深刻矛盾的。這觀念連現任教宗也認同。他在最近一次宗座勸諭中抱怨：「當代社會提供的無限消費和消遣可能，導致所有層面皆出現某種異化，因為當社會的組織、生產和消費形式使人較難奉獻自己和建立人與人之間的團結關係時，社會便異化了。」[11]

但是，如高茲指出：「因為覺得工作帶來的消費機會是足夠的補償、因此接受工作異化的功能型工作者，必須同時成為社會化的消費者，才能以這種狀態存在。但是，只有一個市場經濟領域和與之相隨的商業廣告，才能製造出這些社會化的消費者。」[12]一九六八年的革命運動雖然自誇追求個人自由和自主權以及社會正義，但結局恰恰如此——迷失在異化消費主義的世界，沉沒在豐富的補償型商品中；擁有這些商品，被視為人類欲望市場中自由選擇的標誌。

異化或補償型消費主義的發展，有它自身的內部毀壞動力。它需要放縱熊彼得所稱的「創造性破壞」發生在土地上。城市中的日常生活，已穩定下來的生活、聯繫和社交方式，一次又一次遭破壞，以遷就一時的風尚或奇想。仕紳化或迪士尼化發展，必然涉及拆毀和迫遷行動，粗暴地破壞本已形成的城市生活紋理，只為插入浮誇俗豔、瞬間過時的事物。隨著金主和食租者、開發商、地主和富企業家精神的地方首長，從暗處走到資本積累邏輯的前線，剝奪和毀

[9] Gorz, *Critique of Economic Reason*, p. 116.

[10] 同上，pp. 45–6。

[11] Pope Francis, ‘Apostolic Exhortation Evangelii Gaudium of the Holy Father Francis to the Bishops, Clergy, Consecrated Persons and the Lay Faithful on the Proclamation of the Gospel in Today’s World’, *National Catholic Register*, 15 December 2013, paragraph 192.

[12] Gorz, *Critique of Economic Reason*, p. 46.

壞、迫遷和建設，成了有力和投機的資本積累的工具。資本流通和積累的經濟引擎，將一座又一座的城市整個吞噬，吐出新的都市型態，儘管遭受許多人抵制；抵制者覺得自己與這種過程徹底疏離，這種發展不但完全改變了他們居住的環境，還重新定義了他們必須成為怎樣的人才能生存下去。社會再生產的過程，被資本從外部重新設計塑造。日常生活被扭曲為資本的流通。不願接受這種人性強制重新定義的人，變成一群疏離的人，他們的不滿不時以騷亂和潛在革命的形式爆發，從開羅到伊斯坦堡、布宜諾斯艾利斯到聖保羅、斯德哥爾摩到玻利維亞的埃爾阿爾托，都曾發生這類事件。

但這一切均仰賴擁有足夠的金錢。對金錢的迫切需要誘使「以前未受薪的社會階層尋找受薪工作」，而這進一步增加「補償型消費的需要」。結果「獲得酬勞變成活動的首要目的，以致任何沒有金錢報酬的活動不再是可接受的。金錢取代了其他價值，成為唯一的價值標準。」隨之出現的是「退縮至私人領域、優先追逐『個人』利益的誘因」。這進而「協助瓦解團結和互助網絡、社會和家族凝聚力，以及我們的歸屬感。由（異化）消費主義社會化的個體不再是融入社會的個體，而是被鼓勵藉由與其他人區分以便『做自己』的個體；他們與其他人唯一相似之處，在於他們拒絕藉由採取共同行動，為共同的境況承擔責任（這種拒絕在社會中被導向消費）。」[13]對特定地方和文化型態的的鍾愛和忠誠，被視為不合時宜。新自由主義倫理的傳播不正是以此為目標，而且最終達成了任務嗎？

但是，生產方面節省的時間愈多，資本愈迫切需要將這些時間吸收到消費和消費主義中，因為如我們稍早指出，資本主義「經濟理性容不下既不生產也不消費商業財富的真正閒暇」。對資本來說，揮之不去的一項威脅，是自由往來和自我創造的個體，因為從生產的苦役中獲得解放，而且在消費方面獲得種種省時省事的技術協助（例如：微波爐、洗衣乾衣機、吸塵器，以及網路銀行、信用卡和汽車等等），可能開始建立一個替代資本體制的非資本主義世界。例如，他們可能變得傾向抵制支配世界的資本主義經濟理性，開始規避它壓倒性但往往殘酷的時間紀律。為避免這種情況，資本不但必須藉由它的實現吸收愈來愈多商品和服務，還必須設法占據新技術釋放出來的自由時間。資本在這方面大獲成功。許多人發現，在生產和消費方面的省時技術均廣為普及之際，他們可以用在自由創造活動上的時間卻愈來愈少。

這種矛盾是如何發生的？管理、操作和維護整套省時的家庭工具，當然耗費我們很多時間，而工具愈多，我們耗費在這上面的時間便愈多。這些複雜的工具，使我們必須不斷透過電話或電子郵件與客服中心、信用卡、電話和保險公司等等聯繫。我們的文化習慣充滿對科技玩意的痴迷，而這種習慣無疑俘虜了我們的創造力中愛玩的一面，使我們常常無益地連續好幾個小時看情境喜劇、在網路上閒逛或是玩電腦遊戲。我們無處不被「大規模分心武器」包圍。

但是，這一切都解釋不了為何時間以當前這種方式從我們手上溜走。我認為更深層的原因在於，資本將消費時間問題當作資本積累潛在障礙處理的結構化方式。資本生產和行銷不耐用

⓭ Gorz, *Critique of Economic Reason*, pp. 46–7。

或容易過時的商品，並製造即時消費的事件和奇觀，如本書稍早所述，這種發展的高潮是一種驚人的明確反轉：消費者在臉書等社群媒體上製造自己的奇觀。資本從這類社群媒體身上獲得的租金極為重要，而人們消耗在這些消費形式上的時間也非常驚人。溝通技術是一把雙刃劍。它們可能被受過教育的疏離青年應用在政治以至革命活動上，也可能透過閒聊、八卦和分散注意力的人際戲謔，消耗人們的時間（同時穩定地替他人產生價值，如Google和臉書的股東）。

當現今生產活動中常見的假忙碌，或異化消費主義方面的追求，完全占據人們的生活、心智歷程和政治取向時，資本主義經濟理性是很難、甚至不可能駁斥的。迷失在電子郵件或臉書中談不上是積極參與政治。高茲說得對：「如果節省工作時間無助於解放時間，如果獲得解放的時間並不是用於『個體自由的自我實現』，這些省下來的工作時間是完全沒有意義的。」[14]社會可能正邁向一種理想情況：「工作時間按計畫分階段縮減，實質所得不會因此受損，而且當局推行配套政策，使這些獲得解放的時間成為所有人自由自我實現的時間。」但這種解放對資本家階級的權力構成極大的威脅，因此也就遇到很強的阻力和障礙。「生產力發展本身可能會減少生產所需的勞動力，但它本身無法創造出必要的條件，使這種時間解放成為所有人的解放。歷史可能賦予我們獲得更大自由的機會，但我們還是必須主動把握這些機會，並從中獲得好處。我們的解放不會是物質決定論的結果。一個過程中即使有解放的潛力，也必須有人把握機會自我解放，潛力才得以實現。」號召人們集體對抗資本產生的多種異化，是動員人們對抗資本主義經濟引擎的一種有力方式；這引擎不顧後果地推動資本體制從一種危機滑向另一種危機，可能災難性地損害我們與自然和我們彼此之間的關係。普遍的異化需要強而有力的政治反應。那麼，這種反應可以是怎樣的？

我在此重申，針對矛盾的反應沒有不矛盾的。檢視普遍異化現象引發的當代政治反應，我們看到令人極其不安的景象。法西斯黨在歐洲崛起（希臘、匈牙利和法國的情況尤其惡劣和顯著），美國共和黨中出現一心只想斷絕政府財源和關閉政府的茶黨派系，是強烈異化的部分人嘗試尋找政治解決方案的表現。他們不怕動用暴力，確信必須追求徹底控制一切的政治，才可保護他們受威脅的自由。這種政治趨勢受當局對社會運動日趨暴力的軍事化反應支持，某程度上也與這種鎮壓交融。這種軍事化反應針對所有可能衝破壓迫性包容的高牆的社會運動，這些高牆對自由主義治理性的永存至關緊要。想想以下例子：在美國，警察動用過度暴力鎮壓占領運動；在土耳其，當局鎮壓始於塔克辛廣場的和平抗議，手段比美國更暴力；在希臘，警方在雅典憲法廣場的行動，令人想起金色黎明黨的法西斯手段；在智利，警方持續以暴力打擊抗爭學生；在孟加拉，政府組織暴徒攻擊抗議危險工作環境的人；在埃及，當局對阿拉伯之春運動的反應軍事化；在柬埔寨，工會領袖遭謀殺。這一切事件的背景，是國家機器迅速擴大監控的天羅地網，並積極立法，決心打一場反恐戰，很容易將任何積極和有組織的反資本主義抗爭視同恐怖行為。

⓮ Gorz, *Critique of Economic Reason*, p. 184。

美國政治光譜中的極左翼和極右翼，均普遍認為國家體制已過度擴權，而這是必須反抗的。這顯示人們對國家體制普遍疏離，該體制歷來承擔起創造跨派系（以至跨階級）共識和社會凝聚力的任務（通常是訴諸建構出來的有關國家認同和團結的幻象）。傅柯有關治理性（governmentality）的分析在此能派上用場。歐洲在十六和十七世紀經過一段時期的財政軍國主義（fiscal militarism）之後，留給世界的專制、絕對和集權的國家體制，必須調整以適應資產階級的原則與做法，也就是堅持不可能實行的自由放任的烏托邦政治。英國以自由作為創造治理性的手段，成功完成這種調整（後來沈恩〔Amartya Sen〕倡導的開發中國家的做法，與此很像）。這意味著資本主義國家必須內化它的專制權力的局限，並將產生共識的任務交給自由發揮功能的個體；這些個體圍繞著民族國家，內化了社會凝聚力的概念。最重要的是，他們必須同意藉由市場程序規管活動。集中的權力受到明確的限制。美國的茶黨、自治論者和無政府主義者的共同政治主張，是設法限制國家或甚至摧毀國家，雖然右翼做此主張的名義是個人主義，左翼則是基於尊重個體的結社主義（associationism）。特別有趣的是，現行的生產方式和政治表述，界定了它主要反對力量的空間和型態。新自由主義在經濟和政治領域的霸道做法，衍生了分散和網絡化的反對力量型態。

面對普遍異化的現象，明確的右翼反應是可以理解的，但它的涵義也是可怕的。畢竟在歷史上，右翼對這類問題的反應曾造成極嚴重的後果。我們能不吸取歷史教訓，將反資本主義運動塑造為處理時代矛盾的進步方案嗎？

結論

幸福但有爭議的未來：革命人道主義的希望

遠古以來便有人相信，他們可以獨自或集體替自己建造一個更美好的世界，而非只是繼承既有的世界。當中很多人也相信，他們可以在這過程中改造自己，有希望成為更好的人。我認為自己是以上兩者皆相信的人。例如，在《叛逆的城市》（*Rebel Cities*）中，我表示：「我們想要怎樣的城市，這問題與我們想做怎樣的人，追求怎樣的社會關係，珍惜怎樣的人與自然關係，渴望怎樣的生活方式，抱持怎樣的美學價值是分不開的。」我寫道，人的城市權利「遠非只是個人或群體使用城市包含的資源之權利，它還包括改變和再造城市、使其更接近我們內心渴望的權利……塑造和再造我們自己和我們的城市之自由，是人類最寶貴但最受忽略的權利之一。」[1]或許正因為這個直觀理由，城市在其歷史上一直是大量烏托邦渴望的焦點目標；人們渴望城市能帶給人類較美好、較不異化的未來。

相信我們可以藉由自覺的思想和行動，令世界和我們自己變得更美好，這信念界定了一種人道主義（或人文主義）傳統。這傳統的世俗版本與有關尊嚴、寬容、憐憫、愛和尊重他人的宗教教義部分重疊，也往往受後者啟發。宗教和世俗的人道主義，均是一種以人類潛力、能力和力量之解放衡量自身成就的世界觀。它贊同亞里斯多德有關個體自由發展和建構「美好人生」的看法。用當代「文藝復興人」彼得．巴菲特的話來說，人道主義追求的世界保證個體「能真正解放天性，或是有機會度過愉悅和滿足的人生」[2]

這種思想和行動傳統興衰有時，各地的流行程度也各有不同，但它似乎從不曾死去。它當然必須與較正統的學說競爭，後者認為我們的命運取決於諸神、某個造物主、自然的盲目力量、藉由遺傳和突變實踐的社會演化法則、決定技術演化方向的經濟鐵律，或是受世界精神支配的某種隱蔽的目的論。人道主義也有它離譜的地方和黑暗面。文藝復興時期的人文主義有某程度的放蕩性質，其主要倡導者伊拉斯謨（Erasmus）當年因此擔心這種猶太與基督教傳統正走向放縱感官享受。人文主義有時也會誤入歧途，以普羅米修斯和以人類為宇宙中心的觀點去看人類相對於萬物（包括自然）的能力和力量；一些迷惑的人甚至相信我們僅次於上帝，是擁有宇宙主權的超人。當某些族群被視為不值得被當作人時，這種人文主義便特別致命。美洲許多原住民部落面對殖民者時，便遭遇這種命運。他們被貼上「野蠻人」的標籤，被視為自然的一部分，而非人類的成員。這種傾向在某些圈子中仍然很強，這促使基進的女權主義者麥金儂（Catherine MacKinnon）就此問題寫了《女性是人嗎？》（*Are Women Human?*）這本書。[3]在許多人眼中，這種排斥在現代社會中具有系統性和普遍的特質；彰顯這一點的是阿岡本（Giorgio

Agamben）提出的「例外狀態」如今相當普遍，許多人活在這種狀態中（被關在關達那摩灣的人是最佳例子）。[4]

當代大量跡象顯示，開明的人道主義傳統保持強健，甚至可能正東山再起。這種精神顯然正激勵世界各地非政府組織（NGO）和慈善團體的大批員工，他們的使命是幫助弱勢者把握機會改善生活和前景。甚至有人做一些無益的嘗試，替資本本身披上人道主義外衣，部分企業領袖稱之為「自覺資本主義」（Conscious Capitalism）——這是一套企業家倫理，當中有些明智的建議，例如，藉由看似善待員工來提升員工的效率，但整體而言令人懷疑是一種「良心漂白」的嘗試。[5]資本運作衍生的一切惡劣事物，都被當作是經濟體制在良好道德意圖推動下產生的間接傷害。人道主義精神可貴得多，它激勵無數個體慷慨地自我奉獻，往往在並無物質報酬的情況下無私地造福他人。基督教、猶太教、伊斯蘭教和佛教人道主義衍生了大量宗教和慈善組織，也產生了標竿人物如甘地、馬丁路德金恩、德蕾莎修女和屠圖主教。世俗傳統中也

---

[1] David Harvey, *Rebel Cities: From the Right to the City to the Urban Revolution*, London, Verso, 2013, p. 4.

[2] Peter Buffett, 'The Charitable-Industrial Complex', *New York Times*, 26 July 2013.

[3] Catharine MacKinnon, *Are Women Human?: And Other International Dialogues,* Cambridge, MA, Harvard University Press, 2007.

[4] Giorgio Agamben, *State of Exception*, Chicago, Chicago University Press, 2005.

[5] John Mackey, Rajendra Sisodia and Bill George, *Conscious Capitalism: Liberating the Heroic Spirit of Business,* Cambridge, MA, Harvard Business Review Press, 2013.

有多種人道主義思想和實踐，包括：世界主義、自由主義、社會主義和馬克思主義中明確的人道主義精神。當然，多個世紀以來，道德和政治哲學家根據有關正義、世界主義理性和解放自由的各種理想，設計出互有矛盾的道德思想體系，而那些理想也不時提供革命口號。自由、平等、友愛，是法國大革命的口號。美國《獨立宣言》、美國憲法，以及可能更重要且鼓舞人心的《權利法案》，全都激勵了隨後的政治運動和制憲或修憲努力。玻利維亞和厄瓜多最近通過的憲法均不同凡響，顯示撰寫進步的憲法作為規範人類生活的基礎，這種技藝絕未失傳。此外，此一傳統衍生的大量文獻，也仍然在追求更有意義生活的人之間流傳。想想潘恩（Thomas Paine）的《人的權利》（*Rights of Man*）或伍史東考夫特（Mary Wollstonecraft）的《女權辯護》（*A Vindication of the Rights of Woman*）曾在英語世界產生的影響力，你便能明白我的意思（世界上幾乎每個傳統都有可歌頌的類似著作）。

這一切涉及兩個眾所周知的陰暗面，兩者均是我們已談過的。第一個問題是，無論人道主義的普世關懷起初表達得多麼高尚，事實一再證明，我們很難阻止有心人扭曲這種普世關懷，以圖利特定利益集團、派系和階級。彼得・巴菲特有力控訴的「慈善殖民主義」，正是這麼產生的。這種操作扭曲了康德高貴的世界主義和永久和平追求，使其變成帝國主義和殖民文化的統治工具，國際新聞網絡（CNN）和商務艙常客的「希爾頓飯店世界主義」正是當前的代表。這問題困擾聯合國宣言中的人權理念，該宣言偏重自由主義理論中的個人權利和私有產權觀念，犧牲了集體關係和文化權利。自由的理想和實踐因此變成一種治理工具，替資本家階級的財富和權力之再生產和永存服務。第二個問題是，任何信念和權利體系之實踐總是涉及一些規訓權力，而行使這些權力的，通常是國家或以武力為後盾的某種體制化權力。此處的困難很明顯：聯合國的宣言暗示個人人權實踐由國家負責，但現實中國家往往是侵犯人權的禍首。

簡而言之，人道主義傳統的困難，在於對人道主義無法迴避的內部矛盾之充分認識，並未內化在這傳統中，當中以自由與宰制之間的矛盾最為明顯。結果是如今人道主義傾向和感情之表達，往往有點隨便和尷尬，除非它的立場安全地獲得宗教教義和權威支持。因此當代無人為世俗人道主義的理念和前景提出有力的辯護，即使有無數的個別作品鬆散地支持人道主義傳統，或維護其明顯的美德（非政府組織圈內便有此現象）。人們迴避人道主義的危險陷阱和根本矛盾，尤其是強迫、暴力和宰制的問題，因為面對這些問題太令人尷尬。結果便出現法農（Frantz Fanon）所稱的「無力的人道主義」。大量證據顯示，人道主義最近的復興中出現很多這種無力跡象。世俗人道主義的資產階級和自由主義傳統，為大致無效的有關世界可悲狀態的說教，以及針對長期貧困和環境退化問題發起同樣無效的運動，提供了一種感傷的道德基礎。法國哲學家阿圖塞（Louis Althusser）於一九六〇年代發起激烈且富影響力的運動，致力將有關社會主義人道主義和異化的所有論述從馬克思主義傳統中剔除，很可能正是因為這原因。阿圖塞表示，青年馬克思在《一八四四年經濟學哲學手稿》中表達的人道主義，與《資本論》中的科學馬克思有「認識論上的斷裂」，而我們忽視此一斷裂是很危險的。他寫道，馬克思人道主義是純粹的意識型態，理論空洞，政治上可能誤導人，甚至可能產生危險的後果。在阿圖塞看來，虔誠的馬克思主義者如遭長期監禁的葛蘭西，獻身於「人類歷史的絕對人道主義」，完全搞錯了奉獻標的。[6]

近數十年來，人道主義非政府組織同謀性質的活動大量增加，這現象和這類活動的性質似乎支持阿圖塞的批判。慈善產業複合體的成長，主要反映世界寡頭集團「良心漂白」的需求增加；在經濟停滯的時候，這些寡頭的財富和權力每隔數年便倍增。整體而言，慈善組織工作幾乎完全無助於處理人類墮落和被剝奪的問題，對於環境退化問題擴散也大致無能為力。這當中的結構原因，在於反貧困組織的金主要求這些組織永遠不要妨礙金主進一步累積財富。如果在反貧困組織工作的人忽然全部改信一套反財富政治理念，我們的世界將變得截然不同。很少慈善捐款人會捐助這樣的組織，我懷疑連彼得．巴菲特也不會。而如今處於問題核心的非政府組織，其實也不願意看到這種情況（雖然非政府組織世界中很多個別人士樂意看到這種情況，但他們根本無法使這種情況出現）。

那麼，為了藉由反資本主義努力逐漸改變世界，使它變成不同類型的人居住的另一種地方，我們需要怎樣的人道主義？

在我看來，為了反抗各種形式的異化和根本改變受資本支配的世界，我們迫切需要明確有力地提出一種可以與基於宗教的人道主義結合的、世俗的革命人道主義（基於宗教的人道主義以新教和天主教解放神學表達得最清楚，在印度教、伊斯蘭教、猶太教和一些本土宗教文化的同源運動中也能看到）。世俗的革命人道主義在理論和政治實踐上均有一個強而有力（儘管也有問題）的傳統。這是阿圖塞徹底否定的一種人道主義。但儘管阿圖塞的介入產生頗大影響，這種人道主義在馬克思主義和基進傳統（以及其他領域）均有明確有力的表述。它與資產階級自由人道主義大不相同。它不接受有關人類有某種不變或既定「本質」的說法，迫使我們努力思考如何成為一種新人類。它將《資本論》和《一八四四年經濟學哲學手稿》中的馬克思統一起來，而且擊中核心矛盾——這些矛盾是想要改變世界的人道主義計畫必須願意承受的。它清楚認識到，多數人的幸福未來有個令人遺憾的地方：少數人將無可避免地感到不滿。在較平等的世界，失去驚人財富的金融寡頭，將無法在巴哈馬遊艇上享用魚子醬和香檳午餐，他們無疑將抱怨自己生活大不如前。善良的自由人道主義者甚至可能因此替他們感到有點難過。革命人道主義者則會硬起心腸，不抱這種想法。雖然我們可能不贊成以這種無情的方式處理這類矛盾，我們必須體認到實踐者這種基本的誠實和自覺。

我們來看一個例子：法農的革命人道主義。法農當年是在醫院工作的精神科醫師，遇上一場殘酷和激烈的反殖民戰爭（這場戰爭因為龐泰科法〔Gillo Pontecorvo〕的電影《阿爾及爾戰役》〔*The Battle of Algiers*〕而特別令人難忘，而這部電影如今是美國軍方的反叛亂教材）。法農的著作深入探討被殖民者為了自由而與殖民者展開的鬥爭。他的分析雖然是特別針對阿爾

❻ Louis Althusser, *The Humanist Controversy and Other Writings*, London, Verso, 2003; Peter Thomas, *The Gramscian Moment: Philosophy, Hegemony and Marxism*, Chicago, Haymarket Books, 2010.

及利亞的情況，但說明了所有解放鬥爭中均會出現的議題，包括資本與勞工之間的議題。但他的闡述極其戲劇性也十分清楚，而這正是因為它涵蓋種族、文化、殖民壓迫和墮落等額外面向；這些問題導致極其激烈的革命形勢，和平看似完全無望。法農的基本問題是：如何在殖民宰制的非人化實踐和經驗上恢復一種人性意識？他在《大地上的受苦者》（*The Wretched of the Earth*）中寫道：「一旦你和你的同胞被當作狗那樣虐待，你別無他法，只能以一切可行手段重建你作為一個人的分量。然後你必須利用你的分量，盡可能重壓在虐待者身上，以便使心神出竅的他終於能夠恢復人性。」法農稱，人便是以這種方式「要求並索得他無限的人性」。人總是「有眼淚要擦去，不人道的態度要對抗，高傲的講話方式要排除，也總是有人必須恢復人性」。對法農來說，革命並非權力從社會某部分轉移至另一部分那麼簡單。革命必須重建人性（就法農而言是一種獨特的後殖民人性），並且根本改變作為一個人的涵義。「非殖民地化是真正創造新的人。但我們不能將這種創造歸於一種超自然力量。被殖民的『東西』正是藉由解放的過程變成一個人。」法農認為，殖民處境下的解放鬥爭，因此無可避免必須藉由民族主義建構。但是，「如果我們不解釋、豐富和深化民族主義，如果民族主義不迅速轉化為一種社會和政治意識，不轉化為人道主義，它將走入死胡同。」[7]

法農坦然接受鬥爭涉及必要的暴力，而且否定妥協，這當然震撼了許多自由人道主義者。他問道：在殖民者施行系統化暴力的情況下，怎麼可能不以暴力反抗？讓絕食抗爭的人挨餓有什麼意義？如赫伯特·馬庫色問道：我們為什麼要相信忍受不可忍受的事物是美德？殖民者將被殖民者定義為一種本質上不如人類的邪惡存在，被殖民者在這種分裂的世界中，是不可能妥協的。錢尼擔任美國副總統時，便曾有此名言：「我們不與邪惡談判。」法農對此有現成的答覆：「殖民者的工作，是令被殖民者連夢想自由也不可能；被殖民者的工作，是想像殲滅殖民者的一切可能方法……『殖民者絕對邪惡』的說法，是回應『土著絕對邪惡』的說法。」這樣的分裂世界中並無談判或妥協的希望。這正是伊朗革命之後，美國與伊朗極其疏遠的原因。法農指出，殖民城市中的「本地人部分與歐洲人的部分不是互補的……整個城市由一種純粹的亞里斯多德邏輯管理」，遵循「互相排斥的命令」。因為兩者之間並無辯證關係，動用暴力是消除差異的唯一方法。「毀掉殖民世界等同摧毀殖民者的區域，將它深埋地下或驅逐出境。」❽這種計畫一點也不軟弱感傷。如法農清楚看到：

> 對被殖民者來說，這種暴力充滿正面和建設性特質，因為它構成他們唯一的工作。這種暴力實踐是累加的，因為每個個體代表一條大鏈中暴力的一環；他們構成一個全能的暴力體，站起來回應殖民者的根本暴力……在個體層面，暴力是一股淨化的力量。它去除被殖民者的自卑情結，去除他們被動和絕望的態度。它賦予他們勇氣，恢復他們的自信。即使武裝鬥爭是象徵性的，即使

❼ Frantz Fanon, *The Wretched of the Earth*, New York, Grove Press, 2005, p. 144.

❽ 同上，p. 6。

其力量因為迅速的非殖民地化而遭解散，人們會有時間認識到其解放是每個人的成就……[9]

但是，《大地上的受苦者》之所以震撼人心、充滿灼熱的人性，細讀之下令人熱淚盈眶，是因為作者在該書後半部分，有力地描述暴力鬥爭中雙方所受的精神創傷；他們均是受環境所迫，投入到暴力的解放鬥爭中。我們對這種精神傷害的認識如今已大有長進，例如多少明白參與越南、阿富汗和伊拉克戰爭的美國和其他國家的軍人所受的心理創傷，以及創傷後壓力症候群如何嚴重損害他們的生活。在阿爾及利亞的反殖民革命鬥爭中，法農滿懷同情書寫的正是這種精神創傷。去殖民之後還有大量工作必須完成，不僅必須修復受損的靈魂，還必須減輕法農清楚看到的危險：殖民式思想和存在繼續產生影響（甚至是獲得複製）。「被殖民者為了不再被宰制而戰。但他也必須確保自己能清除壓迫者植入其腦中的所有謊言和歪理。在像阿爾及利亞這樣的殖民政體中，殖民主義宣揚的觀念不僅影響歐洲少數族群，也影響阿爾及利亞人。徹底解放涉及人格每一方面……獨立不是一個神奇儀式，而是男性和女性活在真正解放的狀態的必要條件，也就是掌握根本改變社會所需的全部物質資源的必要條件。」[10]

一如法農，我在這裡提出暴力的問題，不是因為我或他支持暴力。他強調暴力，是因為人類的處境往往惡化到根本沒有其他選擇。甚至甘地也承認這一點。但動用暴力可能有危險的後果。革命人道主義必須為此難題提供某種哲學答案，為面臨初期悲劇的人提供一些慰藉。人道主義者的終極任務或許便是埃斯庫羅斯（Aeschylus）約兩千五百年前所說的：「馴服人的野性，使這個世界的生活變得溫和宜人。」但要做到這件事，我們就必須正視和對付支撐殖民和新殖民秩序的巨大暴力。這是毛澤東和胡志明必須對抗的，切格瓦拉致力克服的，也是許多後殖民鬥爭中的政治領袖和思想家坐言起行、堅定對抗的，包括幾內亞比索的卡布拉（Amílcar Cabral），坦尚尼亞的尼雷爾（Julius Nyerere），迦納的恩克魯瑪（Kwame Nkrumah），以及塞澤爾（Aimé Césaire）、羅德尼（Walter Rodney）和詹姆士（C. L. R. James）等。

但是，資本的社會秩序與它的殖民地化身，在本質上有任何不同嗎？資本在本國無疑想方設法與殖民暴力的冷酷計算劃清界線（將殖民暴力講成是為了「那邊」未開化族群的福祉，必須施加在他們身上的手段）。它必須在本國掩飾它在海外展現的過度赤裸的暴行。「那邊」的事可以掩蓋起來，使人看不見聽不到。例如，英國殖民統治肯亞期間，一九五〇年代鎮壓當地茅茅起義所動用的惡質暴力，到今天才獲當局充分承認。資本的運作在本國走向這種暴行時，通常會引發類似反殖民抗爭的反應。當它在本國支持種族化暴力時（例如當年美國的情況），它便會引起像美國黑豹黨和伊斯蘭國度（Nation of Islam）這種運動，產生麥爾坎X（Malcolm X）和馬丁路德金恩這樣的領袖；金恩後期看到種族與階級之間的關聯，承受因此產生的後果。但資本吸取了教訓。種族與階級問題愈是緊密相連，革命的導火線燒得愈快。但是，馬克思在

---

❾ Frantz Fanon, *The Wretched of the Earth*, New York, Grove Press, 2005, p. 51。

❿ 同上，p. 144。

《資本論》中清楚闡述的，是資本在市場、生產過程，以至日常生活領域宰制勞工所涉及的日常暴力。我們隨意拿一些描述當代勞工處境的文字（例如：深圳電子工廠、孟加拉成衣廠，或是洛杉磯血汗工廠的情況），比較《資本論》中描述「工作日」的經典章節，很可能會發現兩者並無不同。同樣令人震驚的是，我們拿里斯本、聖保羅和雅加達勞工階級、邊緣族群和失業者的生活條件，與恩格斯一八四四年的經典著作《英格蘭勞工階級的情況》（*The Condition of the Working Class in England*）相比，會發現兩者沒有什麼實質差別。[11]

幾乎在所有地方，寡頭資本家階級的特權與權力，正引導世界走往類似方向。在不斷加強的監控技術、警力和軍事化暴力支持下，政治權力正被用來侵害被視為可犧牲和可遺棄族群的整體福祉。我們每天都在目擊可棄族群的系統性非人化。殘忍的寡頭權力正透過極權式民主體制施展出來，設法立即破壞、拆散和壓制任何一致的反財富政治運動（例如占領運動）。值得注意的是，有錢人看到運氣不如自己的人時，滿心傲慢和不屑，即使（特別是）他們在幕後競爭成為慈善之王時也是這樣。寡頭階級與其他人的「同理心差距」十分巨大，而且正在擴大。寡頭誤以為所得較高者作為人的價值也較高，誤以為其經濟成就證明他們對世界的認識高人一等（而不是因為他們的會計伎倆高人一等，而且擅長鑽法律漏洞）。他們不懂得傾聽這個世界的困境，因為他們無法正視自己在這種困境的形成過程中所扮演的角色，而且他們蓄意不去正視這問題。他們看不到也無法看到自身的矛盾。億萬富翁科氏（Koch）兄弟慷慨捐款給麻省理工等大學，甚至替值得幫助的教職員蓋起漂亮的托兒中心，但同時耗費巨資支持美國國會中的一項政治運動（由茶黨派系領導），推動削減食物券預算，同時拒絕為赤貧或接近赤貧的上百萬人口提供救濟、營養補給和托兒服務。

正是在這樣的政治氣候下，世界各地偶爾發生的猛烈和不可預測的民怨爆發（光是二〇一三年便出現在土耳其、埃及、巴西和瑞典），愈來愈像是一場即將來臨的大地震之前的震動，而這場地震將使一九六〇年代的後殖民革命鬥爭顯得很小兒科。如果資本有壽終正寢的一天，那麼這場地震無疑將敲響資本的喪鐘，但直接後果很可能不是任何人所樂見的。這是法農明確告誡我們的事。

唯一的希望是，多數人類能在世界過度腐敗、人類和環境所受的傷害大得無法修復之前，看清眼前的危險。面對教宗方濟各正確稱為「冷漠全球化」的現象，全球大眾必須做一件法農俐落概括的事：「首先決定醒過來，開動腦筋，停止玩不負責任的睡美人遊戲。」[12]如果睡美人能及時醒過來，我們或許能迎來較為童話般的結局。葛蘭西寫道：「人類歷史的絕對人道主義，並不是以和平解決歷史和社會的現有矛盾為目的，它正是這些矛盾的理論。」布萊希特說，希望潛伏在矛盾中。如我們所見，資本的領土中有很多迫切的矛盾，足夠賦予我們許多抱持希望的理由。

⓫ Frederick Engels, *The Condition of the Working Class in England*, London, Cambridge University Press, 1962.

⓬ Fanon, *The Wretched of the Earth*, p. 62.

後記

政治實踐構想

我們對資本矛盾的這番透徹審視，對反資本主義政治實踐有何啟示？它當然無法告訴我們，在圍繞著各種具體議題的激烈和總是複雜的鬥爭中，確切應該怎麼做。不過，它確實有助於我們制定反資本主義鬥爭的整體方向，而它同時也為反資本主義政治提供論據和強化理由。民意調查機構問它們喜歡的問題「你是否認為國家正朝正確的方向前進？」時，它們假定人們對何謂正確的方向有一定的概念。那麼，對我們這些相信資本正朝錯誤的方向前進的人來說，什麼是正確的方向？如何評估我們在實現相關目標上的進展？如何基於這些目標，提出謹慎和明智的建議（相對於那些藉由加深資本的勢力以回應人類的迫切需要之荒謬理論，它們確實是謹慎和明智的建議）？以下是從資本的十七個矛盾中推出來的一些建議，可提供政治實踐的方向，希望也能賦予它活力。我們應當以這樣的世界為目標而努力奮鬥：

1. 優先為所有人直接提供足夠的使用價值（房屋、教育和食物安全等等），而不是藉由追求利潤極大化的市場體系提供這些價值；這種市場體系將交換價值集中在少數私人手上，並以支付能力作為分配商品的基礎。

2. 創造一種交易工具，它必須能促進商品和服務的流通，但同時限制或排除私人累積金錢作為一種社會權力的能力。

3. 私有財產與國家權力的對立，盡可能以共同權利制度代替（特別重視最關鍵的兩類公有資源：人類知識和土地），由公民大會和公民社團負責創建、管理和保護此類制度。

4. 私人占有社會權力的情況，不僅受經濟和社會障礙約束，還成為人們普遍厭惡的病態異常現象。

5. 資本與勞工之間的階級對立，由聯合起來的生產者化解，他們與致力滿足共同社會需要的其他社團協調合作，自由決定生產什麼、如何生產及何時生產。

6. 放慢日常生活的步調（移動、行走應當是悠閒和緩慢的），盡可能增加自由活動的時間，同時為自由活動提供穩定和維護良好的環境，不受戲劇性的創造性破壞影響。

7. 聯合起來的群體評估大家的共同社會需求並彼此告知，藉此為生產決定提供基礎（短期而言，有關實現的考量主導生產決定）。

8. 創造新的技術和組織型態，以求減輕所有形式的社會勞動負擔，消除技術分工中不必要的區別，為自由的個人和集體活動釋出時間，並減少人類活動的生態足跡。

9. 藉由自動化、機器人和人工智慧的應用，減少技術分工。剩餘的必要技術分工盡可能與社會分工分開。行政、領導和治安職務，由族群中的個體輪替。我們獲得解放，不再受專家統治。

10. 賦予公民社團壟斷使用生產工具的集中權力，藉由公民社團動員個體和社群的分散競爭能力，產生技術、社會、文化和生活方式創新方面的差異化。

11. 多元化潛力最大的是區域社團、公社和共同體中的生活與生存方式、社會關係與自然的關係，以及文化習慣和信念。區域之中和公社之間，個體自由、不受約束但有序的跨地域移動獲得保障。社團代表定期聚會，評估、規畫和承擔共同任務，並處理各種規模（生物區、洲和全球）的共同問題。

12. 除了遵循各盡所能、各取所需的原則所涉及的不平等情況之外，消除物質供應上的所有不平等。

13. 逐漸消除為遠方的他人所做的必要勞動，與自身、家庭和公社再生產中的勞動的差別，使社會勞動融入家庭和公社工作中，而家庭和公社工作成為非異化和非貨幣化社會勞動的首要形式。

14. 每個人都應該享有教育、醫療、居住、食物安全、基本商品和交通運輸方面的平等福利，以保障免於匱乏的自由、行動自由和遷徙自由的物質基礎。

15. 經濟向零成長狀態靠攏（但保留地域發展不一致的空間），追求人類（個人與集體）能力的最大發展和不斷創新成為社會規範，取代對無止境複合成長的狂熱追求。

16. 利用自然力量滿足人類需要的工作應快速進行，但必須盡可能保護生態系統，維護一個地方的養分、能量和物質，重新學會欣賞自然之美，認識到人類是自然界的一部分，而我們確實可以藉由努力為自然做出貢獻。

17. 非異化人類和非異化創造性角色將出現，他們具有一種新的、自信的自我與集體存在意識。自由締結親近社會關係的經驗，以及對各種生活和生產方式的同理心，將產生一個這樣的世界：人們仍將激烈爭論何謂美好生活，但人人皆同樣值得享有尊嚴和尊重已是社會共識。人類能力的永恆和持續革命將推動社會持續演化。人類將繼續不斷求新。

不言而喻的是，投入戰鬥、對抗資本體制中所有其他形式的歧視、壓迫和暴力壓制同樣重要；上述建議不能取代這些其他鬥爭，反之亦然。我們顯然必須聯合各方利益。

Big Ideas 06

資本社會的17個矛盾（全新修訂譯本）

2016年3月二版　　定價：新臺幣390元

2018年4月二版五刷

著者	David Harvey
譯者	許瑞宋
叢書主編	鄒恆月
叢書編輯	王盈婷
封面設計	萬勝安
內文排版	林婕瀅

出版者	聯經出版事業股份有限公司
地址	新北市汐止區大同路一段369號1樓
編輯部地址	新北市汐止區大同路一段369號1樓
叢書主編電話	(02)86925588轉5315
台北聯經書房	台北市新生南路三段94號
電話	(02)23620308
台中分公司	台中市北區崇德路一段198號
暨門市電話	(04)22312023
郵政劃撥帳戶第	0100559-3號
郵撥電話	(02)23620308
印刷者	文聯彩色製版印刷有限公司
總經銷	聯合發行股份有限公司
發行所	新北市新店區寶橋路235巷6弄6號2F
電話	(02)29178022

總編輯	胡金倫
總經理	陳芝宇
社長	羅國俊
發行人	林載爵

行政院新聞局出版事業登記證局版臺業字第0130號

本書如有缺頁，破損，倒裝請寄回台北聯經書房更換。　ISBN 978-957-08-4699-7 (平裝)

聯經網址 http://www.linkingbooks.com.tw

電子信箱 e-mail:linking@udngroup.com

國家圖書館出版品預行編目資料

資本社會的17個矛盾（全新修訂譯本）
/ David Harvey著．許瑞宋譯．二版．新北市．
聯經．2016年3月（民105年）．320面．
14.8×21公分（Big Ideas 06）
譯自：Seventeen contradictions and the end of
capitalism
ISBN 978-957-08-4699-7（平裝）
[2018年4月二版五刷]

1.資本主義 2.金融危機

550.187 105002393